Carol Dix · Eigentlich sollte ich glücklich sein

Carol Dix

Eigentlich sollte ich glücklich sein

*Hilfe und Selbsthilfe
bei postnataler Depression
und Erschöpfung*

Aus dem Englischen von Olga Rinne-Goedke

Kreuz

Die Originalausgabe erschien bei Allen & Unwin, 1986 (Großbritannien) und bei Doubleday and Company, Inc., 1985 (USA), unter dem Titel „The New Mother Syndrome. Coping with post-natal stress and depression".

Die Gedanken, Methoden und Anregungen in diesem Buch stellen die Meinung beziehungsweise Erfahrungen der Verfasserin dar. Sie wurden von der Autorin nach bestem Wissen erstellt und mit größtmöglicher Sorgfalt überprüft. Sie bieten jedoch keinesfalls Ersatz für kompetenten ärztlichen oder therapeutischen Rat. Daher erfolgen Angaben in diesem Buch ohne jegliche Gewährleistung oder Garantie des Verlages oder der Autorin. Eine Haftung des Verlages oder der Autorin für etwaige Personen-, Sach- und Vermögensschäden ist ausgeschlossen, es sei denn im Falle grober Fahrlässigkeit.

2   3   4   5   01   00   99   98

Unveränderter Nachdruck 1998
© Kreuz Verlag AG Zürich 1987, 1998
Titel der englischen Originalausgabe:
„The New Mother Syndrome. Coping with post-natal
stress and depression"
© Carol Dix 1985 und 1986
Umschlaggestaltung: Atelier Reichert, Stuttgart
Umschlagabbildung: The Image Bank, München
Gesamtherstellung: Ebner Ulm
ISBN 3 268 00047 9

Inhalt

Vorwort

Meine Türklingel schlug heftig an. Da ich nur den Postboten erwartete, rief ich, er solle das Päckchen draußen hinstellen, aber das beharrliche Klingeln brachte mich dann doch zur Tür. Eine schlanke, zerbrechlich aussehende junge Frau mit großen, traurigen Augen stand für einige Sekunden wie gerahmt in der Türöffnung. Zuerst bemerkte ich gar nicht, daß hinter ihr ein etwa fünf Monate alter Junge in fröhlichem rotem Winteroverall in einem Kinderwagen saß. Die Frau nannte fragend meinen Namen, und ich nickte. Sie habe meinen Aufruf gelesen, über den „Baby-Blues" oder postnatale Depression (PND) zu berichten, sagte sie, und als sie sah, daß ich in ihrer Nähe wohnte, habe sie sich entschlossen, einfach vorbeizukommen.

Ihr Name war Anne, und ihr kleiner Sohn hieß Christopher. „Seit er geboren ist, habe ich furchtbar unter PND gelitten. Ich weiß einfach nicht mehr, was ich machen soll", sagte sie mir. Anne hatte seit der Geburt ihres Kindes keine Lust mehr zu essen (ein atypisches, aber mögliches Symptom bei Depressionen). Sie war bei einem Arzt in Behandlung und nahm Medikamente, aber nichts schien die Depression zu mildern. Ralph, ihr Ehemann, war mittlerweile verzweifelt darauf aus, effektive Hilfe für sie zu finden. „Ich war so erleichtert, als ich den Aufruf las, so froh darüber, daß postnatale Depression endlich ernst genommen wird", sagte sie leise.

Als ich schließlich an meine Schreibmaschine zurückkehrte, aufgerüttelt durch den offenkundigen Beweis für die Existenz von PND vor meiner eigenen Tür, schüttelte ich wieder den Kopf über die absurde Situation, in die wir hineingeschlittert sind. Wir gehen von der Vorstellung aus, daß die gesamte Vorsorge für und alle Informationen über Schwangerschaft und Geburt in die neun Monate hineingepackt werden müßten, bevor das Baby kommt, und daß Mütter (oder Väter) keine Informationen oder Unterstützung mehr brauchen, wenn das Kind einmal da ist, außer Tips für die richtigen Windeln, fürs „Bäuerchen"-Machen und Durchschlafen.

Während der Schwangerschaft gehen die Bemühungen dahin, der Mutter die richtige Einstellung zu ihrer Gesundheit und ihrer Lebensweise zu vermitteln, während sie das Kind austrägt. Auf die Niederkunft bereiten sich die meisten von uns heute durch Kurse irgendeiner Art vor, wo wir natürliche Techniken erlernen, den Schmerz zu mildern und die gesunde und sichere Austreibung des Babys zu gewährleisten. Nach der Niederkunft hüllen wir das Kind in Rosa oder Blau, werden mit Blumen überhäuft – und dann unserem Schicksal überlassen.

Als ehemalige Journalistin, als Veteranin einer zehnjährigen freiberuflichen Schriftstellertätigkeit und schließlich als Mutter kam ich nach einem wesentlich milderen Schub von PND, als Anne ihn erlitt, dazu, für dieses Buch zu recherchieren. Als ich während meiner ersten Schwangerschaft (1978) in London arbeitete, war ich durch eine hervorragende Fernsehdokumentation über Esther Rantzen, eine bekannte TV-Moderatorin, auf PND zumindest aufmerksam geworden.

Esther Rantzen hatte sich entschlossen, ihre eigene, furchtbare Erfahrung mit PND öffentlich zu diskutieren, zur völligen Überraschung des britischen Publikums. Ihre Ehrlichkeit war so eindrucksvoll, daß sie mit ihrem Thema die Öffentlichkeit wirklich erreichte; ich weiß, daß sie nach dieser Sendung eine enorme Menge von Zuschriften erhielt. Esther Rantzen hatte zu dieser Zeit ihre eigene Fernsehsendung, die lebendig, kritisch und geistreich war und ganz von ihrer starken Persönlichkeit getragen wurde. Ihre Liebesgeschichte und anschließende Ehe mit einem anderen Fernsehstar war von der populären Presse in allen Einzelheiten verfolgt worden, zumal, da sie zu einer spektakulären Scheidung geführt hatte. Als Esther dann schwanger wurde, rief die Neuigkeit große Aufregung hervor. Ich erinnere mich, daß die Boulevardpresse an dem Tag, als ihr Kind geboren wurde, „Esthers Baby" als Schlagzeile auf den Titelseiten brachte. Sie war sicherlich die letzte, von der irgend jemand angenommen hätte, sie könnte je Depressionen haben, schon gar nicht nach der Geburt dieses öffentlich gefeierten Babys.

Esther beschrieb einen alarmierenden Ansturm von Symptomen, die sie in Angst und Schrecken versetzten; sie fürchtete um ihre geistige Gesundheit. Ihre PND-Symptome verschwanden schließlich von selbst; durch die Liebe, das Verständnis und die Unterstützung ihres Mannes, ihres Arztes und ihrer Freunde konnte sie, wie sie sagte, ihre Depressionen überwinden. Sie war in der Lage, über ihre Gefühle zu sprechen, und sie war dankbar, einen Arzt gefunden zu haben, der die Symptome nicht nur erkannte, sondern auch ihre Ursachen erklären konnte, was den Genesungsprozeß beschleunigte.

Mein eigener merkwürdiger Depressionsschub brachte mich nicht so nahe an den Rand des Wahnsinns, aber ich weiß jetzt von Frauen, mit denen ich gesprochen oder korrespondiert habe, daß dieses Gefühl, verrückt zu werden, sogar im Lauf des ganzen ersten Jahres nach der Niederkunft nicht ungewöhnlich ist. Meine eigene Erfahrung war eher von einem dumpfen Gefühl der Freudlosigkeit geprägt, einem langsamen Abrutschen in einen apathischen Depressionszustand. Ich erlebte PND nicht nach der Geburt meines ersten, sondern meines zweiten Kindes. Zu dieser Zeit war ich bereits nach New York übergesiedelt und hielt mich, wie jede Frau, die gerade Mutter geworden ist, es vielleicht auch getan hätte, an die Buchläden und Bibliotheken, um eine Erklärung für diesen Zustand zu suchen, fand aber höchstens ein oder zwei kurze Absätze in einem Schwangerschaftsbuch – jedenfalls kein Buch für Laien, das einen Zugang zu dem Problem ermöglicht hätte.

Es sollte doch aber ein Buch für neue Mütter geben, ein Buch, das nicht voller Platitüden steckt oder darauf angelegt ist, die Verantwortung für den Depressionszustand auf die Frau selbst zurückzuwerfen. Noch mitten in meinen Recherchen fragte ich mich, ob ich das Thema wirklich so ernst nehmen sollte; vielleicht hatte ich eine neue Krankheitskategorie erfunden, um mein eigenes inakzeptables Verhalten zu rechtfertigen oder zu erklären. Ich war so lange von Zweifeln und Isolationsgefühlen erfüllt, bis die Reaktionen auf den Fragebogen und den Brief, die ich in einer amerikanischen Zeitschrift, „Working Mother", veröffentlicht hatte, hereingeströmt kamen, insgesamt mehr als dreihundert Briefe auf einen einzigen öffentlichen Aufruf. Die Briefe waren zum größten Teil klar und differenziert formuliert und kamen oft von akademisch gebildeten, beruflich hochqualifizierten Frauen; einige kamen von „traditionellen" Frauen, die vor allem dafür gelebt hatten, eines Tages ein eigenes Heim und eine eigene Familie zu haben, und einige andere kamen von einsamen Seelen, die ein paar Wörter auf ein Zettelchen gekritzelt hatten. Manche Frauen hatten ihren Beruf nach der Geburt des Kindes wiederaufgenommen, andere hatten aufgehört zu arbeiten, lasen die Zeitschrift „Working Mother" aber noch, weil sie wußten, daß sie im eigentlichen Sinn auch berufstätige Mütter waren. Noch ehe die Briefe eintrafen, hatte ich in England und Amerika Interviews gemacht, mit alten Freunden und mit näheren oder entfernteren Bekannten. Ich stellte fest, daß ich bei amerikanischen Frauen Hemmungen hatte, das Thema anzuschneiden, denn hier ist die Verleugnung wirklich sehr stark. In England hatte ich weniger Widerstände. Ich brauchte bei Freunden das Thema meiner Untersuchung nur zu erwähnen, und schon kam aus ihren Adreßbüchern eine Liste von Namen zum Vorschein oder sie erzählten Erinnerungen.

Vielleicht können wir mit einiger Sicherheit sagen, daß Frauen in England, die Mutter werden, in der Regel einiges Vorwissen über das postnatale Syndrom haben, daß sie wissen, sie können sich an ihren Hausarzt wenden, wenn die Symptome zu belastend werden, daß sie in Bibliotheken oder Buchhandlungen einige Bücher finden würden, die bei der Auseinandersetzung mit dem Thema hilfreich sein könnten. Dennoch bleibt für England wie für Amerika (wo das Thema erstaunlicherweise nie in die Öffentlichkeit getragen wurde) die Tatsache bestehen, daß allgemein wenig über PND bekannt ist und daß die Hilfsangebote von Hausärzten, Gesundheitsdiensten, Geburtshelfern, Hebammen, Psychiatern und so weiter nicht immer von der besten Qualität sind und nicht immer zur richtigen Zeit kommen.

Weitaus besser als die Diagnose-, Behandlungs- und Vorsorgemethoden für die postnatale Phase (die Zeit nach der Geburt), die man gewöhnlich in Amerika findet, sind die

Angebote des National Health Service (des Nationalen Gesundheitsdienstes) in England, der Hausbesuche für alle Frauen vorsieht, die nach der Niederkunft mit ihren Kindern nach Haus zurückkehren, der Association for Postnatal Illness (Gesellschaft für postnatale Erkrankungen), die Kontaktmöglichkeiten für depressive Mütter mit freiwilligen Helferinnen anbietet, die das Problem verstehen, und des National Childbirth Trust (etwa: Gesellschaft für Geburtshilfe), der Gruppensitzungen oder Frühstückstreffs für Mütter organisiert. Die mehr als dreihundert zusätzlichen Zweige des NCT bieten inzwischen spezifische Beratungsgruppen für postnatale Depression oder individuelle Beratung an. Seit 1982 wurden die ausgezeichneten Hilfsangebote des NCT um Beratung für Eltern von Säuglingen und Kleinkindern erweitert. Die NCT-Mitarbeiter gehen von der Annahme aus, daß neben der Unterstützung durch die Familie, durch Freunde und durch die Fachkräfte der Gesundheitsdienste einige der wertvollsten Hilfen durch die informellen Kontakte von Eltern zustande kommen, die sich in geburtsvorbereitenden Kursen, in Kliniken oder Krankenhäusern kennenlernen. Es ist das Ziel des NCT, diese Struktur durch ein System zu ergänzen, das möglichst alle Mütter (und in manchen Fällen Väter) neugeborener Kinder mit einbezieht.

Freundschaftliche Nachbarschaftshilfe ist die Zielvorstellung. Mitarbeiter der lokalen NCT-Beratungsstellen legen Listen von Frauen an, die PND durchgemacht haben und bereit sind, anderen Müttern Hilfe zu leisten. Unterstützung wird auf individueller Ebene angeboten; vielleicht sind nicht einmal Hausbesuche damit verbunden, sondern einfach telefonischer Kontakt, um der neuen Mutter die Möglichkeit zu geben, sich an ihre Rolle zu gewöhnen und sich über ihre Ängste und Probleme auszusprechen. Der Kontakt von Mutter zu Mutter hilft, die Isolation der Frauen zu durchbrechen, und er schafft außerdem eine Verbindung zu professioneller Hilfe, die im jeweiligen Umfeld zur Verfügung steht. „Wir können den Leuten nicht beibringen, wie sie als Eltern sein sollen, sondern nur ihre Bereitschaft unterstützen, Freude an ihren Kindern zu haben." Ebenso ist es mit dem postnatalen Komitee: „Es vermittelt keine Ausbildung, sondern es existiert zur Unterstützung und zur Ermutigung derer, die sich bei der postnatalen Beratung und bei der Schaffung von Kontakten unter Müttern engagieren", sagen die Mitarbeiter. Der NCT empfiehlt, daß Mütter sich zunächst an die Dachorganisation wenden sollen; daraufhin werden sie an eine lokale Gruppe vermittelt oder an die nächste NCT-Beratungsstelle, die über Register für Notfallhilfe und Erfahrungsaustausch verfügt. Außerdem gibt der NCT eine Broschüre mit dem Titel „Mütter sprechen über postnatale Depression" heraus, in der viele Frauen ihre persönlichen Erfahrungen mit PND darstellen und schildern, wie sie mit den Depressionen fertig wurden (und was sie dabei über sich selbst lernten).*

Dennoch sind die Dinge in England weit davon entfernt, perfekt geregelt zu sein. Frauen können die komplexen Ursachen von PND nicht ohne weiteres richtig einschätzen und verstehen. Sie bleiben sich im unklaren darüber, warum sie an PND leiden und wie sie am besten mit der persönlichen und familiären Krise fertig werden können. Keine Frau in dieser Lage sollte gönnerhaft behandelt oder mit einem rasch ausgestellten Pillenrezept und dem Rat, ein schönes Täßchen Kaffee zu trinken, beiseite geschoben werden. Neuentbundene Mütter sollten sich selbst ernst nehmen – und sie sollten auch von anderen ernst genommen werden; ihre Probleme sind Zeitaufwand und Überlegung wert.

Ich möchte an dieser Stelle vor allem den Müttern danken, die mir bei diesem Buch geholfen haben. Etwa dreihundert Mütter, mit denen ich persönlich in Kontakt trat oder die mir schrieben, trugen zu diesem Buch bei. Sie halfen mir, meinen Ansatz auf eine breitere Basis zu stellen, und vermittelten mir Einsichten und Ideen, auf die ich allein niemals gekommen wäre. Die Briefe kamen aus allen Landesteilen, von jungen Frauen, die mit achtzehn zum ersten Mal geboren hatten, bis hin zu Frauen, die jetzt um die Fünfzig und bereits Großmütter sind und die sich nur allzu gut an ihr eigenes Leiden erinnerten. Ich denke an all die Frauen, die ihre Zeit für Interviews opferten, für längere Korrespondenz und für Telefongespräche; einige litten in dieser Zeit unter Depressionen und wiegten ihre Kinder auf dem Schoß, während wir redeten. Verständlicherweise wollte keine der Frauen ihren Namen öffentlich genannt wissen; ich habe überall erfundene Namen verwendet, um ihre Privatsphäre zu schützen.

Carol Dix, New York

* Anmerkung des Verlages zur deutschsprachigen Ausgabe des Buches: In Deutschland, Schweiz und Österreich gibt es keine vergleichbaren Einrichtungen zur Unterstützung von Frauen, die an PND leiden. Einige PRO-FAMILIA-Beratungsstellen bieten Gruppen für Frauen nach der Entbindung und, falls erforderlich, Einzelberatung an.
Die PRO-FAMILIA-Dachverbände in Deutschland und der Schweiz beraten die Betroffenen zwar nicht persönlich, aber sie vermitteln die entsprechenden Adressen: PRO FAMILIA Bundesverband, Stresemannallee 3, D-60596 Frankfurt/Main. PRO FAMILIA Schweiz, Dachverband, Laupenstraße 45, Postfach, CH-3001 Bern. In Österreich sind das Evangelische Hilfswerk und das Katholische Familienwerk eine erste Anlaufstelle. Auch sie beraten nicht direkt, geben aber Kontaktadressen weiter: Evangelisches Hilfswerk in Österreich, Hamburger Straße 3, A-1050 Wien. Katholisches Familienwerk Österreichs, Stephansplatz 6, A-1010 Wien.
Wenn Betroffene sich über bestehende Selbsthilfegruppen informieren oder bei einer Gründung beraten werden möchten, können sie sich an folgende Adressen wenden: Nationale Kontaktstelle zur Anregung von Selbsthilfegruppen, Albrecht-Achilles-Straße 65, D-10709 Berlin. Selbsthilfezentrum Hinterhuus, Feldbergstraße 55, CH-4057 Basel. Fonds Gesundes Österreich – Service- und Informationsstelle für Gesundheitsinitiativen SIGIS, Laxenburger Straße 36, A-1100 Wien.

Teil I:
Das Problem
ohne Namen

*„Wenn Rhett Butler die Veränderungen verstanden hätte, die wir Mütter nach der Geburt eines Kindes durchmachen, hätte er Scarlett O'Hara nicht verlassen."**

Eine Mutter aus Ohio, 1984

* Rhett Butler und Scarlett O'Hara sind die Hauptfiguren in dem berühmten amerikanischen Roman „Vom Winde verweht" von Margaret Mitchell.

Die Erfahrung der Depression

Die Depression setzte ein, nachdem ich mein zweites Kind bekommen hatte, etwa im dritten Monat nach der Niederkunft. Unser erstes Kind war noch keine zwei Jahre alt; mein Mann war knapp dem Unfalltod entgangen, meine Mutter war gerade abgereist, und ich saß mit meinen beiden hinreißenden Kindern auf dem Spielplatz unseres Wohnviertels und fühlte mich unendlich deprimiert. Außenstehende hätten meine Verstimmung vielleicht daran festgemacht, daß ich nur um ein Haar der Witwenschaft entronnen war, oder an der Abreise meiner Mutter, aber ich spürte, daß keines von beiden die wirkliche Ursache war. Ein Satz ging mir durch den Kopf, der meine Situation zusammenfaßte: Wie war mein Leben an diesen Punkt gekommen?

Ich konnte meine Gefühle nicht deuten. Ich hatte Kinder gewollt; ich war begeistert und überglücklich gewesen, einem Mann zu begegnen, den ich liebte und der außerdem auch Kinder haben wollte. Wir führten ein angenehmes Leben. Mein vorheriges Schriftstellerdasein hatte ich noch teilweise aufrechterhalten (obwohl gerade an diesem Punkt mein Berufsleben durch die zweite Schwangerschaft und durch meine generelle Unbeweglichkeit schwer beeinträchtigt und eingeschränkt war). Das ist doch verrückt, daß ich jetzt so niedergedrückt bin, sagte ich mir. Warum fühlte ich mich nach dem ersten Kind nicht so?

Damals hätte ich viel mehr Gründe gehabt. Ich war fremd in New York, hatte gerade mein Zuhause, meine Berufskarriere und einen über viele Jahre gewachsenen Freundeskreis in England zurückgelassen, um in dieser Stadt mein neues Leben zu beginnen. Ich hatte den Anfang meiner Mutterschaft in einer Situation durchlebt, in der ich kaum jemanden kannte, ganz zu schweigen davon, daß ich nicht auf die Unterstützung vertrauter Freundinnen, meiner Mutter oder meiner Schwester zurückgreifen konnte. Außerdem war meine erste Tochter durchaus kein Traumkind gewesen. Sie war schreiend auf die

Welt gekommen und schrie, wie es schien, unentwegt weiter, bis sie fast drei Jahre alt war und ihr endlich die Sprache zu Hilfe kam, um ihre Beschwerden in Worte zu fassen. Damals war ich nicht depressiv. Ich stand unter Kulturschock, war überwältigt von der abrupten Veränderung des gesamten Lebensstils – das schon, aber ich hatte keine Depressionen. Ich hatte sogar gute Gründe für meine selbstgewählte Entwurzelung kurz vor der Niederkunft gefunden, sie als einen Schutzmechanismus betrachtet; da ich in dem anderen Land kein Vorleben hatte, das ich hätte vermissen können, war ich in der Lage, mich voller Hoffnung, Optimismus und Begeisterung ins Leben zu stürzen, fest entschlossen, ein wundervolles Beispiel neuer Mutterschaft zu sein.

Was ich in der aktuellen Situation nicht wahrnehmen konnte, war, daß durch das zweite Kind meine Freiheit unverhältnismäßig stark beschnitten, mein selbstentworfenes Bild von Mutterschaft ruiniert und, in der Konsequenz, mein ganzes Selbstbild schief geworden war. Was ich damals nicht sah, war, daß ich eine akute Identitätskrise durchmachte – und das war die Ursache der Depression. Mit nur einem Baby in einem Tragetuch (ich hatte mich sogar dagegen gewehrt, einen Kinderwagen oder einen Buggy zu kaufen, bis das Kind sieben Monate alt war und seine Füße fast an meine Knie schlugen – so entschlossen war ich, mich dadurch, daß ich ein Kind hatte, nicht fesseln oder behindern zu lassen) konnte ich mein Verständnis von Freiheit und meine vorherige Identität aufrechterhalten, als Schriftstellerin, die darum kämpft, sich durchzusetzen, und als frischverheiratete Frau, die ihre Unabhängigkeit und Spontaneität genießt. Wir hatten Spaß daran gehabt, das Baby ins Auto zu packen und, einem plötzlichen Einfall folgend, zu einer abendlichen Spazierfahrt aufzubrechen. Es war einfach, rasch in die Stadt zu fahren und meinen Mann nach der Arbeit zu treffen; mit dem Baby im Tragetuch konnte ich meinen spontanen Einfällen noch nachgeben. Unser Leben und unsere Gewohnheiten schienen dadurch, daß wir ein kleines Kind hatten, keinen drastischen Veränderungen unterworfen zu sein. Aber das gab sich sehr schnell, nachdem auch das zweite Kind da war. Ich fühlte mich wirklich und wahrhaftig ins Joch gespannt – ein Ausdruck, der treffend beschreibt, wie einem Wesen zumute ist, das gezähmt und gebunden ist und gezwungen wird, eine schwere Last zu tragen. Ich hatte ein 22 Monate altes schreckliches „Trotzkind" und einen Säugling. Ich war kein freier Mensch mehr. Schlimmer noch: Ich fühlte mich ungerechterweise auf eine Rolle zurückgeworfen, von der ich wußte, daß sie zu meiner Mutter und ihrer Generation gehörte, aber nicht zu mir. Ich liebe meine Mutter sehr; dennoch hatte ich als Teenager und als junge Erwachsene mit ihr ziemlich offen im Kampf gelegen und mich bemüht, nicht so wie sie zu werden. Da saß ich nun, nach all dem Revoltieren und den Bemühungen um einen radikal anderen Lebensstil, und war im Endeffekt doch genau wie sie geworden. Meine frühere Identität war nur eine Fälschung gewesen. Ich hatte keine Identität. Ich war ein Niemand.

„Ich komme schon zurecht", sagte ich im Gespräch mit einer Freundin, die nicht einmal ansatzweise verstehen konnte, wovon ich eigentlich sprach, „es ist nur so, daß ich offenbar überhaupt keine Freude mehr am Leben empfinden kann, wo ich doch eigentlich glücklich sein sollte."

Rückblickend war mir klar, daß ich die vorangegangenen Ereignisse in meinem Leben weit unterschätzt hatte. Mein Mann war dem Tod knapp entkommen; ich hatte 24 Stunden durchgemacht, in denen ich nicht wußte, ob er sterben oder überleben würde. Ich stand um vier Uhr früh auf, um das Kind zu stillen und im Krankenhaus anzurufen. Meine Mutter war bei mir, und obwohl ich ihre Hilfe zu schätzen wußte, die mir die Möglichkeit gab, jeden Tag ins Krankenhaus zu meinem Mann zu fahren, war ihre Anwesenheit für mich ein weiterer Grund zur Besorgnis. Wie konnte ich sie mit dieser Situation belasten? Mein Tagesablauf war enorm kräftezehrend: das Baby stillen, ins Krankenhaus fahren (je eine Stunde Fahrt hin und zurück), eine Stunde mit meinem Mann verbringen und nach Haus zurückrasen, um das Kind wieder rechtzeitig zu füttern. Ich stillte, jeder brauchte mich, und es war nichts, aber auch gar nichts da, womit ich meine Energie oder meine seelischen Kräfte hätte wiederaufbauen können.

Ich kam mir vor wie Samson, so, als trüge ich unser gefährdetes Lebensgebäude allein auf meinen Schultern.

Aber die Krise war vorübergegangen. Mein Mann war erstaunlich schnell und vollständig genesen. Wir hatten das Ereignis aus unserer Erinnerung verbannt. Ich hätte nicht mehr depressiv sein sollen. Dennoch hatte ich einen persönlichen Krisenfaktor übersehen, der zu dem Leeregefühl, zu dem „Ich bin ein Niemand" geführt hatte. Meine eigene Arbeit war mein gesamtes erwachsenes Leben lang ein hoher Wert für mich gewesen; während der letzten Monate war sie aus meinem Leben so gut wie verschwunden, und es war mir nie in den Sinn gekommen, mich zu fragen, wie mein Selbstbewußtsein darauf reagierte. Seit meiner Schulzeit war ich ein antriebsstarker, erfolgsorientierter, entschlußfreudiger Mensch gewesen, und meine Karriere als Schriftstellerin, unruhig und voller Brüche, wie solche Berufslaufbahnen notgedrungen sind, war für mein seelisches Wohlbefinden und für mein Selbstwertgefühl wichtig.

Kurz nach der Geburt meines zweiten Kindes rief mich ein guter Freund und alter Kollege an, um mir über das neueste wunderbare Ereignis in seinem Leben zu berichten: Sein Roman würde erscheinen, und als Vorschuß hatte er eine dieser Traumsummen erhalten, die wir nur vom Hörensagen kennen. Es kommt mir jetzt so kleinlich vor, aber ich erinnere mich, daß ich nur mit matter Stimme „ist ja toll" sagte. Er war über Nacht zu Erfolg, Ruhm und Wohlstand gekommen, und ich – ich hatte ein Kind bekommen.

Da saß ich nun – mein Selbstwertgefühl auf dem Nullpunkt (mein Daseinszweck besteht darin, das Baby zu stillen und zu wickeln, hinter der Zweijährigen herzujagen und mit ihr zu schimpfen), meine Identität zerstört (früher war ich eine Schriftstellerin, die beachtet wurde, jetzt bin ich eine unsichtbare Mutter) – ich fühlte mich gefangen, entmutigt und völlig apathisch. Es war mein Glück, daß ich einen sensiblen Mann habe. Bis heute weiß ich nicht, ob er das ganze Ausmaß meiner Depression einschätzen konnte; von ihm kamen jedenfalls zwei wichtige Vorschläge: Erstens schlug er mir vor, das Stillen aufzugeben, da ich offensichtlich erschöpft war; wenn wir dazu übergingen, dem Kind die Flasche zu geben, könnte er mich nachts häufiger ablösen; zweitens hielt er es für eine gute Idee, daß ich, wenn ich abgestillt hätte, für ein paar Tage allein verreiste, zurück nach London, während er sich um die beiden Kinder kümmern würde. Selbstlose Mütter hätten vielleicht gesagt: „Nein, das kann ich dem Kind nicht zumuten." Ich brauchte nur einen Tag zum Nachdenken, da spürte ich schon allmählich ein freudigeres Lebensgefühl in mir aufsteigen. Das Baby nahm die Flasche so bereitwillig an, daß ich beinahe Schuldgefühle bekam, es so lange auf der begrenzten Ration meines erschöpften Milchvorrats gehalten zu haben.

Mit dem Wegfahren verband sich für mich eine Vorstellung, die man aus dem Kino kennt: Frau ohne Identität kehrt in früheres Leben zurück und findet heraus, wer sie war und wer sie ist. Für mich war es wahrscheinlich einfacher als für die meisten Mütter, da ich dort, wo ich meine frühere Rolle gespielt hatte, über einen günstigen Standort verfügte. In London, bei meiner Familie und unter Freunden, war ich wieder „frei". Dort war ich jemand, der bekannt war, vielleicht sogar respektiert wurde. Was niemand zu begreifen schien, war, wer sich um die Kinder kümmerte. Welcher Ehemann hätte je freiwillig ein zweijähriges und ein vier Monate altes Kind übernommen, schien die allgemeine Frage zu sein. Nun, mein Mann tat es.

Die wirkliche Rettung für mein Selbstwertgefühl war der Besuch in der Zeitungsredaktion, in der ich jahrelang gearbeitet hatte. Mit meinen männlichen Kollegen beim „Guardian" war es immer lustig gewesen; sie zogen furchtbar gern Leute auf, und mich hatten sie meistens beim Nachnamen genannt; ich nehme an, weil sie ihn komisch fanden. Ich hatte mir an diesem Tag eingeredet, daß niemand in der alten Abteilung sich an mich erinnern würde (die Frauen, mit denen ich zusammengearbeitet hatte, waren inzwischen zu anderen Zeitungen übergewechselt). Zuerst war ich ins Büro des Chefredakteurs, Peter Preston, gegangen, und hatte ihn gebeten, mich herumzuführen und mich mit den Mitarbeitern bekannt zu machen. Peter Preston, ein liebenswerter, faszinierender Mann, warf mir einen seltsamen Blick zu, war aber einverstanden, mich zu begleiten. Ich bin sicher, daß ihm die Situation noch absurder vorkam als mir, denn er verschwand sofort, als der Schrei „Dix ist da!" sich erhob.

Wir gingen alle zusammen essen, redeten und lachten. Ich fühlte mich wieder mit mir identisch. Allerdings bezweifle ich sehr, daß dadurch von einem Augenblick auf den anderen eine völlige Veränderung zustande kam. Auf dem Rückflug war ich noch in Hochstimmung, freute mich auf meine Kinder und war mit frischer Entschlossenheit erfüllt, mein Berufsleben wiederaufzunehmen. Das bedeutete, daß mein Mann einverstanden sein mußte, die Zweijährige in eine Kindergruppe zu geben und für einige Tage in der Woche einen Babysitter zu engagieren, damit ich Zeit hatte, Arbeit zu finden. Das bedeutete auch, daß ich mich zu einer strikten Arbeitsdisziplin zwinge und mich darauf vorbereiten mußte, die Quellen des scheinbar unerschöpflichen Selbstvertrauens anzuzapfen, das Freiberufler brauchen, um es mit Zurückweisungen und Enttäuschungen aufnehmen zu können. Meine Karriere ließ sich nicht einfach wieder herbeizaubern. Aber knapp ein Jahr später hatte ich den Vertrag für ein neues Buch. Ich war wieder auf meinem Weg.

Warum Frauen im verborgenen leiden

Ich erzählte keinem Menschen, daß ich eine postnatale Depression durchgemacht hatte, das wäre mir viel zu peinlich gewesen. Als ich wieder lächeln konnte und mein Gang wieder vitaler wurde, ließ ich die Monate, die mich so geschlaucht hatten, einfach ein Stück Vergangenheit werden. Ich weiß, daß ich nicht die einzige bin, die geschwiegen hat. Die meisten Frauen, die irgendeine Form von postnataler Depression durchmachen, sind nicht nur isoliert in ihrem Leiden, sondern verdrängen oder verleugnen auch später, daß diese Depression existiert. Überraschenderweise ist das aber nicht der wirkliche Grund dafür, daß PND bis vor kurzem ein Problem ohne Namen gewesen ist. Emotional gestörte Mütter? Innerhalb unserer Denknormen ist die bloße Vorstellung ein Greuel. Mit der Mutterschaft verbinden sich in unserer Gesellschaft nur liebliche und positive Vorstellungen; eine Mutter gibt Sicherheit, sie hält unerschütterlich durch, wenn andere aufgeben; vielleicht hat sie Schwierigkeiten, mit den unterschiedlichen Rollenanforderungen zu jonglieren, aber sie ist begeistert, Mutter zu sein, und eifrig darauf erpicht, alles Verfügbare an Büchern und Zeitschriften zu lesen, was sie in ihrem Mutter-Sein ermutigen, unterstützen und bereichern kann. Sie ist mit dem Image vom „Mutterglück" zufrieden, genau wie ihr Mann, ihre Mutter, ihre anderen Kinder, und will gar kein negatives Bild von Mutterschaft in sich aufnehmen. Mütter können gar nicht durch die Mutterschaft selbst depressiv werden, denken wir. Sie müssen bereits vor der Niederkunft zu Depressionen geneigt haben oder für psychische Störungen anfällig gewesen sein.

Wir erleben gerade einen „Baby-Boom". Dauernd lesen wir über Mutterschaft, Schwangerschaft, Wehen, Niederkunft, Kinderpflege. Die heutigen Mütter und Väter, die ihre eigene Familiengründung und ihre Elternschaft hinausgezögert haben, nehmen ihre Aufgabe mit besonderer Energie und entschlossenem Enthusiasmus in Angriff und sind manchmal von Dankbarkeit überwältigt, daß sie ein Kind bekommen und Familie werden konnten. Wie sollen sie dann eigentlich akzeptieren, daß die Elternschaft vielleicht nicht das lusterfüllte, durch und durch inspirierende Erlebnis ist, das sie sich vorgestellt hatten? Man weiß, daß ältere Frauen und Männer genauso gute, wenn nicht bessere Eltern werden als jüngere Menschen. Man weiß, daß berufstätige Mütter mit ihren unterschiedlichen Rollen so gelassen umgehen können, daß sie für Kinderpsychologen und Pädagogen die reine Freude sind.

Dem Druck der Rollenerwartungen sind wir mit Sicherheit alle ausgesetzt. Mütter sollten glückliche Menschen sein. Sie sollten von ihren Kindern und ihre Kinder von ihnen begeistert sein. Vielleicht sind Frauen heute Superfrauen, Supermütter, Superpartnerinnen; niemand zwingt sie, zu Hause zu bleiben oder berufstätig zu sein. O ja, die Frauen von heute können alles haben, was sie wollen. Also beklagt euch gefälligst nicht!

Es gibt aber auch noch eine andere Seite. Die statistischen

Zahlen der Fälle von Kindesmißhandlung (und die Berichte darüber in der Sensationspresse) steigen ständig an. Gewalt gegen Kinder, Gewalt in der Ehe gehören zu den brennendsten sozialen Problemen. Die Scheidungsraten sind katastrophal, besonders bei Ehepaaren mit Kindern. Selbstmorde von Müttern sind, laut Statistik, erschreckend häufig; es wird jedoch nie darüber gesprochen. PND nimmt keine Rücksicht auf Person und Stand; nicht nur die Armen, die Benachteiligten, die sozial oder emotional Depravierten sind davon betroffen. PND richtet sich nicht nach der Höhe des Einkommens, nach der sozialen Schicht, nach dem Glück oder Unglück in der Ehe, nach der Anzahl der Autos oder Häuser, die jemand besitzt. Selbst wenn wir nach der Geburt des ersten und des zweiten Kindes keine Probleme gehabt haben, kann es uns beim dritten treffen. Wir sind alle gefährdet.

Der vielleicht verhängnisvollste Aspekt des Problems ist, daß Geburtshelfer, Psychiater, Kinderärzte, Hausärzte, Mitarbeiter der Gesundheitsdienste und Sozialarbeiter häufig sehr wenig oder gar nichts über diesen Depressionszustand wissen, der sich auf das Leben einer Frau, auf das Wohl ihrer Familie und die Zukunft ihrer Kinder so verheerend auswirken kann. Da postnatale Depression nicht vorkommen darf, verleugnen Frauen entweder ihr Auftreten oder leiden schweigend, mit Scham- und Schuldgefühlen.

PND ist die hormonelle und biochemische Reaktion des weiblichen Körpers auf den alles umwälzenden Prozeß der Niederkunft. Untersuchungen, Forschungsergebnisse, wissenschaftliche Literatur, Behandlungsmethoden, Therapievorschläge liegen bereits vor. Dieses Wissen ist jedoch so weit verstreut und unter den Medizinern in ihrer Gesamtheit so ungleich verteilt, daß Frauen immer noch dahin tendieren, sich für ihren Zustand selbst verantwortlich zu machen. „Sie ist schwach, unselbständig, unfähig, mit äußeren oder inneren Veränderungen fertig zu werden; sie haßt ihre Mutter, sie haßt Kinder, sie ist offensichtlich ein depressiver Charakter oder latent schizophren" – mit dieser Art von Argumenten werden gewöhnlich Verhaltensweisen von Müttern erklärt, die nicht der gesellschaftlichen Norm entsprechen.

Die Situation wird dadurch weiter verschärft, daß es, selbst in England, in der Medizin keine Experten gibt, die sich um Frauen nach der Niederkunft kümmern. Es gibt keinen Facharzt, an den eine Frau sich wenden kann, wenn sie unter PND leidet. Die Kinderklinik kümmert sich um das Wohl des Babys, die Aufgabe des Geburtshelfers oder der Hebamme ist beendet, wenn das Kind geboren ist. Wenn nicht schwere psychische Störungen auftreten, sucht eine Mutter vermutlich keine psychiatrische Hilfe. Frauen sind hier mit einem wirklich niederschmetternden Problem konfrontiert: Es ist niemand da, an den sie sich wenden können.

PND: Definitionen

Die postnatale Depression, die Sie vielleicht in der Abgeschiedenheit Ihrer eigenen vier Wände durchmachen, kann durch ein generelles Gefühl depressiver Verstimmtheit charakterisiert sein, durch Stumpfheit, Lethargie, Mangel an Lebensfreude oder Energie; Stimmungen, die nach der Geburt eines Kindes unerwartet über Sie hereingebrochen sind. Diese Stimmungen und Gefühle können zu irgendeinem Zeitpunkt während des ersten Jahres nach der Niederkunft begonnen haben.

Unsere biochemische Struktur ist nach der Geburt eines Kindes massiven Veränderungen und Belastungen unterworfen. Wenn weitere belastende Faktoren hinzukommen – ganz gleich, ob es sich um psychischen Streß oder äußere Schwierigkeiten mit der Veränderung des Lebensstils handelt (Beziehungsprobleme, Erwartungen, die wir an uns selbst als Mütter richten) –, kann das zu einem zeitweiligen Zusammenbruch der normalen gehirnchemischen Prozesse führen, die sonst für unser emotionales Gleichgewicht verantwortlich sind. Die Persönlichkeitsstrukturen, die wir an uns selbst kennen, scheinen sich beinahe über Nacht aufgelöst zu haben. Selbst wenn wir vorher keine Erfahrungen mit heftigen Stimmungswechseln oder Depressionen hatten, können wir ihnen nach einer Entbindung ausgesetzt sein.

Die beiden Hauptsyndrome von PND werden nach der Zeit

ihres Auftretens (Anzahl der Tage/Wochen nach der Niederkunft) und nach der Schwere der Symptombildung unterschieden. Das frühe Syndrom kann vom leichten oder gemäßigten
„Baby-Blues" bis zu schweren Psychosen gehen. Das späte
Syndrom beginnt nach den ersten drei Wochen; in der Haupt-
sache handelt es sich um depressive Verstimmungszustände,
und auch hier können die Symptome leicht, gemäßigt oder
schwerwiegend sein. Bei beiden Syndromen sind in schweren
Fällen gewöhnlich Krankenhausaufenthalte notwendig.

Nach der Niederkunft gibt es eine Latenzperiode von etwa
drei Tagen, in der im allgemeinen keine psychischen Störungen
auftreten. Zwischen dem dritten und dem fünfzehnten Tag
können folgende Störungen eintreten: 1. der „Baby-Blues",
ein relativ harmloses, kurzlebiges Syndrom; 2. die Kindbettpsychose, die sehr schwerwiegend ist. Beide Formen sind durch
Ängste und Erregungszustände gekennzeichnet. Der „Baby-
Blues" ist ein zeitweiliger Verstimmungszustand, der sich,
abgesehen von Ängsten, als Unruhe, Schlaflosigkeit und
manchmal Verwirrtheit äußert. Er tritt bei 24 bis 50 Prozent
aller Frauen auf und endet häufig nach einigen Stunden,
höchstens einigen Tagen. Man sieht ihn als eine natürliche
Folge der Niederkunft an. Die Kindbettpsychose tritt während
desselben Zeitraums und teilweise mit denselben Symptomen
auf, manifestiert sich aber außerdem in Form von Halluzinationen, Wahnideen, starker Erregung, heftigen Stimmungsschwankungen und entweder schwerer Depression oder manischen Zuständen oder im Wechsel zwischen beiden. Die schweren Symptome können einen Klinikaufenthalt während der
ersten Wochen nach der Entbindung notwendig machen; in
weniger extremen und akuten Fällen kann sich im Lauf von
Wochen ein allmählicher Übergang in den depressiven Verstimmungszustand von PND vollziehen.

Die spät auftretenden untergeordneten Syndrome, die ebenfalls unter den Oberbegriff PND fallen, setzen zwischen dem
zwanzigsten und dem vierzigsten Tag nach der Entbindung ein.
Die vorherrschende Stimmung dieser Form von PND ist depressiv; sie tritt im allgemeinen langsam und schleichend in
Erscheinung. Zu den Symptomen können Gefühle von Trau-

rigkeit, Energiemangel, der Eindruck von Sinnleere gehören und außerdem eine Reihe von physischen Symptomen wie chronische Müdigkeit, verspätetes Wiedereinsetzen der Menstruation, periphere Ödeme, gewöhnlich in der Form von geschwollenen Füßen und Gewichtszunahme, die nicht auf die Ernährung zurückzuführen ist, Haarausfall, schwere Schlafstörungen und ein deutlicher Verlust des sexuellen Interesses. (Dieselben körperlichen Symptome findet man auch bei frühen Kindbettpsychosen, die später in Depressionszustände übergehen.) Auch hier, bei den spät auftretenden Depressionen, gibt es wieder milde und gemäßigte Formen, aber auch schwere Fälle, in denen Mütter suizidgefährdet sein können oder Angst haben, sie könnten ihre Kinder verletzen. Postnatale Depression kommt doppelt so häufig vor wie Kindbettpsychosen; auf dreitausend Entbindungen kommen zwei Fälle von schwerer postnataler Depression und ein Fall von schwerer Kindbettpsychose. Insgesamt bedeutet das jedoch, daß allein in England pro Jahr tausend Frauen mit schweren psychischen Störungen in Kliniken eingewiesen werden müssen. Wenn wir die zehn Prozent der Frauen in Betracht ziehen, die unter milden oder gemäßigten Formen von PND leiden, sind pro Jahr 70000 Frauen betroffen (nach der offiziellen Geburtenstatistik belief sich die Zahl der Lebendgeburten in England 1984 auf 729 600).

Die Teile des Puzzles

Bisher habe ich mit aller Selbstverständlichkeit den Begriff postnatale Depression (PND) gebraucht; warum behaupte ich also, das Problem habe keinen Namen? Lassen Sie mich ein paar Schritte zurückgehen, zum Beginn meiner Recherchenarbeit. Fest entschlossen, soviel wie nur irgend möglich über PND herauszufinden, begann ich damit, mich an Fachärzte für Geburtshilfe zu wenden, die in der Vergangenheit relevante Beiträge zum Problem des Zustands von Frauen nach der Niederkunft geleistet hatten. Ich wurde mit einer der psychosomatisch orientierten Gynäkologinnen in den USA bekannt gemacht, mit Dr. Elizabeth Herz[1] in Washington, die sich intensiv mit dem Problem auseinandersetzt und die mir eine unschätzbare Hilfe war. Außerdem sprach ich mit Psychiatern und klinischen Psychologen über Depression und über verfügbare Behandlungsmethoden. Aber die Teile wollten einfach nicht zusammenpassen; immer fehlte etwas. Ich ging verschiedenen Informationssträngen nach, die sich nicht zu einem Ganzen zusammenfügten. Es schien, als verfolgte ich zwei unterschiedliche Spuren: Ich traf entweder auf den hormonalen oder auf den psychologischen Erklärungsansatz. In amerikanischen Bibliothekskatalogen war das Stichwort „postnatale Depression" nicht aufzufinden.

In London interviewte ich dann eine Ärztin, die zur Avantgarde der Gynäkologie gehört, Dr. Katharina Dalton[2], deren frühere Forschungen eine völlige Umwälzung der Erkenntnisse über das prämenstruelle Syndrom bewirkt hatten und die, wie ich wußte, nun an einer ähnlichen Studie über PND arbeitete. Dr. Dalton riet mir, mit weiteren Experten in den USA Kontakt aufzunehmen, insbesondere mit Dr. James Hamilton[3] in San Francisco. Nebenbei erwähnte sie, daß Hamilton der Sekretär der Marcé-Gesellschaft sei. So stieß ich auf das „missing link", das fehlende Stück des Puzzles, das ich gesucht hatte. Die Marcé-Gesellschaft ist eine internationale Vereinigung von Geburtshelfern, Psychiatern, Endokrinologen, Naturwissenschaftlern, Krankenschwestern und Sozialarbeitern, die an der Erforschung von PND arbeiten. Seit ihrer Gründung, 1980, hat die Marcé-Gesellschaft weltweit außerordentlich wertvolle Arbeit in bezug auf die Ursachen, die Symptome und die Behandlung von PND geleistet.

Dr. James Hamilton, der jetzt im Ruhestand ist (früher war er außerordentlicher Professor für Psychiatrie an der Stanford School of Medicine), hat seine eigenen Sichtweisen nie den traditionellen oder allgemein akzeptierten Einstellungen der Schulmedizin untergeordnet; meinen ersten Anruf nahm er mit Freude auf. „Vor etwa zwanzig Jahren flammte das Interesse an PND eine Zeitlang auf", erzählte er mir, „aber danach ist das Thema wieder in Vergessenheit geraten." Ich besuchte ihn in seiner Praxis in San Francisco, und wir verbrachten einen ganzen Tag in angeregter Unterhaltung. Er fand es genauso spannend, eine Autorin kennenzulernen, die ein Buch über postnatale Probleme von Frauen schreiben wollte, wie ich es aufregend fand, diesem einzigartigen Mann zu begegnen, der jahrelang eine Kampagne für die Anerkennung von PND in Medizin und Psychiatrie geführt hatte.

Warum so wenig über PND bekannt ist

„Wir gründeten die Marcé-Gesellschaft nach einem Kongreß in Manchester, zu dem Professor Ian Brockington aufgerufen hatte und der zum ersten Mal Ärzte verschiedener Disziplinen zusammenbrachte, mit dem Ziel, einen Überblick über die Situation zu gewinnen", erklärte Hamilton. „Aber es ist unglaublich, wie sehr die Zeit stehengeblieben ist. Louis Victor Marcé, nach dem wir die Gesellschaft benannten, war ein Arzt, der um die Mitte des 19. Jahrhunderts in Frankreich lebte; er wußte bereits genausoviel über PND wie wir heute."

Vor mehr als einem Jahrhundert wurden Begriffe wie postnatale Depression (oder postnatale Psychose) in der Medizin verwendet. Aber 1926 – die Psychiatrie war damals noch ein relativ neues Gebiet der Medizin, und man beeilte sich, die Krankheiten und das darüber vorhandene Wissen in einem festen Begriffsgerüst zu verankern – schrieb der vielgerühmte amerikanische Psychiater E. A. Strecker[4], postnatale Depression (oder Psychose) existiere als Krankheit nicht; bei Frauen, die unter solchen Symptomen litten, lägen vielmehr leicht erkennbare Störungen wie Schizophrenie, manische Zustände, Depressionen oder andere affektive Störungen vor und die Patientinnen sollten dementsprechend behandelt werden. Streckers Einfluß war so prägend, daß die Begriffe postnatale Depression und postnatale Psychose aus den medizinischen Lehrbüchern und aus dem offiziellen medizinischen Klassifikationssystem getilgt wurden. Auch in den diagnostischen oder statistischen Handbüchern und medizinischen Nachschlagewerken kommt PND als Syndrom mit eigener Klassifikation nicht vor. Weder in der 1980 revidierten Ausgabe des amerikanischen DSM III (einem diagnostischen Handbuch der psychischen Störungen), das von der amerikanischen Gesellschaft für Psychiatrie herausgegeben wird, noch im britischen ICD (einem internationalen Handbuch der Klassifikation von Krankheiten) hat PND einen Code für die Computerklassifikation. Die Zeitschrift JAMA (Journal of the American Medical Association), das Organ des amerikanischen Medizinerverbandes, machte im April 1984 schließlich auf dieses Versäumnis aufmerksam.[5]

Bei Untersuchungen über PND mit wissenschaftlichem Anspruch kann die Suche nach dokumentierten Fällen umständlich sein. In Amerika muß man alle psychiatrischen Einweisungsunterlagen von Frauen im gebärfähigen Alter durchsehen, um nachzuweisen, daß eine psychische Störung nach der Geburt eines Kindes auftrat. Durch die stärker zentralisierte Organisation des NHS (National Health Service) bestehen dagegen in England größere Chancen, daß eine Frau, die im ersten Jahr nach der Niederkunft unter psychischen Störungen leidet, in den Akten korrekt als PND-Fall vermerkt wird. Dennoch kann es schwer sein, an Informationen heranzukommen, wenn man in den Statistiken nachforscht. Selbst beim NHS lernen Studenten der Medizin und der Psychiatrie nichts über PND. Statt dessen wird ihnen in der Regel die offiziell verbreitete Lehrmeinung vermittelt, daß Frauen, deren psychischer Zustand nach einer Entbindung sehr schlecht ist und die vorher keine Anzeichen psychischer Störungen gezeigt haben, latent psychotisch gewesen sein müßten und daß in ihrer Behandlung genauso verfahren werden solle wie bei anderen psychotischen Patienten auch.

Ist es da ein Wunder, daß die Frauen schweigen? Nicht nur, daß sie Scham- und Schuldgefühle haben und isoliert sind – sie haben eindeutig Angst davor, für geisteskrank gehalten zu werden. Die Namenlosigkeit des Problems verstärkt das Isolationsgefühl. Ich bahnte mir meinen eigenen Weg durch die Bibliotheken, als ich auf Materialsuche war, und konzentrierte schließlich meine Bemühungen auf die hervorragende Bibliothek der American Medical Association in Manhattan; dort ging ich jedem Stichwort nach, das mir auch nur entfernt relevant erschien: Mutterschaft, post partum, Kindbett...,

Depression, und so weiter. Wenn ich Veröffentlichungen fand, notierte ich mir die Bibliographien und kam so dem größten Teil des vorhandenen Materials auf die Spur. Eine der Frauen, die mir schrieben, hatte in ähnlicher Weise versucht, Material für eine Diplomarbeit über PND zu finden. Sie hatte für einen großen pharmazeutischen Konzern gearbeitet und konnte die gutausgestattete konzerneigene Bibliothek benutzen. Sie bat die Bibliothekarin, PND-Literatur über den Computer abzurufen. Der Computer ermittelte einen einzigen Literaturhinweis – eine kurze Passage in einem medizinischen Buch.[6]

Auf dem letzten Kongreß der Marcé-Gesellschaft[6] war das Klassifikationsproblem und das dringende Bedürfnis, für den Zustand, die Störung, das Syndrom Kategorien zu finden, einer der Hauptdiskussionspunkte. Ich entschied mich für den Terminus postnatale Depression und seine leicht zu merkende Abkürzung PND. Obwohl der Begriff auch von anderen Autoren und von Ärzten verwendet wird, gehört er noch nicht zur offiziellen medizinischen oder psychologischen Terminologie.

Ärztinnen brechen das Schweigen

Eins der für mich eindrucksvollsten Erlebnisse auf dem Kongreß war die Begegnung mit einer Gruppe in der Mehrzahl englischer Psychiaterinnen, die ursprünglich als Geburtshelferinnen ausgebildet waren oder als Hausärztinnen praktiziert hatten. Ich war fasziniert davon, in welchem Maß es ihnen – als Ehefrauen und Müttern – gelungen war, die unterschiedlichen Rollenanforderungen in ihr Leben zu integrieren und große Familien und Karriere miteinander zu vereinbaren. Drei der Frauen hatten jeweils vier, eine andere sechs Kinder.

„Ich erinnere mich nur zu gut daran, daß ich manchmal Lust hatte, mein erstes Kind aus dem Fenster zu werfen", gab eine von ihnen zu. „Wir müssen uns überlegen, welches Maß von abnormem Verhalten nach einer Geburt wir wirklich als normal betrachten müssen. Jede Frau hat ihre Träume und Vorstellungen und macht dann, wenn sie Mutter wird, emotionale Veränderungen durch, die einfach unannehmbar erscheinen. Ich bin davon überzeugt, daß die meisten Frauen bis zu einem bestimmten Grad unter PND leiden. Aber wenn man Pech hat, wenn man Psychiatern oder Sozialarbeitern in die Hände fällt, werden offene Äußerungen über den eigenen Zustand als bedeutsam notiert und in die Diagnose aufgenommen. Wir müssen Abgrenzungsmöglichkeiten dafür finden, welche Verhaltensweisen für Mütter von Säuglingen und Kleinkindern ,normal abnorm' sind."

Eine der anderen Frauen erzählte: „Als ich anfing, als Gynäkologin zu praktizieren, war ich mit meinem vierten Kind schwanger und hatte drei kleine Kinder zu Haus. Meistens fragte ich die neuentbundenen Frauen, wie sie daheim zurechtkämen. Wenn die Antwort ein glattes ,Sehr gut' war, sagte ich: Da haben Sie wirklich Glück. Meine Kinder gehen mir ganz schön auf die Nerven. Damit war im allgemeinen das Eis gebrochen, und wir konnten offener miteinander sprechen."

Zukünftige Aspekte des Problems

PND tritt vorwiegend bei Frauen auf, die nie zuvor unter Depressionen gelitten haben; wenn die postnatale Depression aber nicht behandelt wird, treten in der Folge bei vielen Frauen weitere psychische Probleme auf, oft bis zum vierten Jahr nach der Geburt eines Kindes – und manche Frauen erholen sich nie vollständig davon. Diese Fälle lassen natürlich die statistischen Zahlen von Frauen anwachsen, die in unserer Gesellschaft als psychisch gestört betrachtet werden. Gegenwärtig gibt es jedoch, wir wir sehen werden, große Fortschritte im Verständnis, in der Therapie und bei der Heilung von PND durch vernünftige und effektive Methoden.

Die Zeit ist jetzt reif dafür, daß PND ins Licht der Öffentlichkeit rückt, daß die PND-Forschung an Boden gewinnt und daß Ärzte aller Disziplinen das Problem ernst nehmen, statt es als „typische Frauenneurose" beiseite zu schieben. Die Frauen, die jetzt Kinder bekommen, gehören einer neuen Generation an, einer Frauengeneration, die höhere Erwartungen an ihr eigenes Leben stellt und sich weniger mit den traditionellen Mutterschaftsmythen identifiziert. Ihre sozialen Rollen sind nicht auf die der Ehefrau und Mutter begrenzt. Diese Frauen gehen an jeden anderen Aspekt ihres Lebens kritisch und reflektierend heran. Wenn sie in Verwirrung geraten, weil die Einzelteile ihres Mutterschaftsbildes nicht zusammenpassen, werden sie energisch nach neuen Antworten suchen. Wir müssen uns verbünden und gemeinsam die falschen Mythen durchbrechen, die eins der letzten gesellschaftlichen Tabus umhüllen. Mutterschaft ist nicht immer einfach. Aber das gilt schließlich für das Leben überhaupt.

Zum Verständnis der postnatalen Depression (PND)

Als ich nach mehr als einem Jahr zum ersten Mal wieder nach London kam, rief ich ganz aufgeregt eine alte Freundin an – sie hatte am Weihnachtsabend ihr erstes Kind geboren; das Baby war jetzt gerade sechs Wochen alt. Ich freute mich darauf, sie und das Kind zu sehen; trotz meiner realistischen Einschätzung, in welchem Zustand sie sein könnte, beachtete ich nicht, wie die reale Situation war: Sie war zum ersten Mal Mutter und hatte einen sechs Wochen alten Säugling auf dem Arm.

Anna P. ist 36 Jahre alt, eine schöne, kultivierte Frau, von Beruf Verlagslektorin. Sie hatte ihren Mann während ihrer Studienzeit kennengelernt und ist jetzt seit siebzehn Jahren verheiratet. Sie meldete sich am Telefon mit matter Stimme. „Tut mir leid", entschuldigte ich mich sofort, „ich hätte daran denken sollen, daß du vielleicht lange schläfst." – „Das macht nichts", Annas Stimme klang flacher und weniger kräftig als sonst, „meine Tochter ist um zwei Uhr nachts aufgewacht. Normalerweise ist sie ziemlich friedlich, aber jetzt scheint sich ihr Rhythmus zu verändern." – „Wie geht es dir denn?" fragte ich zögernd. Anna und ihr Mann hatten zwölf Jahre lang eine Ehe ohne Kinder geführt; sie hatten einen ruhigen, wohlgeordneten Alltag, gute Jobs, zwei Hunde, die ausgeführt werden mußten, und ein Wochenendhäuschen auf dem Land. Anna und Peter hielten wenig vom trauten Heim und gingen abends oft zum Essen aus. Aber sie muß es doch gewußt haben, wehrte ich innerlich ab. Sie muß sich vorgestellt haben, wie es sein würde. Wir haben bei ihr gewohnt, wenn wir auf Reisen waren, und sie hat meine Schwierigkeiten mit meinen beiden Kindern erlebt. Sie wußte doch sicher, daß es nicht leicht werden würde!

Wir wichen dem Thema aus, wie Frauen es seit Jahrhunderten getan haben, und plauderten eine Weile. Dann lachte ich kurz auf, ehe ich sagte: „Ist dir eigentlich schon klargeworden, daß du vor allem wissen wolltest, wie es ist, ein kleines Kind zu haben und ein bißchen Mutter zu spielen – und daß du nicht darauf gefaßt warst, dich 24 Stunden am Tag und sieben Tage in der Woche engagieren zu müssen?"

„Mach dir keine Sorgen, das ist mir auch schon aufgefallen", antwortete Anna sofort. „Manchmal geht es mir so, da möchte ich das Kind am liebsten zurückschicken. Und dann ist es wieder ganz anders. Du weißt, was ich meine."

Ja, das wußte ich wirklich. Ob es wohl irgendwo eine Frau gibt, die nicht bis zu einem gewissen Grad von den Veränderungen im Gefühlsbereich und in der Lebensperspektive, die eine Geburt mit sich bringt, überwältigt ist? Ambivalenz spielt bei der Mutterschaft eine große Rolle. Anna hatte allerdings keine Depressionen. Sie schien die Ambivalenz ganz gut ertragen zu können. Aber der Schock über unsere eigenen Reaktionen kann uns alle urplötzlich überfallen.

„Das elende Gefühl, das ich jetzt habe, ist ein Symptom meines eigenen Versagens und meiner Unzulänglichkeit als Frau und Mutter, kein erklärbarer Zustand, den viele Frauen nach der Geburt eines Kindes durchmachen", denken wir.[4]

Falls Sie sich fragen, ob der Begriff postnatale Depression auf Sie zutrifft – das nachgeburtliche Grau-in-Grau tritt in allen denkbaren Formen und Abstufungen auf. Wenn wir in unseren einsamen Küchen oder Kinderzimmern sitzen, sind wir nicht wirklich allein. Wir sind alle in derselben Situation. Aber wir können uns vielleicht erst jetzt öffnen und verstehen, daß diese unerwarteten Gefühle gar nicht so seltsam sind.

Früh einsetzende PND oder „Baby-Blues"

Der Ausdruck „Baby-Blues" bezeichnet im allgemeinen eine spezifische, vorübergehende Reaktion, die bei der überwiegenden Zahl aller Frauen in den ersten Tagen nach der Entbindung auftritt und von der man annimmt, daß sie auf die ersten zehn Tage nach der Geburt begrenzt ist. Diese Phase des „Leeregefühls" ist seit Jahrhunderten bekannt, als das „heulende Elend" oder manchmal auch noch als „Milchfieber" (verbunden mit der Vorstellung, daß am dritten Tag die Milch

„einschießt"); ihr bekanntestes Merkmal ist unkontrollierbares Weinen. Das ist so allgemein verbreitet, daß Ärzte und Krankenschwestern es als normalen Bestandteil des Entbindungsprozesses betrachten; niemand regt sich darüber auf – außer Ihnen und Ihrem Mann.

Wir kommen uns meistens dumm vor, wenn dieses Gefühl einsetzt; eigentlich haben wir doch allen Grund zur Dankbarkeit, wir sollten strahlen vor Stolz und Mutterglück. Aber nein, wir weinen und sind manchmal völlig untröstlich. Aus einer Untersuchung über das frühe Syndrom geht hervor, daß es manchmal durch Gefühle der Zurückweisung ausgelöst werden kann, dadurch, daß der Arzt kein Interesse zeigt oder der Ehemann sich beim Besuch im Krankenhaus verspätet, durch gleichgültiges oder unhöfliches Verhalten des Krankenhauspersonals; auch durch gute Nachrichten, wie zum Beispiel eine andere Geburt in der Familie, oder durch Unzulänglichkeitsgefühle, wenn wir nicht genug Milch oder Probleme mit dem Stillen haben. Wie häufig kommen diese Erscheinungen vor? Fachleute sagen übereinstimmend, daß bei 80 Prozent aller Frauen nach der Entbindung diese Symptome in irgendeiner Form auftauchen: Sie können sich als häufiges, plötzliches Weinen äußern oder auch zu Schlaflosigkeit, Reizbarkeit und Aggressivität führen; sie können sich als Gefühl der Ablehnung dem Arzt, dem Krankenhaus, dem Ehemann gegenüber äußern und, sehr häufig, als Gefühl der Verwirrtheit. Bis zu 50 Prozent aller neuentbundenen Frauen haben zwischen dem fünften und dem zehnten Tag nach der Geburt Phasen, in denen sie häufig weinen.

Die meisten Schwangerschaftsbücher enthalten einige Hinweise auf den „Blues", verbunden mit dem Rat, nicht übermäßig besorgt zu sein, da er schnell vorübergehe. „Wenn Sie nach Hause kommen, wird alles in Ordnung sein", versprechen sie uns. Von den Frauen, mit denen ich gesprochen oder korrespondiert habe, weiß ich, daß die meisten neuentbundenen Mütter sich dieses klassischen, frühen Depressionssyndroms bewußt sind, ja geradezu darauf warten, daß es eintritt.

Nur wenige von uns wissen, welche Ursachen es hat. Und es ist sicherlich noch weniger bekannt, daß die Symptome schwere Formen annehmen und unsere individuellen Vorstellungen von Mutterschaft und mütterlichem Verhalten zunichte machen können, oder daß die Depressionen, selbst wenn wir in den ersten Tagen nach der Niederkunft davon verschont bleiben, wesentlich langsamer einsetzen und uns später schwer belasten können.

Die meisten Ärzte sind der Ansicht, daß der „Baby-Blues" vor allem hormonell bedingt sei. Katharina Dalton erklärte, daß die hormonelle Aktivität des Körpers während der Schwangerschaft extrem hoch ist, um den Fötus im Uterus zu halten und um seine Einbettung, Ernährung und sein Überleben zu sichern. Zu dem Zeitpunkt, wo die Wehen einsetzen, sind zum Beispiel die Progesteron- und Östrogenwerte im weiblichen Körper um das Fünfzigfache höher als vor der Schwangerschaft. Die heftigste hormonelle Veränderung spielt sich am ersten Tag nach der Niederkunft ab, wenn die Progesteron- und Östrogenwerte drastisch abfallen. Innerhalb von 24 bis 36 Stunden nach der Entbindung sinkt das stark erhöhte Progesteron- und Östrogenniveau auf die Werte ab, die es vor der Schwangerschaft hatte. Dieses drastische Abfallen der Hormonwerte kann ähnlich auf uns wirken wie ein Drogenentzug – mit vergleichbaren Symptomen. In Katharina Daltons Sicht ist der normale Anpassungsprozeß einer Mutter an diese körperlichen Veränderungen tatsächlich gar nicht so normal, sondern geradezu heroisch. Vielen von uns fällt dieser Anpassungsprozeß denn auch gar nicht so leicht. Das frühe Syndrom kann schlimmere Auswirkungen haben als ein bis zwei Tage andauerndes heftiges Weinen. Es kann uns in Angst und Verwirrung stürzen und in Unsicherheit über unsere „mütterlichen Instinkte". Die meisten Frauen, die mir schrieben, hatten Erfahrungen gemacht, die über eine vorübergehende, leicht zu akzeptierende Anfälligkeit für Tränen weit hinausgingen.

Jenny T., Sekretärin von Beruf und alleinerziehende Mutter, hatte ihre Schwangerschaft in einer Art Euphorie durchlebt und brachte innerhalb von vier Stunden in einem erstaunlich harmonisch ablaufenden natürlichen Geburtsprozeß ein hübsches, gesundes Mädchen zur Welt. Sie war überglücklich. Und dann – „dann passierte etwas mit mir. Dieses etwas wurde vom gesamten Krankenhauspersonal, von meiner Familie und von den anderen Frauen auf der Station mit dem Etikett ‚Baby-Blues‘ versehen.

Zu meinem ‚Baby-Blues‘ gehörten a) unkontrollierbares Weinen, b) der völlige Verlust des Realitätssinns, c) schwere Depressionen, bis hin zu dem Punkt, an dem ich glaubte, meine Tochter brauche mich als Mutter nicht, d) Mangel an Interesse dem Baby gegenüber, e) Unfähigkeit, auch nur einen Augenblick zu schlafen, f) völlige Appetitlosigkeit (sowohl im Hinblick auf Essen als auch auf Sexualität). Ein Arzt sagte mir, diese Gefühle seien normal. Wenn das normal war, wollte ich lieber abnorm sein!"

Jenny hatte Glück, daß ihre Mutter, eine frühere Krankenschwester, mitfühlend reagierte, sie bei sich aufnahm und für sie sorgte. Etwa acht bis neun Monate später, als ihre Tochter schon laufen konnte, ging es Jenny allmählich besser.

Jennys Erfahrung ist typisch. Was sie durchmachte, war nicht nur eine kleine Anwandlung von „Blues", die Art, die erlaubt ist und die man von uns erwartet, sondern ein Ausdruck viel tiefergehender Prozesse. Wir beginnen zu begreifen, was Jenny erlebte, wenn wir uns klarmachen, daß die hormonellen Veränderungen untrennbar mit größeren biochemischen Veränderungsprozessen im Körper während der Schwangerschaft und nach der Geburt verbunden sind.

Die psychoendokrine Verbindung

Die biochemischen Veränderungen können starke Erregung verursachen, Schlaflosigkeit, Verwirrtheit oder stundenlanges heftiges Weinen ohne ersichtlichen Grund. Die Biochemie des Körpers wirkt sich auf das Nervensystem aus; die Verbindungen zwischen körperlichen und seelisch-geistigen Prozessen sind vermutlich viel komplexer, als wir sie gewöhnlich wahrnehmen.

Der Oberbegriff „psychoendokrine Körperfunktionen" beinhaltet eine sehr komplexe Vorstellung. „Endokrin" bezieht sich auf das Hormonsystem und „psycho" natürlich auf den seelischen Bereich. Die Zusammenziehung der Wörter spiegelt die untrennbare Verbindung zwischen den beiden Seiten unserer Existenz – der körperlichen und der seelischen. Wir können keine hormonelle Veränderung ohne Veränderung in der Biochemie und ohne einen Wandel des seelischen Gleichgewichts erleben. Auf der Suche nach der Hauptursache des körperlich-seelischen Aufruhrs müssen wir uns der relativ neuen Wissenschaft der Endokrinologie und den laufenden Studien, die den Zusammenhang zwischen hormonellen Veränderungen und Depressionen nachzuweisen versuchen, zuwenden.

„PND wurde immer im psychiatrischen Bereich angesiedelt", erklärte Katharina Dalton. „Man sagt, die Frau ist psychisch gestört, weil sie ihre Gefühle zwischen dem Mann und dem Baby aufteilen muß. Tatsächlich ist der Zustand aber hormonell induziert. Wir werden eines Tages erkennen, daß alle Depressionen auf Störungen des chemischen Gleichgewichts beruhen."

Das Wort Hormon ist aus dem Altgriechischen abgeleitet und bedeutet „in Bewegung setzen". Hormone werden von Geweben und Organen produziert; sie sind die chemischen Botschaften des Körpers ans Gehirn. Einige Hormone haben die Aufgabe, Anpassungsprozesse innerhalb der verschiedenen Funktionssysteme des Körpers zu regeln, andere sprechen auf äußere Reize an und rufen bestimmte Verhaltensreaktionen hervor. Daß Hormone Stimmungen und Verhaltensweisen beeinflussen, ist seit langem bekannt; die gegenwärtige Forschung konzentriert sich darauf, wie und warum diese Wirkungen zustande kommen.

Hormone sind die Sekretionen der wichtigsten Drüsen des Körpers: der Schilddrüse, der Nebenschilddrüse, der Nebennieren, der Bauchspeicheldrüse und der Geschlechtsdrüsen. Sie gehen unmittelbar ins Blut und erreichen so die Organe, deren Funktion sie regulieren. Östrogen und Progesteron zum Beispiel werden unmittelbar nach der Empfängnis stärker ausgeschüttet, um die Entwicklung des Embryos im Uterus zu sichern.

Das Gehirn hat sein eigenes Hormonsystem; die Hormone

werden von Nervenzellen produziert, die als Transmitter fungieren. Vom Hypothalamus ausgehend werden diese Neurohormone auf bestimmten Bahnen durch das Gehirn geleitet. Die Neurohormone beeinflussen wiederum den Ausstoß der endokrinen Hormone. Tatsächlich befinden sich Gehirn und Körper in einem dauernden Wechselspiel.

Die Psychosomatikerin, Gynäkologin und Geburtshelferin Dr. Elizabeth Herz verdeutlicht durch ihre Interpretation die komplexen Vorgänge, die bei frischentbundenen Frauen von hormonellen Veränderungen zu Depressionen oder Verzweiflungszuständen führen können. „Im Gehirn haben wir den Hypothalamus, eins der tiefliegenden Gehirnzentren, durch die das physische und psychische Gleichgewicht ständig überwacht wird. Die Aktivität des Hypothalamus reguliert viele unbewußte und unwillkürliche Funktionen, wie den Schlaf, die biologischen Rhythmen, Lust- und Unlustgefühle. Im Hypothalamus finden Interaktionen statt zwischen Neurotransmittern, die unsere Stimmungen kontrollieren, und wichtigen Neurohormonen, die alle anderen Hormone stimulieren; dadurch wird die Funktion unserer Körpersysteme und – normalerweise – unser seelisches Gleichgewicht aufrechterhalten.

Der Hypothalamus empfängt ständig Informationen aus verschiedenen Körperbereichen, vermittelt durch die Hormone und das Stoffwechselsystem; außerdem erhält er die Botschaften der höher liegenden Gehirnzentren, die äußere Reize aufgenommen haben. Die Aufgabe des Hypothalamus ist nun – je nach den genetischen Anlagen eines Menschen –, all diese Einflüsse zu integrieren. Wenn das System allerdings überlastet ist, durch ein Ungleichgewicht im Hormonhaushalt zum Beispiel, gerät der Hypothalamus in einen Zustand der Unausgewogenheit. Daraus kann eine allgemeine Desorganisation resultieren. Aus diesem Grund kommt es, zusätzlich zu den Stimmungswechseln, zu Schlafstörungen, Appetitlosigkeit und dem Absinken der sexuellen Bedürfnisse. Das regulierende System kann die Veränderungen nicht mehr auffangen. Diese Darstellung zieht viele unterschiedliche Faktoren zusammen, aber sie erklärt, warum Belastungen, mit denen eine Frau zu anderen Zeitpunkten durchaus fertig werden kann, durch das

Hinzutreten der körperinternen Veränderungen einfach zu hoch werden."

Die körpereigenen Beruhigungsmittel

Ein Hauptgebiet der heutigen Forschung ist die genaue Wirkungsweise der Neurohormone auf das endokrine System und umgekehrt. Die Neurohormone (Dopamin, Serotonin und Norepinephrin sind die bekanntesten) bewegen sich auf festgelegten Bahnen im Gehirn, durch Millionen fadenähnlicher Verzweigungen des Gehirngewebes, beinahe wie elektrischer Strom durch Leitungen fließt. Die Wissenschaftler versuchen herauszufinden, warum die Hirnströme manchmal beschleunigt, manchmal verlangsamt sind, wie die Gehirnhormone unsere Stimmungen beeinflussen und ob medizinische Intervention in Fällen von Depression helfen kann.

Nach einer Entbindung machen wir schwerwiegende endokrine Veränderungen durch: Das rapide Absinken der zwei wichtigsten Schwangerschaftshormone Östrogen und Progesteron vollzieht sich innerhalb von Stunden während und nach der Niederkunft. Die Werte des Schilddrüsenhormons sinken ebenfalls ab (auf ein niedrigeres Niveau als vor der Schwangerschaft), und die Funktion der Hypophyse ist verringert. Gleichzeitig sind wir starkem Blutverlust und einem Absinken der Körperflüssigkeiten ausgesetzt; das Hormon Prolaktin wird verstärkt ausgeschüttet, um die Muttermilch zu bilden. Schlafstörungen treten auf und eine Reihe von biologischen Veränderungen, wie veränderte Werte der Nebennierensteroide, der freien und gebundenen Corticosteroide und des Gonadotropins. Wenn die Werte des Schilddrüsenhormons, des Progesterons, Östrogens und der Nebennierencorticoide rapide abfallen, dann reduziert sich auch der Fluß des Norepinephrins, des Serotonins und des Dopamins.

Der Zusammenhang zwischen Progesteronwerten und Stimmungsveränderungen ist leicht zu erkennen, denn das Hormon kann in hohen Dosen als Sedativ eingesetzt werden, um die Angst- und Erregungszustände manischer Patienten zu dämpfen. Auch die Wirkungen des Schilddrüsenhormons sind offensichtlich: Höchstwerte machen hektisch und überängstlich, niedrigste Werte machen apathisch und träge. Östrogenhöchstwerte tragen zum Wohlbefinden bei, beim Absinken der Östrogenwerte, in der Menopause zum Beispiel, kann es zu Verzweiflungszuständen und Depressionen kommen.

Zwischen den Nervenbahnen, an denen sich die neuroendokrinen Transmitter entlangbewegen, liegen Impulsübertragungsstellen, die sogenannten Synapsen. Es ist bekannt, daß die Energie und die Quantität der Neurohormone an den Synapsen, ihre Fähigkeit, die Übertragungsstellen zu überqueren, die Schlüssel zur emotionalen Stabilisierung sind. Wenn die Neurohormone aktiv sind, sind wir fröhlich und entspannt; sind sie träge, fühlen wir uns bedrückt und deprimiert.

Gehen wir noch ein Stück weiter. Es ist bekannt, daß eine der Hauptbahnen des Norepinephrins am Hypothalamus entlangführt, nahe den Bereichen, die als „Lustzentren" des Gehirns lokalisiert wurden, das heißt jenen Bereichen, in denen unsere lustbetonten, entspannten Stimmungen angesiedelt sind. Die Bahn des Norepinephrins scheint daher in direkter Beziehung zur Regulierung euphorischer beziehungsweise depressiver Stimmungslagen zu stehen. Die letzten dieser Neurohormone, die von Wissenschaftlern isoliert wurden, stehen sogar in noch engerer Beziehung zu den Lustzentren. Die allgemein unter der Bezeichnung „Endorphine" (eine Zusammenziehung aus „endogene morphinähnliche Substanzen") bekannten Hormone sind körpereigene Opiate, die sich an spezielle Rezeptoren im Gehirn binden. Wenn unser Endorphinniveau niedrig ist, heißt das, daß wir einen Mangel an natürlichen Opiaten haben, die sonst dafür sorgen, daß wir uns wohl fühlen. Außerdem sind die Endorphinwerte von den Werten aller anderen Neurohormone abhängig. Wäre es nicht schön, wenn man eben mal rausgehen und sich ein Fläschchen Endorphin kaufen könnte?

Die Vorstellung, daß wir die Produktion der Neurohormone beeinflussen können, um die grundlegenden gehirnchemischen Prozesse auszugleichen, wenn Depressionen auftreten, gehört zu den revolutionärsten und spannendsten neuen Konzeptionen. Einige Wissenschaftler provozieren ihre Kollegen in der Psychiatrie gern durch Äußerungen wie: „Sobald wir die chemischen Prozesse des Gehirns besser verstehen, werden wir keine Psychiater mehr brauchen." Zur Zeit warten wir allerdings noch, hoffen auf bessere Behandlungs- und Heilungsmethoden, auf Verständnis und auf mitfühlende Ärzte und andere Fachkräfte. Vor allem hoffen wir, daß postnatale Depression und ihre Wirkung auf unser Leben stärker diskutiert werden.

Vielleicht können Theorien über neuroendokrine Veränderungen Frauen, die einen überraschenden und unerwarteten Ansturm von PND durchmachen, nicht beeindrucken. Die folgenden Berichte von Dianne und Kathy sind Beispiele für das frühe PND-Syndrom, die durch die üblichen beschönigenden Kommentare der Schwangerschaftsbücher nicht erklärt werden.

Die Reaktionen, die beide Frauen an sich erfuhren, waren so heftig, daß sie ihre geistige Gesundheit in Frage stellten. Beide Frauen waren verwirrt und bestürzt und mit ihrer Suche nach den Ursachen auf sich selbst zurückgeworfen. Keine von beiden suchte äußere Hilfe oder Unterstützung. Ihre Erfahrungen sind daher in vieler Hinsicht typisch und für andere neue Mütter relevant.

Dianne und Kathy: Das frühe Syndrom in seiner schweren Form

Ich hatte von einer Frau gehört, die eine schwere frühe PND-Reaktion durchmachte. Sie hatte im Krankenhaus angefangen zu weinen und konnte nicht aufhören. Ich sah meiner Begegnung mit ihr mit Nervosität entgegen und hatte Angst, ein Gespräch über PND könnte ihren Zustand verschlimmern. Aber Dianne McL. war eine besonnene, reflektierte Frau. Von Beruf war sie Werbegrafikerin, an den Wochenenden hatte sie gemalt. Sie war 30 Jahre alt, glücklich verheiratet und hatte ihre Schwangerschaft mit Begeisterung aufgenommen. Sie hatte sich immer ein Kind gewünscht, und nun war die richtige Umgebung für die Familie da. Dianne war eine reife und kluge

Frau. Ihr Töchterchen war reizend – und dennoch: „Es fing alles ungefähr drei Tage nach der Geburt an. Während der Schwangerschaft hatte ich mehrere Bücher gelesen; die wenigen Sätze über den ‚Blues‘ überflog ich jedoch nur, weil ich meinte, das könne mir nie passieren. Die Bücher behandelten das Thema so oberflächlich, daß ich sicher war, es sei unwichtig. Schließlich wollte ich das Kind unbedingt haben und dachte, ich könne gar nicht anders, als von Freude und Glück erfüllt zu sein."

Dianne wurde überraschend durch einen Kaiserschnitt entbunden. In den ersten Tagen danach komplizierte sich ihr Zustand. An einem bestimmten Punkt jedenfalls fingen Halluzinationen an; Dianne war voller Angst, hatte das Gefühl, paranoid zu sein, und konnte nicht aufhören zu zittern. „Ich erinnere mich an das Gefühl, daß die Blumen in meinem Zimmer hinter mir her waren und daß ich sie nicht verdiente. Sie bewegten sich in ihren Vasen, um mich zu verhöhnen. Meine Paranoia steigerte sich so sehr, daß ich Angst hatte, die Pförtner in der Halle würden mich mitten in der Nacht vergewaltigen. Woran ich auch dachte, alles brachte mich zum Weinen, und ich tat auch nichts anderes als weinen. Morgens kamen die netten Krankenschwestern herein, und ich versuchte, gegen meine Tränen anzukämpfen. Ich schämte mich. Ich hatte ein niedliches Töchterchen, genau das, was ich mir gewünscht hatte – das Kind war wundervoll. Ich konnte stillen, wie ich es mir gewünscht hatte. Alles war perfekt, aber jedesmal, wenn ich mein Kind ansah, liefen mir die Tränen über die Wangen. Ganz gleich, was ich ansah, dauernd flossen die Tränen."

Später glaubte Dianne, in sich selbst eine Erklärung für das unaufhörliche Weinen gefunden zu haben. Sie erkannte ein Verlust- oder Trennungsgefühl, das sich auf ihre eigene Mutter bezog (Dianne war mit achtzehn Monaten adoptiert worden). Vielleicht war das Weinen die Auflösung der über so viele Jahre aufgestauten Gefühle über den Verlust ihrer eigenen Mutter, fand sie heraus.

Das Aufregende, das ich während meiner eigenen Recherchierarbeit entdeckte, der Durchbruch, den ich unbedingt erreichen wollte, war die Aufdeckung der Lüge oder, vielleicht zutreffender ausgedrückt, der Nachlässigkeit, die unser weibliches Leben so sehr geprägt hat. Wir bereiten uns durch Lamaze-Übungen auf die Entbindung vor [Dr. Fernand Lamaze, ein französischer Arzt, entwickelte die „psychoprophylaktische Geburtsvorbereitung" durch Atem- und Entspannungsübungen, die in Amerika und England sehr bekannt geworden ist. Anm. d. Übers.]. Der Merksatz, den alle Schwangeren täglich, genau wie die Lamaze-Mantras, rezitieren sollten, heißt: Nach der Niederkunft befindet sich der Körper in einem Zustand hormonellen und biochemischen Aufruhrs, den wir zu keiner anderen Zeit unseres Lebens durchmachen, und diese Veränderungen können uns sowohl physisch als auch psychisch schwer belasten.

Der Auslöser, der dieses hormonelle Ungleichgewicht so sehr steigert, daß schwerwiegende psychische Reaktionen in Gang gesetzt werden, kann durchaus in unserem Verhältnis zur Außenwelt liegen: in den enormen Veränderungen des Lebensstils und im Gewahrwerden einer Verantwortung, die wir noch nie tragen mußten.

Kathy S., 29 Jahre alt und Managerin in einem pharmazeutischen Konzern, machte nach der Geburt ihres Sohnes eine extreme und unerwartete PND-Krise durch, nicht in der üblichen Form unkontrollierbaren Weinens, sondern mit einem wesentlich stärkeren Signal. Sie wünschte sich, das Krankenhaus allein, ohne ihr Baby, verlassen zu können. „Ich hatte einen Kaiserschnitt. Ich kam gerade aus dem Operationssaal, und da begann es, noch während ich im Ruheraum lag. Ich erinnere mich, daß ich vor Angst erstarrte. Ich wollte dieses Baby nicht! Es war alles ein großer Fehler gewesen. Es ging mir immer schlechter. Ich war furchtbar depressiv, lag da in meinem Bett und dachte noch absichtlich an deprimierende Dinge, fest entschlossen, meinen Zustand selbst noch zu verschlechtern." Zu Hause veränderte sich die Situation nicht zum Besseren. „Ich war die schlechteste Mutter, die man sich denken kann. Ich wollte immer noch weglaufen und hatte oft die Phantasie, meine Sachen zu packen und sie zu verlassen – meinen Mann und meinen Sohn. Die einzige Kraft, die ich in dieser Zeit aufbrachte, war, das nicht zu tun."

Kathy hatte sich immer als eine starke Frau gesehen. Nach sieben Jahren Ehe hatte sie sich sehr ein Kind gewünscht und die Schwangerschaft geplant. Sie war erfolgreich im Beruf und wußte, nach einigen Monaten Mutterschaftsurlaub würde sie ihre Arbeit wiederaufnehmen. Die Schwangerschaft verlief ausgezeichnet; sie hatte sich sogar sehr wohl gefühlt und gut ausgesehen.

„Sie können sich vorstellen, wie entsetzt ich war, dem Kind gegenüber diese Gefühle zu haben, die ich nie erwartet hätte. Aber ich kann es mir zumindest eingestehen. Manchmal überlege ich, ob manche Frauen vielleicht deshalb später in ihrem Leben durchdrehen, weil diese Gefühle, die sie verdrängt haben, unterschwellig in ihnen weitergären. Mir sagte man, es liege am Kaiserschnitt. Ich habe viel darüber nachgedacht, aber ich wußte, das war es nicht. Die Depression verschwand plötzlich, als Joe sechs Monate alt war. Zu diesem Zeitpunkt war ich bereits seit drei Monaten wieder im Beruf. Ich war glücklich, meine Arbeit zu haben. Wovor ich wirklich Angst hatte, war, Mutter zu sein."

Das später einsetzende Syndrom

Eine Frau hatte einen späten Anfall von PND, der acht Monate nach der Geburt ihres Kindes einsetzte; bei einer anderen begann die Depression nach zehn Monaten. Einige Frauen berichten, daß die Depression zwei oder vier Monate nach der Entbindung begann. In meinem eigenen Fall waren es drei Monate. Bis dahin hatte ich unter der üblichen Müdigkeit gelitten, unter der Sorge, wie ich mit einem Säugling und einem Kleinkind zurechtkommen sollte, und unter Umstellungsproblemen – der Enttäuschung, wieder festgelegt und gebunden zu sein; vage Gedanken gingen mir durch den Kopf, was ich mir da eingebrockt hatte. Die Depression selbst, die finstere Stimmung, die ich weder auflösen noch erklären konnte, das grundlegende In-Frage-Stellen meines Lebens und meiner Zukunft brachen an diesem Punkt wie ein böser Zauber über mich herein.

Aus der vorhandenen Literatur erfahren wir, daß PND eine vorübergehende Erscheinung ist und daß sie sich schnell auflöst. Sie sollte am dritten Tag einsetzen und nach wenigen Tagen, schlimmstenfalls nach acht oder zehn Wochen vorüber sein. Damit ist der Frau, die erst um die achte oder zehnte Woche zu leiden beginnt, wenig geholfen.

Postnatale Depression, die nach dem zweiten Monat auftritt, könnte, wie man annimmt, eher durch die sozialen und emotionalen Aspekte der Mutterschaft ausgelöst sein als durch biochemische oder hormonelle Ursachen. Aber die Beschreibung der Symptome, die von den Frauen selbst gegeben wird, bezeugt das Gegenteil. Rosie J. zum Beispiel hatte gerade den Universitätsabschluß gemacht und begonnen, eine Berufskarriere aufzubauen, als sie mit 22 Jahren alleinerziehende Mutter wurde. Zu dem Zeitpunkt, als Rosie mit mir Kontakt aufnahm, war ihr Kind 22 Monate alt. Zwei Monate nach der Geburt des Kindes hatten bei Rosie Phasen von Unsicherheit, Paranoia, Weinen und Zittern eingesetzt.

„Ich dachte, ich würde verrückt werden, und alle anderen dachten das auch", sagte sie. Zum Glück fiel ihr ein Artikel über PND in die Hände, und sie erkannte, daß ihre Symptome darauf paßten. Rosies Hausarzt verschrieb ihr ein mildes Beruhigungsmittel, um das Zittern unter Kontrolle zu bringen. Sie nahm an, die Verantwortung der alleinerziehenden Mutter, die sie freiwillig gewählt hatte, habe sie in Angst und Schrecken versetzt. Die idealistische Vorstellung, die sie vom Leben als alleinerziehende Mutter gehabt hatte, paßte plötzlich doch nicht zur Realität: zu ihrer Jugend, der Notwendigkeit, eine Berufslaufbahn aufzubauen, und ihren starken Einsamkeitsgefühlen.

Das frühe PND-Syndrom wird als erregter, verzweifelter Reaktionstypus beschrieben, während die Symptome, die nach sechs oder sieben Wochen auftreten, im allgemeinen Depression und Antriebsarmut sind. Die Frau ist gewöhnlich ängstlich, kontaktscheu und leidet unter Energieverlust; vielleicht hat sie Verdauungsprobleme, und vermutlich findet sie es undenkbar, sexuellen Kontakt zu haben.

Die zwei Symptomgruppen der frühen und der späten Form

von PND unterscheiden sich so sehr, daß sie traditionellerweise von den Ärzten als zwei verschiedene Erkrankungen betrachtet wurden. Dennoch besteht zwischen beiden Formen eine enge Beziehung. Was vielleicht als gemäßigte, frühe „Baby-Blues"-Reaktion beginnt, kann sich zu der schleppenden, dumpfen Form von Depression entwickeln; eine Frau muß jedoch nicht unbedingt frühe Symptome gehabt haben, um später von PND betroffen zu sein.

Das hormonelle Ungleichgewicht, das in den ersten Tagen nach der Entbindung auftritt, kann später, während des ersten Jahres post partum (nach der Geburt), zu der von Dr. Herz beschriebenen Überlastung des regulatorischen Systems führen, wenn der Streß und die Belastungen der Umstellung auf die Mutterrolle (oder Elternschaft) so hoch sind, daß die Frau sich von dem anfänglichen hormonellen Ungleichgewicht nicht erholen kann. Die spät einsetzende Form von PND kann durchaus eine biochemische Komponente haben, ebenso wie der frühe „Baby-Blues".

Vorübergehend oder schwerwiegend?

Als eine meiner Freundinnen sich kurz nach der Geburt ihres Kindes die Augen aus dem Kopf weinte, wurde sie von ihrer Mutter gewarnt: „Du solltest aufhören zu heulen, sonst drehst du wirklich noch durch!" Nach einer alten und weitverbreiteten Ansicht verschlimmert sich der Depressionszustand, statt sich von allein aufzulösen, wenn wir uns den Weinanfällen unkontrolliert überlassen. Wie können wir feststellen, ob unsere Symptome eine vorübergehende Erscheinung oder der Beginn einer ernsthaften Erkrankung sind, die vielleicht Behandlung erfordert?

Kelley M., eine Krankenschwester, nahm an, daß sie auf ihre Mutterschaft gut vorbereitet sei. Sie war glücklich verheiratet, 28 Jahre alt und hatte das Gefühl, durch ihren Beruf alles über Schwangerschaft, Entbindung und postnatale Pflege gelernt zu haben. Kelleys PND-Symptome waren so schwerwiegend, daß sie sich in ambulante psychiatrische Behandlung begeben mußte und fünf Monate lang Antidepressiva nahm. Auch nachdem sie wiederhergestellt war, konnte sie sich gut an die Schuldgefühle und die Einsamkeit in dieser Zeit erinnern, die ihr Leiden noch verschlimmert hatten.

Marian A. war seit fünf Jahren mit David, ihrem Mann, glücklich verheiratet; sie hatte zehn Jahre lang als Sekretärin bei der Justiz gearbeitet und war mit 29 Jahren bereit und entschlossen, ein Kind zu bekommen. Ein guter Schwangerschaftsverlauf, eine problemlose Entbindung und ein gesunder Junge rundeten das glückliche Bild ab. Marian hatte in den ersten dreieinhalb Wochen sogar die Hilfe einer privaten Pflegerin; dennoch konnte sie nicht schlafen, weinte ununterbrochen und bekam allmählich Angst, durchzudrehen. „Manchmal hatte ich Lust, mich selbst oder das Kind umzubringen", sagte sie.

Ihr Hausarzt, ein Psychiater und ein Gynäkologe diagnostizierten übereinstimmend PND, erklärten aber, das sei normal und werde sich bald geben. Schließlich brachte die Schwiegermutter Marian in Kontakt mit einem anderen Arzt. Innerhalb von Stunden wurde sie an einen anderen Psychiater überwiesen, der die Einweisung in eine Klinik empfahl, falls die Behandlung mit Antidepressiva nicht innerhalb von vier bis fünf Tagen die Suizidgefühle zum Abklingen brächte. Marians Zustand war keine vorübergehende Erscheinung. Er erforderte schnelle und gezielte Behandlung. Zu Hause nahm sie die ersten Tabletten ein, und, da die Anfangswirkung von Antidepressiva eine Verstärkung der Depression bewirken und starke Verwirrung auslösen kann, erlitt sie einen völligen Zusammenbruch. Auf ihren eigenen Wunsch wurde sie noch in derselben Nacht in eine Klinik eingewiesen.

Verständnisvolle Fürsorge kann sich oft als die wirkungsvollste Therapie erweisen. Marians Genesung begann in der Klinik. „Ich glaube, es war die Erleichterung, zu wissen, daß mir endlich jemand helfen würde", sagte sie. Marian verbrachte zehn Monate in der psychiatrischen Klinik (heutzutage gilt das als ein relativ langer Zeitraum). Ihr Sohn war ein Jahr alt, als sie die Medikamente allmählich reduzieren konnte. Nachdem sie ihren Beruf wiederaufgenommen hatte, stellte sie schließlich fest, daß die Rückkehr zu ihrem früheren Lebensstil und das Herauskommen aus dem Hausfrauendasein sehr hilfreich gewesen waren.

Was können wir aus Marians Erfahrungen über den Umschlagpunkt von vorübergehender zu schwerwiegender PND lernen? Die deutlichsten Symptome, auf die man achten muß, sind Suizidphantasien, der Wunsch, das Kind zu verletzen oder zu töten, oder eine totale Unfähigkeit, den Alltag zu bewältigen, für sich selbst oder das Kind zu sorgen. Marian gab zu, daß sie allein versucht hatte, gegen die Übermacht der Störungen in ihrem Organismus anzukämpfen; sie hatte sich vergeblich bemüht, innere Kraft zu sammeln, positives Denken und soziale Konventionen in den Vordergrund ihres Bewußtseins zu rücken, um als die gute Mutter auftreten zu können, die sie doch unbedingt sein wollte. Jetzt hat sie die Hoffnung, daß ihre Erfahrungen anderen Frauen eine Hilfe sein können; sie versucht in Gesprächen, ihnen die Angst zu nehmen: „Es gibt wirkungsvolle Behandlungsmethoden – der Zustand ist heilbar und wird vorübergehen."

Da Frauen, die unter schwereren Formen von PND leiden, vermutlich kein Buch dieser Art lesen werden, wende ich mich an dieser Stelle an die Ehemänner, Mütter, Freunde oder professionellen Betreuer einer Mutter, die von Selbstmord spricht oder mit der Mißhandlung ihres Kindes droht. Helfen Sie ihr! Tun Sie, was Sie nur können, um einen Arzt zu finden, der begreift, was vor sich geht, und der mit Verständnis auf ihren Zustand reagiert. Sie kann nichts für ihre negativen Gefühle. Sie ist höchstwahrscheinlich nicht in der Lage, sich selbst zu helfen. Die Situation wird sich nicht verbessern, wenn man ihr dauernd rät, sich zusammenzunehmen, ganz im Gegenteil. Die neuentbundene Frau ist, aus welchen komplexen Gründen auch immer, einer äußerst extremen psychoendokrinen Reaktion ausgesetzt. Der überlastete Hypothalamus hat ihre Stimmungen radikal verändert.

PND in der schweren Form ist ein akuter Krankheitszustand, der behandelt und geheilt werden kann, wie andere spezifische Erkrankungen auch. In England und in Skandinavien haben manche psychiatrische Kliniken Mutter-und-Kind-Abteilungen. Mütter, die mit PND eingewiesen werden, können ihre Säuglinge und manchmal auch Kleinkinder mitbringen und finden verständnisvolle, beruhigende Fürsorge. Diese Frauen sind nicht von der Angst erfüllt, in die Reihen der chronisch Geistesgestörten einzutreten, wie es so oft in den USA der Fall ist.

„PND kann sehr furchterregend sein, wenn man nicht weiß, was geschieht und aus welchem Grund. Ich möchte jeder Frau helfen, die PND durchmacht, und sie beruhigen, daß es vorübergeht und daß sie nicht für immer psychisch gestört sein wird", sagte Kim S., eine Musterhausfrau und Mutter von drei Kindern, die dreimal PND durchlitten hatte. Kim hatte den Eindruck, daß die beiden ersten PND-Anfälle gemäßigt waren, aber in der Rückschau konnte sie erkennen, daß es jedesmal schlimmer geworden war. Nach ihrem dritten Kind wurde Kim in die Klinik eingewiesen, immer noch ohne zu verstehen, was mit ihr geschah.

„Ich dachte wirklich, ich würde verrückt werden. Ich weinte die ganze Zeit, geriet über Kleinigkeiten in Panik, mein Magen war regelrecht verknotet, und ich hatte akute Angstanfälle. Ich brach einfach zusammen, und ich wußte nicht, warum. Es war nicht zu begreifen. Ich hatte keine Vorgeschichte, was psychische Störungen angeht." Bei Kim war die Behandlung mit Antidepressiva erfolgreich, als man ihr schließlich erklärte, daß die Tabletten das Gleichgewicht ihrer Körperfunktionen wiederherstellen würden.

Da es schwer vorauszusagen ist, wer von PND betroffen sein wird, würde ich folgendes raten: Statt sich Sorgen zu machen, daß ihre Weinkrämpfe sie zu guter Letzt in die Psychiatrie bringen könnten, sollten Mütter sich darauf konzentrieren, das Syndrom zu verstehen und sich darüber klarzuwerden, was geschehen kann und aus welchem Grund. Wenn sie wirklich das Gefühl haben, die Dinge nicht mehr in den Griff zu bekommen, werden sie, zusammen mit ihren Ehemännern, bessere Chancen haben, herauszufinden, wo sie Hilfe finden und wie sie aktiv für die beste professionelle Pflege sorgen können.

Joan Sneddon, Dozentin für Psychiatrie an der Universität

Sheffield und am Royal Hallamshire Hospital, hielt kürzlich eine Vorlesung vor Fachkräften, in der sie ihre achtjährige Berufserfahrung mit PND (aus der Arbeit in einer psychiatrischen Mutter-und-Kind-Station) zusammenfaßte.

Geburtshelfer, Hebammen, Pflegerinnen und Krankenschwestern auf der Entbindungsstation sollten auf die akuten schweren Halluzinationen und Wahnvorstellungen achten, die bei der frühen Kindbettpsychose auftreten und die unzusammenhängende Reden über den „Teufel" oder Selbstmorddrohungen beinhalten können. In der überwiegenden Zahl dieser Fälle werden die Frauen um den einundzwanzigsten Tag nach der Entbindung in psychiatrische Behandlung eingewiesen; je eher ein schwerer PND-Fall erkannt wird, desto besser, denn die direkte Überweisung von der Entbindungsstation in die psychiatrische Klinik ist viel einfacher, als wenn die Frau schon mit ihrem Kind nach Hause zurückgekehrt ist.

Das Wissen um die Natur dieser Zustände ist absolut notwendig, um zu verhindern, daß eine von schwerer PND betroffene Frau ihrem Kind oder sich selbst Schaden zufügt, und um der Familie und der Frau selbst klarzumachen, daß selbst schwerste PND-Zustände durch einen sechswöchigen Klinikaufenthalt und durch weitere sechs Monate Nachsorge vollständig zu heilen sind.

Das späte Einsetzen schwerer Depressionen ist heimtückischer; es kann der Frau selbst unbewußt und von ihrer Familie, Ärzten, sogar Psychiatern unbemerkt bleiben, denn oft vermeidet die Frau es, sich in Behandlung zu begeben, und verleugnet ihre Symptome, weil sie hofft, daß ihr Zustand sich eines Tages bessern und daß sie wieder normal mit dem Leben zurechtkommen wird. Bei der Mehrzahl der spät einsetzenden schweren PND-Fälle werden die Frauen zwischen dem dritten und dem sechsten Monat in die Klinik eingewiesen; es gibt Signale, auf die man achten sollte: mehrere Tage andauernde schwere Schlaflosigkeit, der drastische Stimmungswechsel folgen; vielleicht ein vorangehender Euphoriezustand, der sich zu einem scheinbaren Mangel an Liebe für das Kind wandelt, verbunden mit Bemerkungen wie: „Ich tue dem Kind nicht gut, nehmt es weg, gebt es zur Adoption frei."

Dieser Patientinnentypus hat vielleicht sogar beim Hausarzt Hilfe gesucht, aber vielleicht haben verordnete Beruhigungsmittel die Depression verstärkt, oder, wenn Antidepressiva verschrieben wurden, setzt sich die Behandlung ins unendliche fort, weil nie die richtige Dosierung erreicht wurde. Mehr Aufklärung über PND und besseres Verständnis sind immer noch unbedingt notwendig, meint Dr. Sneddon – und spricht damit für die vielen anderen Fachkräfte, die sich in der postnatalen Fürsorge für Frauen engagieren.

PMS, PND und Migräne

Ist eine Frau, die unter PMS (dem prämenstruellen Syndrom) leidet, weniger oder stärker gefährdet, ein PND-Fall zu werden? Es gibt keinen direkten Zusammenhang, aber eine Frau, die vor ihrer Entbindung keine Probleme mit Stimmungsschwankungen vor dem Einsetzen der Menstruation hatte, kann erleben, daß eine postnatale Depression, ohne daß sie es bemerkt, allmählich in eine charakteristische Form von PMS übergeht.

Katharina Dalton, vermutlich die weltweit führende Wissenschaftlerin, was die Erforschung des prämenstruellen Syndroms angeht, brachte sowohl PMS als auch PND mit Progesteronmangel in Verbindung. Als ich sie in ihrer Praxis in London aufsuchte, erklärte sie mir die Zusammenhänge: „In den letzten zwei Wochen des Menstruationszyklus, nach dem Eisprung, ist das Hormon Progesteron, das die Einnistung der Eizelle im Uterus begünstigt, auch in unseren Körpern präsent, wenn wir nicht schwanger sind. Ironischerweise können wir in eben diesen zwei Wochen unter Progesteronmangel leiden, wenn die natürliche Progesteronproduktion unseres Körpers nicht hoch genug ist. Dieser Mangel führt zu den psychischen und physischen Veränderungen, die mit PMS verbunden sind."

Wie Penny Budoff in ihrem Buch über krampfartige Menstruationsbeschwerden erwähnt[7], wurden Frauen, die unter dem prämenstruellen Syndrom litten, früher als Personen betrachtet, die Probleme mit ihrer eigenen Weiblichkeit haben. Aber die medizinischen und psychologischen Vorstellungen haben sich mittlerweile zwangsläufig geändert.

Wie und warum brachte Katharina Dalton Progesteron und PMS miteinander in Verbindung? „Vor 30 Jahren, als ich gerade meinen Abschluß in Medizin machte, litt ich furchtbar unter PMS und Migräne. Ich suchte einen Kollegen auf, der mir sagte: Denken Sie mal an Ihren Progesteronspiegel! Das tat ich. Ich machte mir eine Injektion mit synthetisiertem natürlichem Progesteron – und es funktionierte." Dr. Dalton führt in London eine geradezu revolutionäre Praxis, wo sie Frauen, die unter PMS oder PND leiden, durch Injektionen oder Suppositorien mit dem synthetisierten natürlichen Hormon behandelt. In den USA wird die Progesterontherapie von Gynäkologen oder Psychiatern nicht eingesetzt, um PND-Symptome zu lindern, obwohl sie sich zur Behandlung von PMS bereits durchgesetzt hat. In Amerika sträuben sich die Mediziner sehr dagegen, Dr. Daltons Theorien Glauben zu schenken, da sie noch keine abschließenden Tests mit Kontrollgruppen vorgelegt hat. Katharina Dalton ist, wie ein Gynäkologe sich ausdrückte, eine Frau mit Charisma. Vielleicht haben die Frauen, die als Patientinnen zu ihr kommen, so viel Vertrauen zu ihr und werden so gut versorgt, daß ihre Symptome verschwinden.

Wie dem auch sei, der Zusammenhang von PMS und PND ist von vielen Frauen auch ohne professionelle Bestätigung erkannt worden, und sicher wäre hier weitere Forschung sinnvoll; mögliche neue Behandlungsmethoden für PND könnten sich an der PMS-Behandlung orientieren. Die Erfahrungen von Sharon W., einer Hausfrau von Mitte Zwanzig und Mutter zweier Kleinkinder, scheinen typisch zu sein für eine doppelte Anfälligkeit für PMS und PND: Diese Frauen sind in einem Zyklus von Depressionen gefangen. „Als Kind wurde ich für launisch gehalten; ich nehme an, ich bin mit dem Glauben aufgewachsen, daß ich eben der launenhafte Typ sei. Tatsächlich verlief meine Jugend recht eigenartig, aber trotzdem, auch die Hormone spielen eine große Rolle. Ich würde sagen, mein Problem beruht zu 80 Prozent auf hormonellen Faktoren; für die restlichen 20 Prozent bin ich selbst verantwortlich. Mir war nicht klar, daß ich PMS-Probleme hatte, bis meine erste

Tochter geboren wurde. Danach ging ich, weil ich so unter postnataler Depression litt, zu meinem Gynäkologen. Er war der Meinung, damit müßte ich als Erwachsene selbst zurechtkommen – ich nahm das ernst und bin jetzt bei seiner Frau in Psychotherapie. Er hat recht – ich möchte nicht dauernd Medikamente nehmen. Aber ich leide auch unter Migräne, und ich wünschte, ich wüßte einen Weg, mit all dem fertig zu werden. Meinen Mann macht das ganz verrückt; entweder ich habe das eine oder das andere. Ich kann den Unterschied zwischen PMS und PND selbst fühlen: die PMS-Stimmung ist eher wütend und frustriert; bei PND bin ich ständig den Tränen nahe und fühle mich niedergeschlagen."

Wenn wir den Zusammenhang weiter auf Migräne ausdehnen, ein offensichtliches Glied in der Kette unserer hormonellen Reaktionen, das sicher viele Frauen erkennen, trägt die Geschichte von Lynne S. dazu bei, das Bild zu vervollständigen. Lynne war dreizehn Jahre lang Hausfrau und Mutter und arbeitet jetzt als Buchhalterin. Sie drückte es so aus: „Aus irgendwelchen Gründen brachte ich die Depressionen und das unkontrollierbare Weinen nie mit PND in Verbindung, bis ich einmal auf die Gesamtheit meiner Erfahrungen als verheiratete Frau zurückblickte. Mehr als die Hälfte meiner dreizehnjährigen Ehe habe ich in einem Zustand von Verrücktheit verbracht."

Als sie 21 war, nach der Geburt ihres ersten Kindes, begannen bei Lynne Depressionen, die zwölf Jahre lang andauerten, bis sie schließlich wegen ihrer starken Kopfschmerzen behandelt wurde, die im Alter von elf Jahren, mit der ersten Menstruation, begonnen hatten. Für Lynne bedeuteten die Erfahrungen mit PND ein völliges Versagen in ihrer weiblichen Rolle. Sie war das älteste von sieben Kindern gewesen, hatte ihrer Mutter geholfen, die jüngeren Kinder aufzuziehen, und war, seit sie zwölf war, der beste Babysitter der ganzen Nachbarschaft gewesen. Wie konnte ein einziger kleiner Junge, ihr Sohn, dieses perfekt mütterliche Bild so vollständig ruinieren?

Die Geburt eines zweiten Kindes nach drei Jahren löste keine Wiederholung der PND-Erfahrung aus. Allerdings wurde Lynne nach einem weiteren Jahr – nun mit zwei Kleinkindern – schwer depressiv und nahezu suizidal. Schließlich wechselte sie den Arzt; Lynnes neuer Gynäkologe stimmte einer Sterilisation zu und begann sie wegen ihres prämenstruellen Syndroms zu behandeln.

„Ich hatte PMS und PND immer noch nicht mit meinem Leben in Verbindung gebracht, als ich wegen meiner Migräne an einen Neurologen überwiesen wurde. Ich hatte einen Ganztagsjob angenommen und konnte mir nicht leisten, drei oder vier Tage im Monat wegen meiner Migräne der Arbeit fernzubleiben. Was ich entdeckte, als ich anfing, mich mit Migräne und PMS zu beschäftigen, war geradezu unglaublich. Ich las meine eigene Lebensgeschichte! Es war eine enorme Erleichterung für mich, zu erfahren, daß jemand verstand, was ich durchgemacht hatte."

Der Neurologe verordnete Lynne Antidepressiva und ein gefäßkontrahierendes Mittel gegen die Kopfschmerzen. Seit zwei Jahren nimmt sie täglich eine Dosis von 75 mg des Antidepressivums; leider ist es ihr unmöglich, die Dosis zu reduzieren, denn dann treten die Kopfschmerzen wieder häufiger auf. Durch die Befreiung von den Migränesymptomen hat Lynne das Gefühl, ihr Leben wieder im Griff zu haben. Sie hätte sich gewünscht, die Ärzte hätten schon viel früher beide Symptomgruppen richtig erkannt. „PMS und PND sind keine Produkte weiblicher Einbildungskraft", schreibt sie, „sondern sehr reale Leiden."

Schlafmangel: Barbara

Seltsamerweise gibt es bisher auch keine größere Studie über die Auswirkungen des Schlafmangels und der unterbrochenen Schlafzyklen bei Müttern von Säuglingen und Kleinkindern, die in der Zeit nach der Niederkunft eine so offensichtliche und gewichtige Rolle spielen. In einem kürzlich erschienenen Buch über psychosomatische Medizin wird Schlafmangel als Ursache von verwirrten, paranoiden Gedankengängen, von visuellen Halluzinationen und gelegentlich auftretenden Wutanfällen angeführt; Erscheinungen, die den meisten von uns, die mit einem Kind oder mehreren Kindern durchwachte Nächte verbracht haben, nur allzu gut bekannt sind.

Unterbrochener Schlaf wirkt sich störend auf die Tiefschlaf-zyklen und REM (rapid eye movement)-Phasen und damit auf unsere Traumaktivität aus, auf unsere Fähigkeit, Informationen zu speichern, die Nerven zu beruhigen, die Emotionen des wachen Tagesablaufs zu verarbeiten und uns, ganz allgemein, für den folgenden Tag zu regenerieren. Unterbrochener Schlaf beeinflußt auch das neuroendokrine System, weil der zirkadiane Rhythmus des Körpers gestört wird. Der Begriff „zirkadian" wurde 1954 eingeführt und bezieht sich auf den vierundzwanzigstündigen rhythmischen Tagesablauf, auf die Zyklen von hell und dunkel, Wachen und Schlafen, denen alle Säugetiere unterliegen. Die Regulierung unserer biologischen Rhythmen verläuft unwillkürlich und automatisch; sie hat eine wichtige Integrationsfunktion: Wir sind dadurch in der Lage, die seelischen, biologischen und verhaltensbestimmten Prozesse, die für unser normales „Funktionieren" so bedeutsam sind, miteinander in Einklang zu bringen.

Daß Schlafstörungen an der Entwicklung von Depressionen beteiligt sind, können wir nur vermuten. Barbara B., die einen extremen Fall von PND durchmachte, hatte den Eindruck, daß Schlafmangel zu den Hauptauslösern gehörte. Barbara hatte eine natürliche Entbindung gehabt, die allerdings langwierig und kompliziert war; sie und ihr Mann Phil hatten den Sohn, Nathaniel, jedenfalls mit großer Freude empfangen. Während des Geburtsprozesses hatte Barbara ihre Bein- und Rückenmuskeln so stark überdehnt, daß sie längere Zeit nicht ohne Schmerzen sitzen und gehen konnte. Barbara war 29 Jahre alt, zufrieden mit ihrer Ehe und mit ihrem Leben in London; sie hatte einen interessanten Beruf in der Werbebranche und hatte auch geplant, ins Berufsleben zurückzukehren, sobald sie sich an das Leben mit dem Baby gewöhnt hätte. Ihre Familie lebte in der Nähe, und finanziell hatten sie und ihr Mann keine Sorgen. Weder Barbara selbst noch sonst irgend jemand wäre auf die Idee gekommen, sie könnte für PND anfällig sein.

Aber die durch die Schlaflosigkeit hervorgerufene Erschöpfung, die Muskelschmerzen, der Drei-Stunden-Rhythmus, in dem das Kind gestillt werden mußte, und eine Magen-Darm-Infektion, die sie sich außerdem zugezogen hatte, führten zu einem Zustand chronischer Ermüdung und bald darauf zur Depression. Nachdem sie fünfzehn Nächte lang nicht richtig geschlafen hatte, begannen die Symptome sich zu verschlimmern.

„Wenn ich nachts meine Augen schloß, hatte ich zuerst das Gefühl, daß das Bett sich dreht, und ich sah psychodelische Lichterscheinungen, wirbelnde geometrische Muster und amputierte Arme, Beine und Köpfe von Babys. Später, wenn ich versuchte einzuschlafen, rasten meine Gedanken derartig, daß ich sie nicht unter Kontrolle bringen und mich nicht entspannen konnte. Lebhafte Erinnerungsbilder aus meiner Kindheit zogen an mir vorbei wie ein beschleunigter Film. Ich wurde so aufgeregt, daß ich nicht still liegen konnte. Ein bizarres Gefühl für Humor breitete sich in mir aus, und jedes neu auftauchende Problem erschien mir verblüffend komisch. Ich betete, schrie, kicherte und weinte. Meine Redeweise wurde hektisch und schnell. Wenn ich einmal angefangen hatte zu reden, konnte ich nicht mehr aufhören. Die Wörter und Sätze gingen ohne Punkt und Komma ineinander über."

Die Stimmungsschwankungen nahmen heftige Formen an, von Hysterie zu stiller Erschöpfung, vom Weinen zum Lachen in einem Augenblick. Einmal war Barbara verzweifelt nahe daran, Nathaniel in einen Ofen zu stecken. Glücklicherweise war Phil in der Nähe; Barbara drückte ihm Nathaniel in den Arm und bat ihn, das Kind wegzubringen und sie allein zu lassen. Dann verfiel sie in einen zombie-artigen Zustand von Geistesabwesenheit. Barbara war sich darüber im klaren, daß sie am Rand des psychischen Zusammenbruchs stand, und suchte von sich aus einen Krankenhaus-Psychiater auf. Der Psychiater, Barbaras Hausarzt, ihr Ehemann und Barbara selbst berieten darüber, was geschehen sollte. Sie wurde sofort mit antipsychotischen Medikamenten behandelt (sonst hätte sie in eine Klinik eingewiesen werden müssen). Eine Krankenschwester wurde eingestellt, die im Haus wohnte und die rund um die Uhr bei ihr war. Zweimal in der Woche mußte sie den Psychiater aufsuchen. Zuerst schlug die medikamentöse Therapie bei Barbara gut an, denn nun konnte sie zumindest schlafen. Aber sie war immer noch manisch, stellte übertriebene Ansprüche, war herrisch und rechthaberisch, schrieb weitschweifige, wortreiche Tagebuchtexte und führte stundenlange Telefongespräche. Auf Phils Rat hin wechselte sie den Psychiater und erhielt nun eine Kombination von antidepressiv und antipsychotisch wirkenden Medikamenten, die sich in ihrem Fall als sehr wirkungsvoll erwies.

„Das Resultat war erstaunlich", sagte Barbara. „Meine Gedanken hörten auf zu rasen, und ich konnte mich allmählich entspannen. Ich schlief jede Nacht zehn Stunden und wachte morgens erfrischt und voller Hoffnung auf. Nach zwei Wochen tauchte meine im Grunde fröhliche Persönlichkeitsstruktur wieder auf." Barbara entdeckte Nathaniel neu, der auf sie wartete, der gestreichelt und geliebt werden wollte. Der Psychiater sagte ihr, daß sie nun keine Patientin mehr sei und daß sie die Medikamente absetzen könne, riet ihr aber dringend, genug zu schlafen und sich nicht zu übernehmen. Barbara konnte kaum begreifen, daß ihr das alles wirklich passiert war; deshalb beschäftigte die Frage des Schlafmangels und seiner Wirkung auf neuentbundene Mütter sie so sehr.

Dr. Sneddon beschrieb die Symptome dieser hypomanischen Reaktion[8] als überaktives und zwanghaftes Verhalten, oft dem Baby gegenüber, das gewöhnlich einer Phase von Schlaflosigkeit folgt. Sehr häufig gibt es in der Familie der Patientin eine Vorgeschichte manisch-depressiver Störungen, während sie selbst meistens vor der Geburt ihres Kindes keine auffälligen psychischen Probleme hatte. Die Symptome erscheinen relativ spät – vierzehn bis 28 Tage nach der Entbindung. Hypomanische Patientinnen brauchen sorgfältige Pflege, da sie gefährdet sind, sich selbst oder dem Kind Schaden zuzufügen. Mit sofortiger und guter Behandlung und mit viel beruhigendem Zuspruch können sie sich jedoch im allgemeinen innerhalb von fünf Monaten vollständig erholen.

Barbara ist tatsächlich ein typisches Beispiel für die beson-

ders PND-anfällige Risikopatientin. Nach Dr. Sneddons Ansicht ist die verheiratete, intelligente, kompetente, vielleicht
zwanghafte Frau, die ihre Schwangerschaft sorgfältig geplant
und keine individuelle Vorgeschichte psychischer Störungen
hat, eine Hauptkandidatin für PND. Wenn sie gute Therapie
erhält, wird sie, wenn sie PND überstanden hat, als stabile und
selbstbewußte Frau und Mutter mit intakter Ehe wiederauftau-
chen.

Wenn wir versuchen, das komplexe Bild von PND zu
verstehen, müssen wir erst den jahre-, wenn nicht jahrhunder-
tealten Schutt von Desinformation, Vernachlässigung und
psychologischer Abwälzung auf die Frauen selbst beiseite
räumen, um zu erkennen, daß es sich um ein offensichtlich
biochemisch induziertes Syndrom handelt (bzw. um Syndrome, denn es gibt mehr als nur eine Manifestation von PND).
Doch der Streit unter Ärzten, Psychiatern und anderen Wissenschaftlern um die relative Bedeutung der biochemischen
oder psychogenen Faktoren, die für den Zustand der neuentbundenen Frau verantwortlich sind, geht immer noch weiter.
Untersuchen wir also genauer, wie PND in der Vergangenheit
betrachtet wurde und welche größeren Durchbrüche in der
PND-Forschung und in der Behandlung von PND sich gegenwärtig abzeichnen.

Vergangenheit, Gegenwart und Zukunft
der PND-Forschung

Die erste Beschreibung eines Falles von seelischer Erkrankung post partum stammt aus dem vierten Jahrhundert vor unserer Zeitrechnung; sie findet sich bei Hippokrates im „Dritten Buch der Epidemien". Hippokrates führt den Fall einer Frau an, die Zwillinge gebar; am sechsten Tag nach der Geburt traten schwere Schlaflosigkeit und Unruhe auf, am elften Tag delirierte sie und fiel anschließend ins Koma; sie starb am siebzehnten Tag post partum. Über die Ursachen der postnatalen psychischen Erkrankung stellte Hippokrates zwei Hypothesen auf: erstens, daß gestaute Lochia (der Blutausfluß nach der Entbindung) zum Kopf aufsteigen und Erregung auslösen könne, und zweitens, daß, wenn sich an den Brüsten einer Frau Blut ansammle, dies ein Zeichen für Wahnsinn sei. Während der nächsten zweitausend Jahre blieben die Hypothesen des Hippokrates das medizinische Dogma, was postnatale Depressionszustände betrifft.

Im 19. Jahrhundert war eine Belebung des Interesses an postnatalen psychischen Störungen zu verzeichnen. Der französische Arzt Esquirol veröffentlichte 1838 ein zweibändiges Werk „Des maladies mentales", in dem er dem Zustand von Frauen nach der Entbindung 43 Seiten widmete. Seine Erörterungen basierten auf 92 Fällen, die er beobachtet hatte; er merkte an, daß postnatale Erkrankungen in einer Vielfalt von Syndromen auftreten und daß verschiedene Faktoren die Ursache sein können: Erbanlagen, „extreme Empfindsamkeit", vorangegangene Anfälle nach Entbindungen, emotionale Instabilität und traumatische Ereignisse. Die von Esquirol empfohlenen Behandlungsmethoden schlossen sorgfältige Pflege, lauwarme Bäder und Abführmittel ein. Er nahm an, daß postnatale Störungen häufiger aufträten, als allgemein vermutet wurde, denn eine große Zahl leichter oder gemäßigter Fälle werde zu Hause von Verwandten versorgt und nie festgestellt (eine Situation, an der sich auch heute noch nicht viel geändert hat).

Im frühen 19. Jahrhundert setzte sich eine Einteilung der nach Entbindungen auftretenden Erkrankungen in zwei Kategorien durch: erstens „puerperal", wenn die Störung innerhalb von sechs Wochen nach der Niederkunft auftrat, und zweitens „lactational", wenn der Krankheitsbeginn nach der sechsten Woche lag. Jahrzehntelang wurden die beiden Krankheitsgruppen von Psychiatern rigide nach der Sechs-Wochen-Einteilung unterschieden. Im 19. Jahrhundert bestand die Behandlung postnataler Erkrankungen bei Frauen in Amerika gewöhnlich in warmen Bädern und großen Dosen von Opium. In England wurden zur selben Zeit Post-partum-Erkrankungen durch Aderlaß, erzwungene Unbeweglichkeit (die Frauen wurden an den Betten festgebunden) oder mit Opium und Cannabis Indica behandelt.

1848 lenkte ein großer Gerichtsstreit vor dem Geschworenengericht von Lent in der Grafschaft Essex das öffentliche und medizinische Interesse auf die Problematik von Post-partum-Erkrankungen; noch Jahre danach waren Sensationsberichte über postnatale Erregungszustände und Kindesmord in Umlauf. Es ging um den Fall einer Frau, die des Mordes an ihrem Kind durch Aufschlitzen der Kehle angeklagt war. Der Arzt bezeugte, daß sie sich in einem puerperalen Zustand manischen Irreseins befunden habe und wegen Unzurechnungsfähigkeit nicht schuldig sei. Der vorsitzende Richter kritisierte das Zeugnis des Arztes als vorschnell und fahrlässig, aber die Geschworenen setzten sich über seine Empfehlungen hinweg und sprachen das Urteil „nicht schuldig" wegen Unzurechnungsfähigkeit aus. Im Anschluß daran wurde der Richter heftig kritisiert, denn sein eigener Vater war ein berühmter Geburtshelfer gewesen, der über die Gefährdungen von Selbstmord und Kindesmord nach der Niederkunft geschrieben hatte.

Der bei weitem bemerkenswerteste Beitrag zur Literatur über diese Problematik war das Buch von Marcé „Traité de la Folie des Femmes Enceintes" (Abhandlung über den Wahnsinn bei schwangeren Frauen), das 1858 veröffentlicht wurde. Innerhalb der gesamten internationalen Literatur zum Thema PND ist es bis heute das einzige wirklich umfassende Werk. Die

Marcé-Gesellschaft wählte ihren Namen als ehrende Erinnerung an diesen brillanten jungen französischen Arzt. Louis Victor Marcé, 1828 geboren, studierte in Nantes Medizin und erwarb sich schon dort einen bedeutenden Ruf im Bereich der Psychiatrie. Als er heiratete und Geld brauchte, um einen Hausstand zu gründen, nahm er nach dem Abschluß seiner medizinischen Ausbildung eine Stellung im psychiatrischen Krankenhaus von Ivry-sur-Seine an, das von dem berühmten Arzt Esquirol gegründet worden war. Marcé wurde ermutigt, die Studien der nach Entbindungen auftretenden psychischen Erkrankungen fortzusetzen, die Esquirol begonnen hatte. Als sein Buch veröffentlicht wurde, war Marcé gerade 30 Jahre alt. Seit seinem Tod ist die medizinische Wissenschaft, was Engagement in der Forschung und Interesse angeht, hinter die Pioniere der viktorianischen Ära zurückgefallen; die internen Flügelkämpfe zwischen Ärzten für Geburtshilfe und Psychiatern sind daran maßgeblich beteiligt.

Marcé war von dem Ineinandergreifen psychischer Syndrome und physischer Veränderungen, die auf eine Entbindung folgen können, besonders beeindruckt gewesen. Er glaubte an einen Zusammenhang zwischen den Fortpflanzungsfunktionen und dem Gehirn und vermutete eine Verbindung von abnormen Gehirnfunktionen und abnormem Verhalten. Er verwendete den Begriff „sympathie morbide" – krankhafte Analogie. In Marcés Ergebnissen zeichnet sich bereits die Geburt der endokrinologischen Wissenschaft ab.

Nach dem Aufflammen des Interesses im 19. Jahrhundert hat sich die Entwicklung jedoch entschieden verlangsamt. Als ich Dr. Hamilton in seiner geschäftigen Praxis aufsuchte, entschuldigte er sich dafür, daß er sich wie ein missionarischer Wanderprediger aufführe, der seine Zuhörer am Kragen packt und nicht losläßt, bis sie ebenfalls Gläubige geworden sind. Aber dieser bemerkenswerte Mann hat in den letzten zwanzig Jahren eine großartige Kampagne für die Anerkennung von PND als Krankheit mit eigener Symptomatik und für die Veränderung der medizinischen Klassifikation geführt.

Hamiltons Buch „Postpartum Psychiatric Problems" (Psychiatrische Probleme der Post-partum-Phase), das er vor mehr als zwanzig Jahren schrieb, bezog sich auf viele Fälle aus seiner eigenen Praxis. Er hatte gehofft, das Buch werde genügend Durchschlagskraft haben, um eine Neuklassifizierung von PND zu bewirken. „Aber um 1975, als mir klar wurde, daß ich dem medizinischen Establishment auch nicht den winzigsten Kratzer zugefügt hatte, unternahm ich eine achtzehnmonatige Kampagne, um die Reklassifizierung von PND zu erreichen. Ich redete mit Engelszungen, ich brüllte, drohte, engagierte mich in Komitees und erreichte doch keinen Fortschritt."

Seit der Gründung der Marcé-Gesellschaft schloß Dr. Hamilton sich jedoch mit mehreren anderen international anerkannten Ärzten und Psychiatern zusammen, und mittlerweile sind die Ergebnisse ermutigend. Der Kongreß in Manchester 1980 brachte Fachleute aus verschiedenen Berufsgruppen zusammen; zwei Tage lang erlebten sie die eindrucksvollen Beweise eines geradezu explosiven Wissenszuwachses, der sich in verschiedenen Bereichen außerhalb der Psychiatrie vollzog: in der Geburtshilfe, der Endokrinologie, in den pflegerischen, sozialarbeiterischen und anderen Bereichen. Gegen Ende des Kongresses schloß sich eine Gruppe von Ärzten zusammen mit dem Ziel, auf bessere Kommunikation hinzuarbeiten. Die Gründungsmitglieder der Marcé-Gesellschaft waren Professor Ian Brockington, jetzt am Queen-Elizabeth-Hospital in Birmingham, Professor R. E. Kendell von der psychiatrischen Abteilung des Edinburgher Krankenhauses, Dr. Channi Kumar vom Institut für Psychiatrie in London, Professor Ralph Paffenbarger von der epidemiologischen Abteilung der Stanford School of Medicine in Kalifornien, Dr. James Hamilton aus San Francisco und Professor George Winokur vom Fachbereich Psychiatrie der Universität von Iowa.

Nancy: Zur Problematik von Fehldiagnosen

Auf dem Kongreß der Marcé-Gesellschaft von 1984 wurde übereinstimmend festgestellt: Der erste Schritt muß die Anerkennung der besonderen Charakteristika postnataler Erkrankungen sein, die Ablösung von der zwangsläufigen Klassifizierung im Rahmen der chronischen psychischen Erkrankungen und eine (oder mehrere) eindeutig identifizierende Bezeichnung(en).

In dem von der amerikanischen Gesellschaft für Psychiatrie herausgegebenen diagnostischen und statistischen Handbuch (DSM-III) ist unter dem Stichwort Postpartum-Psychose zu lesen: „siehe: Schizophrenie, reaktive Psychose, affektive Störungen, organisches Gehirnsyndrom." Um einschätzen zu können, wie sich die klassifikatorischen Versäumnisse auswirken, das heißt, wenn PND nicht als psychische Störung identifiziert wird, die in spezifischem Zusammenhang mit der Niederkunft steht, sollten wir einen konkreten Fall betrachten; hier wird deutlich, wie sich der Mangel an Verständnis auf das Individuum und auf die Familie auswirkt.

Wie in der Geschichte jeder anderen Frau finden wir, bei genauem Hinsehen, auch im Fall von Nancy E. viele persönliche Faktoren, die zur Überlastung ihres psycho-physischen Systems führten. Nancy war früher Lehrerin gewesen und hatte später im Unternehmen ihres Mannes mitgearbeitet; sie war Mutter eines achtjährigen Kindes, Stiefmutter von vier weiteren Kindern und hatte nun ein vier Monate altes Baby. Ihr Absturz in eine schwere postnatale Depression begann einige Monate nach ihrer triumphalen Rückkehr aus dem Krankenhaus. Sie hatte sich erträumt, daß Val, das Töchterchen, ihre geliebte Familie, deren Glück ihr so sehr am Herzen lag, vollständig machen sollte.

Aber dieses zweite Kind war nicht das Engelchen, das die ältere Schwester gewesen war. Die Koliken und das Schreien des Kindes, eine schlaflose Nacht nach der anderen und die Tatsache, daß sie weder bei ihrem Kinderarzt noch bei Freunden und Familienmitgliedern Unterstützung fand, führten schließlich dazu, daß Nancy eines Morgens um sechs im Schlafzimmer zusammenbrach und ihren Mann anflehte, ihr zu helfen.

Sie wurde mit Blaulicht ins Krankenhaus gebracht und bekam Beruhigungsmittel. Der Schlaf schien tatsächlich das magische Heilmittel zu sein (auch für Val, die eine Flasche bekam und dankbar einschlief). Die wirklichen PND-Symptome waren zu dieser Zeit jedoch noch gar nicht in Erscheinung getreten. Erst nach ihrer Rückkehr aus dem Krankenhaus, als sie mit Val eine gewisse Routine etabliert und zu ihrem normalen Alltagsleben zurückgefunden hatte, traten bei Nancy die besorgniserregenden Symptome auf. „Ich litt unter schweren Angstzuständen. Ich dachte wirklich, ich würde verrückt werden. Manchmal saß ich da und redete mit Freunden und fühlte mich von ihnen und auch von dem Kind meilenweit entfernt; ich fragte mich, ob sie wohl bemerkten, daß ich verrückt war."

Die Gefahrensignale, die Nancy nicht beachtete, waren ihre immer wieder flüchtig auftauchenden Selbstmordphantasien, die chronischen Schuldgefühle über ihren Zustand und ihr völliger Mangel an Selbstwertgefühl.

David, ihr Ehemann, arrangierte für Nancy einen Termin beim Psychiater. Ihre Schuld- und Schamgefühle wichen zunächst einer gewissen Erleichterung, als sie erfuhr, daß es sich bei ihrem Zustand um Depressionen handelte. Durch eine Behandlung mit Antidepressiva hatte Nancy innerhalb von zwei Wochen allmählich das Gefühl, wieder sie selbst zu sein.

Aber die Diagnose des Psychiaters lautete nicht auf PND, sondern auf „Melancholie" – an sich schon eine anachronistische Fehlbenennung –, die (mit Phasen der Besserung) jahrelang andauern könne; der Gedanke an eine solche Veränderung ihres Geisteszustands löste in Nancy erneut Schuldgefühle, Scham und Widerwillen aus. In der Sicht der Fachwissenschaft war Nancy in die Reihen der chronisch Bewußtseinsgestörten eingetreten.

Als Nancy mit mir Kontakt aufnahm, war sie sehr erleichtert, daß sie endlich etwas über PND gelesen hatte. „Bis ich durch Zufall Ihren Artikel entdeckte, hatte ich nie etwas über PND gehört. Ich war vage über den ‚Baby-Blues' informiert, aber ich hatte keine Ahnung, daß dieser Depressionszustand ziemlich verbreitet ist, daß es kurzfristige Therapien dafür gibt und daß er keine dauernde Krankheit darstellt. Ich gehöre zu den Frauen, die alles Greifbare über Kinderpflege und -erziehung lesen. Ohne Ihren Artikel würde ich mir immer noch Sorgen um meinen Geisteszustand machen."

Nancy mußte bei der Behandlung mit Antidepressiva bleiben, bis die Depression allmählich abklang. Val entwickelte sich zu einem Traumkind, und Nancy nahm für zwei Tage in der Woche die Arbeit im Geschäft ihres Mannes wieder auf. Sie stellte fest, daß die Rückkehr ins Berufsleben, die Befreiung vom ausschließlichen Hausfrau- und Mutterdasein, das empfindliche seelische Gleichgewicht, das wir „geistige Gesundheit" nennen, wiederherstellen half. Wie viele Frauen mußte auch Nancy eine realistischere Einstellung zur Mutterschaft entwickeln und einige der kindlichen Phantasien, die das Bild ihrer selbst als Mutter geprägt hatten, den Verhältnissen der heutigen Erwachsenenwelt anpassen.

Gegenwärtige Strömungen

In der gegenwärtigen Einschätzung von PND herrschen folgende Einstellungen vor:

1. daß PND in keinem Zusammenhang mit der Entbindung stehe, sondern nur für eine latente psychische Verletzlichkeit der Frau symptomatisch sei,

2. daß der mit der Einstellung auf die Mutterrolle verbundene psychische Streß die alleinige Ursache für PND sei,

3. daß der Geburtsprozeß neuroendokrinologische Veränderungen in Gang setze, die sonst nicht auftreten.

Die psychologischen Aspekte der Mutterschaft, die Faktoren, die als Auslöser von PND in Betracht kommen können, werden im zweiten Teil dieses Buches diskutiert. An dieser Stelle möchte ich mich nur auf die verschiedenen Ansätze konzentrieren, die zur Zeit von Wissenschaftlern und Ärzten im Zusammenhang mit der Suche nach den biochemischen Ursachen von und möglichen Therapien für PND verfolgt werden.

Betrachten wir die Wirkungen eines der für die Schwangerschaft bedeutsamen Hormone, des Schilddrüsenhormons (Thyroxin): Sowohl die Schilddrüse als auch die Hypophyse steigern ihre Produktion und vergrößern sich während der Schwangerschaft. In den Wochen nach der Geburt fallen die

Thyroxinwerte allmählich auf ein Niveau ab, das niedriger ist als vor der Schwangerschaft und das für ein Jahr oder länger niedriger bleibt. In den Erregungszuständen des frühen „Baby-Blues" zeigen sich die Auswirkungen des niedrigen Thyroxinniveaus nicht, wohl aber in den Fällen von PND, die zwei bis vier Wochen nach der Geburt einsetzen und häufig ein ganzes Jahr lang andauern. Obwohl nicht nachgewiesen ist, daß der Mangel an Thyroxin (Hypothyreose) nach der Niederkunft psychische Störungen verursachen kann, gibt es offenbar doch typische Symptome. Die Hypothyreose, die Unterfunktion der Schilddrüse, verursacht geistige Trägheit, Lethargie, Verstimmungszustände, Kopfschmerzen und Kältegefühl. Eine Mutter, die davon betroffen ist, empfindet keine Lebensfreude, ist schwerfällig im Denken, hat ein schlechtes Gedächtnis, eine verlangsamte Sprechweise und reagiert stark emotional. Sie leidet vielleicht unter Amenorrhö (dem Ausbleiben der Periode) oder unter starkem Haarausfall. Alle diese Symptome sind für die späte Form von PND charakteristisch, die in der Regel etwa vier Wochen nach der Entbindung auftritt.

Dr. Hamilton kam auf den Zusammenhang von PND und Thyroxin, als ihm eine Patientin überwiesen wurde, die in einem nahe gelegenen Krankenhaus mit Elektroschocks behandelt und als geheilt entlassen worden war. Vorher war sie in einem renommierten Krankenhaus wegen schwerer PND behandelt worden. Wenige Tage nach der Entlassung aus dem Krankenhaus war sie total zusammengebrochen und hatte versucht, Selbstmord zu verüben. Ihre verzweifelte Familie wandte sich an Hamilton um Hilfe. Hamilton nahm an der Frau jeden nur denkbaren Test vor. Das einzige, was er fand, waren zu niedrige Werte des Schilddrüsenhormons; also behandelte er sie mit Thyroxin. Der Heilungsprozeß vollzog sich verblüffend schnell und vollständig. Hamilton schilderte die Wirkung folgendermaßen: „Sie sehen eine Frau, die geschwollene Füße hat, verlangsamt spricht, sehr erschöpft ist, Haarausfall hat und keinerlei sexuelles Interesse empfindet; dann stellen Sie eine Unterfunktion der Schilddrüse fest, geben ihr Thyroxin – und schon geht es ihr gut. Man muß kein Genie sein, um festzustellen, daß die Thyroxinbehandlung nicht nur für die geschwolle-

67

nen Füße, sondern auch für ihre seelische Verfassung gut war. Viele Ärzte hatten das schon festgestellt und die Verbindung gesehen, aber bislang ist die Thyroxinbehandlung nicht als gültige Behandlungsmethode für PND anerkannt."

Seit der Veröffentlichung von A. J. Cronins Roman „Die Zitadelle", 1937, ist der Zusammenhang von Schilddrüsenerkrankungen und psychischen Störungen sogar in der Öffentlichkeit bekanntgeworden. Als ich kürzlich eine Verfilmung des Romans im Fernsehen sah, war ich über die erschreckenden Verhältnisse in dieser Zeit erschüttert, als Kranke, die unter Myxödem (einem mit geistigen Störungen einhergehenden Symptomkomplex bei Schilddrüsenunterfunktion) litten, in Zwangsjacken gesteckt und zu einem Leben in Irrenanstalten verurteilt wurden, wo doch eine kurze Thyroxinbehandlung vollständige Heilung gebracht hätte.

Die einschneidenden Wirkungen des Schilddrüsenhormons

Pamela D., eine Frau von Mitte 30, beschrieb ihre eigenen Erfahrungen mit einer Störung der Schilddrüsenfunktion, die ihr nach der Operation an einer gutartigen Schilddrüsenzyste bewußt wurden. Die Symptome traten nicht in unmittelbarem Zusammenhang mit Entbindungen auf (allerdings hatte sie im Lauf der letzten vier Jahre zwei Kinder bekommen), zeigen aber, wie schwerwiegend Schilddrüsenstörungen Körper und Seelenleben beeinflussen können.

„Ich litt unter Angstzuständen, Schlaflosigkeit, Gewichtsabnahme, Heißhunger, Zittern der Hände und allgemeiner Hektik und Unruhe und hatte schon vor, einen Psychiater aufzusuchen, als ich selbst den Knoten in meinem Hals entdeckte. Durch die Zyste war es offenbar zu einer erhöhten Produktion von Schilddrüsenhormon gekommen, obwohl die Blutuntersuchungen keine Überfunktion der Schilddrüse anzeigten. Die wirklich drastischen Wirkungen der Schilddrüsenveränderung zeigten sich jedoch erst, als ich nach der operativen Entfernung der Zyste und eines Schilddrüsenlappens nach Hause zurückkam. Man hatte mir versichert, daß die Tests eine sofortige Normalisierung meiner Schilddrüsenfunktion ergeben hätten und daß es keine Anzeichen negativer Operationsfolgen gebe (außerdem war die Geschwulst gutartig gewesen, so daß ich nichts zu fürchten hatte). Aber in der ersten Nacht zu Hause erlebte ich im wachen Zustand entsetzliche Alpträume, die mich mit Panik erfüllten. Ich war überzeugt, daß der ganze Raum elektrisch geladen sei; die Möbel strahlten Feindseligkeit aus. Ich flüchtete zitternd ins untere Stockwerk und versuchte, mich zusammenzureißen. Ich hatte nie in meinem Leben Halluzinationen gehabt oder Delirien erlebt und war durch die Stärke dieser Empfindungen völlig verstört. Ich stehe Menschen, die unter Geisteskrankheiten leiden, jetzt verständnisvoller und mitfühlender gegenüber. Diese Art von Gefühlen entzieht sich völlig der eigenen Kontrolle. Es war, als ob irgendeine Macht von innen mich in der Gewalt hätte."

Auch Martha H., eine Fernsehproduzentin, machte ihre Erfahrungen mit einer Störung der Schilddrüsenfunktion. Abgesehen von anfänglichen Problemen mit dem Stillen und mit ihrem Alter (sie hatte die 45 bereits überschritten und fühlte sich der neuen Mutterrolle zunächst nicht gewachsen), hatte Martha das reinste Vergnügen und Glück über ihr Söhnchen Jason empfunden; sie und ihr Mann Bob waren von ihrem Kind begeistert. Martha arbeitete nur einen oder zwei Tage in der Woche; sie versuchte, ganz allmählich wieder ins Berufsleben einzusteigen. Aber selbst das erwies sich als zuviel. Erschöpfung, Verzweiflung, unkontrollierbare Erregungszustände und Stimmungswechsel brachten sie dazu, mit letzter Kraft den nächsten niedergelassenen Arzt aufzusuchen, als Jason gerade fünf Wochen alt war. Wutausbrüche und Tränenströme begleiteten ihren Zusammenbruch. Martha hatte keinen Funken Energie mehr. „Es war unmöglich geworden, mit mir zu leben; ich stand dauernd unter Spannung und konnte generell den Streß nicht bewältigen. Ich schnauzte Bob an und brüllte herum, was eigentlich gar nicht meine Art ist und was ich aus meinem Leben mit ihm überhaupt nicht kannte; er ist ein ausgesprochen liebevoller und hilfsbereiter Mann. Die Folge war, daß ich noch deprimierter wurde – über mich selbst."

Zuerst verschrieb der Arzt Martha Beruhigungsmittel, um ihre Stimmungsschwankungen unter Kontrolle zu bringen, aber dadurch verstärkte sich nur ihre Müdigkeit und sie kam noch schlechter zurecht. Als sie sich an einen anderen Arzt wandte, der einige Blutuntersuchungen vornahm, stellte sich durch Zufall heraus, daß ihre Schilddrüse nahezu die Funktion eingestellt hatte. Martha hatte dem Arzt gesagt, daß Hypothyreose in ihrer Familie, bei Mutter und Schwester, vorgekommen war, aber der Arzt glaubte nicht, daß auch bei ihr eine Unterfunktion vorliege, bis er die Tests gemacht hatte. Dann wurde sie mit Thyroxin behandelt. Es trat zwar nicht über Nacht Besserung ein, aber die Behandlung hatte langsam und stetig Erfolg. Marthas Fall war insofern ungewöhnlich, als ihr extremer Thyroxinmangel eigentlich hätte sofort ins Auge fallen müssen. Leider ist es sehr schwierig, den überzeugenden Nachweis des Zusammenhangs von Thyroxinmangel und PND zu erbringen. Hamilton reagierte empört auf das Ansinnen, mit neuentbundenen Frauen, insbesondere mit suizidalen oder schwer depressiven Patientinnen, Kontrollgruppentests durchzuführen, denn es wäre geradezu sadistisch, diese Frauen statt mit Thyroxin mit einem Placebo (einer wirkungslosen Substanz, die als Medikament ausgegeben wird) zu behandeln. Außerdem gibt es einen zusätzlichen komplizierenden Faktor: Wie der Psychiater Junich Nomura und der Schilddrüsenspezialist Nobuyuki Amino berichteten[9], kann die frühe, mit starker Erregung einhergehende Form von schwerer PND auf abnorm *erhöhten* Thyroxinwerten im Blut beruhen. Die Forschung auf diesem Gebiet steht gerade in ihren Anfängen; Psychiater müßten mit guten Endokrinologen zusammenarbeiten, wenn sie Frauen mit einer Thyroxintherapie behandeln wollen.

Nebennierencorticoide – eine Antwort?

Der Kongreß der Marcé-Gesellschaft von 1984 zeigte viele neue, erstaunliche Entwicklungen auf dem Gebiet der PND-Forschung. Der vielleicht bemerkenswerteste Beitrag war ein

Bericht von Dr. Ione Railton[10], die an der School of Medicine der kalifornischen Universität in San Francisco als außerordentliche Professorin lehrt. Dr. Railton berichtete über ihre Beobachtungen und Studien aus den späten fünfziger Jahren, die 1961 in einer medizinischen Fachzeitschrift veröffentlicht wurden. Ihrem Bericht zufolge kann eine merkwürdige Funktionsstörung der Nebennierenrinde mit schweren Fällen von früher PND (Kindbettpsychose) in Verbindung gebracht werden; eine vernünftige Hormonbehandlung ist vermutlich die geeignete Therapie. Wie viele andere wichtige Ergebnisse auf dem Gebiet von PND wurden auch die Arbeiten von Dr. Railton von Psychiatern nicht zur Kenntnis genommen und nie von anderen Wissenschaftlern verifiziert oder widerlegt.

Dr. Railton beendete Mitte der fünfziger Jahre ihre Assistenzzeit in der inneren Medizin. Sie begann sich für mögliche Zusammenhänge zwischen psychiatrischen Symptomen und somatischen Erkrankungen zu interessieren und erhielt ein Forschungsstipendium an der Langley Porter Clinic, der psychiatrischen Abteilung des Universitätskrankenhauses in San Francisco. An dieser Klinik wurde sie auf einige Patientinnen aufmerksam, die unter der frühen, mit starker Erregung einhergehenden Form von PND litten.

Dr. Railton beobachtete an diesen Patientinnen deutliche Unruhe, schwere Schlafstörungen, ein eigenartiges, tranceähnliches Auftreten, schnelle Wechsel zwischen manischem und normalem Verhalten, Depressionen mit starken Angstzuständen und Phasen von Halluzinationen und Wahnvorstellungen. Ihr fiel die Ähnlichkeit dieser Erscheinungen mit den Symptomen einiger Patienten auf, die sie auf den medizinischen Stationen gesehen hatte; diese Patienten hatten Überdosen von Cortison erhalten, das dann rasch abgesetzt worden war.

In den späten vierziger Jahren wurde entdeckt, daß Cortison, ein Hormon der Nebennierenrinde, bei der Behandlung verschiedener Krankheiten sehr wirkungsvoll ist, unter anderem bei schmerzhaften und die Beweglichkeit beeinträchtigenden Krankheiten wie Rheuma und Arthritis. Die Symptome verschwanden wie durch ein Wunder, und Cortison wurde in großem Umfang eingesetzt. Später fand man heraus, daß

Cortison schädliche Nebenwirkungen hat, zum Beispiel Magengeschwüre, Diabetes, erhöhten Blutdruck, und manchmal unerwünschte psychische Symptome erzeugen kann. Wenn Nebenwirkungen auftraten, wurde das Cortisonpräparat abgesetzt. Bei einer beträchtlichen Anzahl von Patienten traten dann Unruhe, schwere Schlaflosigkeit, abwesendes, tranceähnliches Verhalten, manische Phasen und Depressionen auf, unterbrochen von Phasen offensichtlicher Normalität.

Im Fachbereich Medizin der kalifornischen Universität in San Francisco hatte man festgestellt, daß Patienten, die unter Cortisonentzugserscheinungen litten, durch kleine Dosen einer cortisonähnlichen Substanz (Prednisolon) geholfen werden konnte. Dr. Railton ließ sich von einem anerkannten Endokrinologen des Fachbereichs beraten, versicherte sich seiner Hilfe und Unterstützung und überredete den Leiter der psychiatrischen Klinik, sie bei stark erregten Patientinnen mit früher PND Versuche mit kleinen Dosen Prednisolon machen zu lassen. Die Resultate waren sehr zufriedenstellend; 1961 veröffentlichte sie einen Bericht über sechzehn PND-Fälle, die sie mit einer Kontrollgruppe von siebzehn Fällen verglich, die nur mit Tranquilizern und Sedativa behandelt worden waren.

In der konservativen Medizin gilt der Grundsatz, daß eine einzige Studie oder Testreihe keine volle Beweiskraft hat. Die übliche Reaktion auf eine wichtige Entdeckung ist jedoch, daß sie von anderen Wissenschaftlern überprüft und Schritt für Schritt verifiziert oder widerlegt wird.

Auf dem Kongreß reagierten einige Ärzte mit großer Überraschung auf den Bericht von Dr. Railton. Andere erkannten, daß – wenn Prednisolon tatsächlich die geschilderte Wirkung hatte – die Erklärung auf der Hand lag: Während der Schwangerschaft sind die Werte der Nebennierencorticoide insgesamt hoch, bis zum Dreifachen der normalen Werte. Die meisten Corticoide sind jedoch physiologisch nicht aktiv, da sie durch ein Proteinmolekül gebunden sind. Das aktive, freie Cortisol (eins der Glucocorticoide, das etwa zehn Prozent der gesamten Corticoidmenge ausmacht) kreist ständig im Organismus und wird in kurzen Zeitabständen (alle zwei bis drei Stunden) ersetzt. Die ständige Cortisolproduktion des Körpers könnte, als Reaktion auf die verlangsamte Funktion der Hypophyse in der Postpartum-Phase, niedrig sein. Normalerweise reagiert ein Sensor im Hypothalamus auf niedrige Cortisolwerte. Wenn bei extrem niedrigen Werten die Hypophyse nicht auf die Signale des Hypothalamus reagiert (das heißt, wenn die Ausschüttung der auf die Nebennierenrinde einwirkenden Hypophysenhormone ACTH nicht erfolgt), kann der Hypothalamus „durchbrennen" und viele der bei postnataler Depression beobachteten Symptome auslösen.

Ein Psychiater, der sehr vorsichtig vorgeht und einen beobachtenden Endokrinologen hinzuzieht, könnte mit Prednisolon bemerkenswerte und gute Resultate erzielen. Andererseits können Psychiater, die im Umgang mit Steroidhormonen keine Erfahrung haben und sich ihrer Gefahren nicht bewußt sind, leicht Überdosen von Prednisolon verabreichen oder das Hormon über einen zu langen Zeitraum einsetzen und damit die Nebennieren der Patientin in ihrer Funktion unterdrücken. Deshalb besteht große Besorgnis, daß Dr. Railtons Ergebnisse, die möglicherweise eine große medizinische Entdeckung sind, von übereifrigen Psychiatern mißbraucht werden könnten. Dr. Railtons Beobachtungen müßten von anderen Wissenschaftlern überprüft werden; dazu werden bereits Anstrengungen unternommen, die von ihr selbst sehr unterstützt werden.

Das Phänomen des Hypothalamus-Hypophysen-Kollapses

Nach einer Entbindung kann es zu einer kurz- und langfristig äußerst folgenreichen Ausfallerscheinung kommen, dem sogenannten Hypothalamus-Hypophysen-Kollaps. Stellen wir uns vor, daß vom Hypothalamus aus der Befehl an die Hypophyse ergeht, für höhere Cortisolproduktion zu sorgen. Die Hypophyse, die während der Schwangerschaft verstärkt mit Blut versorgt wurde und sehr aktiv und produktiv war, ist nun in einem Zustand relativer Inaktivität. Ihre sekretorischen Zellen befinden sich in einer Ruhepause, und die Blutversorgung ist seit der Entbindung stark vermindert. In der postnatalen Phase ist die Hypophyse träge. Sie bildet kein ACTH (Adrenocorti-cotropes Hormon), das seinerseits die Nebennierenrinde zur Cortisolproduktion anregt. Die Werte des freien aktiven Cortisols fallen immer mehr ab; der Sensor im Hypothalamus reagiert darauf mit erneuten Signalen, jedoch ohne Erfolg. Der Hypothalamus (das Zentrum der vegetativen Körperfunktionen) wird aber außerdem durch äußere Stimuli angesprochen: Die Mutter eines Neugeborenen kann zum Beispiel mit intensiven Glücksgefühlen auf das Kind reagieren, die Situation im Krankenhaus als extremen Streß empfinden, wütend auf ihren Mann sein, der sie zu spät besucht, und sich Sorgen um ihre anderen Kinder machen – ein ganzer Komplex von Belastungen und Signalen, die auf den Hypothalamus einstürmen und ihn zwingen, weiterhin – erfolglos – seine Cortisolforderungen auszusenden. Das Opfer dieses hormonellen Ungleichgewichts entwickelt die Symptome einer „Notfallreaktion": Schlaflosigkeit, Angst, Herzklopfen, Panik (ähnlich wie bei einem Adrenalinstoß).

Dann ereignet sich eine neurophysiologische Katastrophe: Der Hypothalamus wird überaktiv, die Nervenimpulse greifen – über den Cortisolsensor hinaus – auf seine anderen Bereiche über und beeinträchtigen den Schlaf und die gesamten vegetativen Funktionen. Dadurch kommt es zu merkwürdigen Wahrnehmungsstörungen und unangenehmen körperlichen Empfindungen.

PND-Prophylaxe

Zur Zeit gibt es zwei Methoden zur Verhütung von PND. Die eine ist die von Katharina Dalton entwickelte Progesterontherapie, die mit Progesteroninjektionen unmittelbar nach der Entbindung und während der darauffolgenden Tage beginnt und mit der Einnahme von Progesteron über mehrere Wochen fortgesetzt wird. Katharina Dalton berichtete über eine Rückfallquote von neun Prozent bei 77 Frauen, die nach vorangegangenen schweren oder gemäßigten PND-Anfällen Progesteron-Prophylaxe erhielten; in einer Kontrollgruppe betrug die

Rückfallquote 68 Prozent. Diese Resultate lassen die Schlußfolgerung zu, daß die Hormongaben das normalerweise drastische Absinken des Progesteronniveaus auffangen und dadurch Entwicklungen vorbeugen, die zu einem Rückfall führen könnten.

„Ich weiß, daß Progesteron wirkt und daß es keinen Schaden anrichtet", sagte Dr. Dalton. „Wenn es nach mir ginge, würden alle Frauen es in kleinen Dosen nehmen, solange sie fortpflanzungsfähig sind, das heißt 35 Jahre lang, vom fünfzehnten bis zum fünfzigsten Lebensjahr; dadurch würden sie nie unter PMS oder PND leiden. Das Progesteron, das wir verabreichen, ist natürlich; es wird aus der Yamswurzel gewonnen. Es ist nicht dasselbe wie das synthetisch hergestellte Progesteron, das in der Pille verwendet wird und das dazu beiträgt, den natürlichen Progesteronspiegel zu senken; dadurch bekommen viele Frauen, die die Pille nehmen, Depressionen. Bei diesem natürlichen Hormon sind keine schädlichen (zum Beispiel krebsfördernden) Wirkungen festgestellt worden."

Wenn sich ein oder zwei Wochen nach der Niederkunft PND-Symptome entwickeln, ist die Progesteronbehandlung allerdings nicht mehr sinnvoll, weil der Körper dann in die refraktäre Phase eingetreten ist, wie Dr. Dalton es nennt, das heißt, aufgrund der Trägheit der Hypophysenfunktion ist der Organismus schwer stimulierbar; Progesteron allein würde zu diesem Zeitpunkt das Hormonsystem nicht wieder aktivieren.

Dr. Dalton ist Gynäkologin und Endokrinologin und außerdem eine kompetente, liebenswerte und eindrucksvolle Frau; sie hat in der Harley Street in London eine eigene Klinik. In ihrer Praxis gibt es gewöhnlich lange Wartelisten, aber in Notfällen macht sie Ausnahmen, und sie ist immer bereit, mit Ärzten, die ihre Behandlungsmethoden erproben wollen, zu korrespondieren und sie zu beraten. Manche Mediziner glauben allerdings, daß ihre Ergebnisse durch strenge experimentelle Kontrollen schwer zu verifizieren sind.

Eine weitere natürliche Substanz, die PND lindern kann, ist das Vitamin Pyridoxin oder B_6, das man in Apotheken kaufen kann. Studien über die Wirkung des Vitamins B_6 werden von Medizinern und Psychiatern mit großem Interesse verfolgt. Dr.

Diana Riley, Psychiaterin am St. John's Hospital in Aylesbury, legte auf dem Kongreß der Marcé-Gesellschaft von 1984 den durch Fallbeispiele dokumentierten Nachweis für die Präventivwirkung von Vitamin B_6 vor. Ihre letzte Studie bezog sich auf eine Gruppe von 51 Frauen, bei denen mit Rückfällen von PND zu rechnen war und die mit einer ähnlichen Kontrollgruppe verglichen wurden. Die Frauen der ersten Gruppe erhielten in einem Zeitraum von 28 Tagen nach der Niederkunft täglich Gaben von 100 mg Pyridoxin. In demselben Zeitraum wurden den Frauen der Kontrollgruppe Placebos verabreicht. Rileys Resultate waren so überzeugend, daß sie selbst konservative Einstellungen ins Wanken brachten. In der Kontrollgruppe traten wesentlich mehr Depressionssymptome auf als in der ersten Gruppe, bei der mit Rückfällen gerechnet worden war.

Dr. Elizabeth Herz aus Washington meint, es gebe guten Grund zu der Annahme, daß B_6 wirksam sei, denn das Vitamin spielt bei der Synthese der Neurotransmitter eine wesentliche Rolle. Riley vertritt die Auffassung, das Vitamin wirke einem Mangel bei der Serotoninaufnahme (Serotonin ist einer der Neurotransmitter) ausgleichend entgegen. In England und in den USA wird Pyridoxin bereits bei der Behandlung von PMS eingesetzt. Solange die Dosis kein toxisches Niveau erreicht (nicht mehr als 200 mg pro Tag, wie Dr. Herz empfahl) ist die Substanz harmlos und kann die Heilung fördern. Bislang hat noch keiner dieser Ansätze die von den exakten Naturwissenschaften geforderten Standards experimenteller Absicherung erreicht, die den Rest der medizinischen und psychiatrischen Fachwelt veranlassen würden, sie zu übernehmen. Es wird auch weiter diskutiert, ob es überhaupt ratsam sei, Methoden, die sich noch im Experimentierstadium befinden, an schwer depressiven postnatalen Patientinnen auszuprobieren, oder gar an Frauen, die suizidgefährdet sind.

Wir können inzwischen nur auf genauere Ergebnisse, mehr Forschung und stärkeres Interesse an den Forschungsergebnissen warten. Ich hoffe, die Wartezeit erstreckt sich nicht bis ins 21. Jahrhundert hinein.

Behandlung mit Antidepressiva

Ein Gebiet der PND-Therapie, das für die meisten Ärzte heute (bei gemäßigten Fällen von PND) die Methode der Wahl darstellt, muß besonders aufmerksam und kritisch betrachtet werden: die Behandlung mit Antidepressiva. Bei vielen Frauen, mit denen ich gesprochen habe, hatte eine solche Behandlung Erfolg; andere hatten sich durch die Einnahme der Medikamente nicht wohler gefühlt und sie abgesetzt; wieder andere hatten sich geweigert, auch nur den Versuch zu machen, entweder weil sie in der sensitiven Phase nach der Geburt keine starken Medikamente nehmen wollten, insbesondere wenn sie stillten, oder aus einer tiefen inneren Abwehr heraus, aus Furcht, sie könnten von den Medikamenten abhängig werden.

Antidepressiva dürfen nicht mit Tranquilizern verwechselt werden. Die Behandlung mit Antidepressiva kann bei Depressionen und besonders bei PND erfolgreich sein. Tranquilizer sind für die PND-Behandlung schlecht geeignet, da sie Müdigkeit und Verwirrung steigern. Tranquilizer beruhigen und dämpfen Angstzustände, aber die anderen PND-Symptome werden dadurch eher verdeckt als beseitigt. Antidepressiva werden dagegen gezielt eingesetzt, um abnormen gehirnchemischen Vorgängen entgegenzuwirken und den Fluß der Neurotransmitter zu beschleunigen.

Manchmal bekommen Frauen, die unter PND leiden, Tranquilizer verschrieben; sie sollten aber, wie alle Medikamente, sparsam und mit großer Vorsicht verwendet werden. In schweren Fällen von postnataler Psychose, wenn die Patientin sehr erregt, aggressiv oder suizidgefährdet ist, kann eine kleine Dosis (25 mg) Thorazin dreimal täglich den heftigen Aggressions- oder Angstzuständen die Spitze nehmen. Kleine Gaben eines milden Beruhigungsmittels können ebenfalls hilfreich sein. Aber alle Tranquilizer und Sedativa haben eine Langzeitwirkung und daher die Tendenz, die wichtigen klaren Phasen zu überdecken, in denen Psychotherapie, klärende und unterstützende Gespräche mit der Patientin sinnvoll eingreifen könnten. Eine medikamentöse Therapie darf immer nur ein

Kompromiß sein: Der Arzt muß verhindern, daß die Patientin sich umbringt – andererseits müssen die Medikamente so niedrig wie möglich dosiert sein, damit sie nicht in einen zombie-ähnlichen Zustand gerät, in dem sie einer Psychotherapie nicht mehr zugänglich ist.

Antidepressiva sind bei Psychiatern beliebt, weil sie die biochemischen Prozesse des Gehirns beeinflussen, aber leider ist nie vorauszusagen, ob sie ihre Wirkung an der richtigen Stelle entfalten. Ärzte sollten also, um es noch einmal zu betonen, dahingehend beeinflußt werden, die Medikamente ihrer Wahl zunächst so niedrig wie möglich zu dosieren und die Dosen nur dann zu erhöhen, wenn es unvermeidlich ist. In einer guten psychiatrischen Einrichtung können die Sicherheit der Umgebung und die vernünftige Einstellung der Mitarbeiter eine Menge Pillen ersetzen. Ärzte, die ihre Mitarbeiter gut kennen, können sich auf deren Urteilsfähigkeit verlassen und Medikamente „nach Bedarf" verordnen. Eine Behandlung außerhalb der Klinik stellt wesentlich höhere Ansprüche an die Familie und an den Einfluß des Arztes, wenn dieselbe klare Einschätzung der Situation erreicht werden soll.

Dr. Herz erklärte, daß Antidepressiva in eincr Hinsicht ergänzenden Vitaminpräparaten ähneln: Sie gleichen einen Mangel innerhalb der natürlichen Körperprozesse aus. In diesem Fall liegt der Mangel jedoch in den Neurotransmittern selbst. Es gibt drei Hauptgruppen von Antidepressiva: die als Tricyclide oder Tetracyclide bekannten (die Bezeichnungen leiten sich von der Art der chemischen Verbindung ab, das heißt von der Anzahl der Kohlenstoffringe), die MAO-Hemmer (Monoamin-Oxidase-Hemmer) und Lithiumcarbonat. In den USA werden bei PND meistens Tricyclide verwendet, während in Europa die MAO-Hemmer gebräuchlicher sind. Lithiumcarbonat wird im allgemeinen bei wiederholt auftretenden Depressionen oder bei manischen Zuständen eingesetzt.

Es ist naheliegend, die MAO-Hemmer als ideale PND-Therapie zu betrachten, denn ihre spezifische Wirkung ist die Blockierung eines Enzyms, das Norepinephrin und Serotonin desaktiviert. Dr. Herz erklärte, daß MAO-Hemmer in den

USA mit Vorsicht verwendet werden, weil die Ärzte befürchten, daß die Patienten sich nicht an die notwendigen, strikten Diätvorschriften halten. Selbst geringe Abweichungen von diesen Diätregeln können zu hypertonischen Krisen (extrem erhöhtem Blutdruck) führen. Durch die Diätvorschriften soll erhöhter Blutdruck als Reaktion auf thyraminhaltige Nahrungsmittel vermieden werden; Thyramin ist zum Beispiel in Käse, eingelegtem Hering, in Wurst oder anderem gepökelten oder geräucherten Fleisch, in Rotwein und in Sherry enthalten. MAO-Hemmer haben jedoch den Vorteil, schnell zu wirken; innerhalb von zehn bis vierzehn Tagen entfalten sie ihren vollen Effekt.

Professor George Winokur vom Fachbereich Psychiatrie der Universität von Iowa, Autor eines der besten allgemeinverständlichen Bücher über Depression[11], erklärt, daß die Tricyclide den Abbau der Neurotransmitter Serotonin und Norepinephrin an den Synapsen hemmen und somit für eine Akkumulation der für unsere Stimmungen so wichtigen Neurohormone an diesen bedeutsamen Schaltstellen der Nervenzellen sorgen. Die verschiedenen Mittel haben eine unterschiedlich starke Beruhigungswirkung; Ärzte müssen vermutlich mit den jeweiligen Produkten der Arzneimittelfirmen und mit der Höhe der Dosierungen experimentieren.

Tricyclide können Verwirrungszustände, Schwindelgefühl, Obstipation, verschwommene Wahrnehmung und Hautausschlag auslösen. Es dauert bis zu drei Wochen, bis sie ihre volle Wirkung entfalten; dann können sie das biochemische Gleichgewicht wiederherstellen. Normalerweise sollte ein Patient mehrere Monate lang bei der Behandlung bleiben, um einen Rückfall zu verhindern.

Lithium, eine natürlich vorkommende Substanz aus derselben Gruppe der Salze wie Sodium oder Potassium, wird seit mehr als 30 Jahren erfolgreich bei der Behandlung von manischen Zuständen eingesetzt. Es wirkt beruhigend bei Hyperaktivität und kann zu Lethargie führen; bei der Behandlung von PND wird es gewöhnlich nicht eingesetzt.

Ausblick auf die Zukunft

Schwere PND-Symptome sind häufig wie „klassische" Geisteskrankheiten behandelt worden, in der Diagnose und im Verlauf der gesamten Therapie; neuentbundene Frauen und ihre Partner waren der Sorge ausgesetzt, für den Rest ihres Lebens mit einer psychischen Störung belastet zu sein, und Ängsten ausgeliefert, daß ihre Vorstellungen von einem glücklichen Familienleben nun für immer zerstört seien. Psychiater, Geburtshelfer und Wissenschaftler wollen jetzt vor allem auf einem Gebiet Veränderungen erreichen: im Umgang mit neuentbundenen Frauen, die in psychiatrische Einrichtungen eingewiesen werden. Wie wir an den Geschichten von Barbara und Nancy sahen, werden Frauen mit schweren Symptomen gewöhnlich als Notfälle behandelt. Die Mutter wird mit Blaulicht in eine psychiatrische Klinik gebracht, wo sie sofort in Behandlung kommt und wo Tests an ihr vorgenommen werden; der Vater muß zu Hause zusehen, wie er mit dem Baby zurechtkommt.

Einer der Hauptkritikpunkte, die Dr. Hamilton an der amerikanischen Psychiatrie und ihrem gegenwärtigen Umgang mit PND äußert, ist die entsetzliche Situation, der eine neuentbundene Frau bei der Aufnahme in die Klinik ausgesetzt ist. „Das rituelle Aufnahmegespräch, das oft von einem eifrigen Assistenzarzt geführt wird, beinhaltet Fragen nach sexuellen Perversionen und Zweifeln am Selbstwertgefühl. Solche Fragen geben den Wahnvorstellungen neue Nahrung und heizen die Angst vor dem geistigen Zusammenbruch und das Gefühl des Versagens weiter an."

Im Lauf der letzten zehn Jahre sind jedoch in vielen größeren Städten in den psychiatrischen Krankenhäusern Mutter-und-Kind-Stationen eingerichtet worden, wo Mütter gemeinsam mit ihren Säuglingen aufgenommen werden können.[12]

Früher durften Mütter ihre Säuglinge nicht mit ins Krankenhaus bringen, aufgrund der herrschenden archaischen Vorstellungen über PND:

1. Die psychischen Störungen der Mutter könnten dazu führen, daß sie mit ihrer eigenen Feindseligkeit dem Kind

gegenüber nicht umgehen könne; die Genesung sei von der Trennung von Mutter und Kind abhängig.

2. Die Mutter sei eine potentielle physische und psychische Gefahr für ihr Kind.

3. Das gestörte Verhalten anderer Patienten wirke sich schädigend auf das Kind aus.

4. Die Anwesenheit von Kleinkindern sei eine ernste Störung für die Therapie anderer Patienten.[13]

Die Pionierarbeit auf dem Gebiet der psychiatrischen Mutter-und-Kind-Stationen leistete Dr. T. F. Main 1948 am Cassel Hospital in Surrey. Zu dieser Zeit war es schon die übliche Praxis, Müttern unbegrenzte Besuchszeiten auf den Kinderstationen einzuräumen, und einige Krankenhäuser nahmen Mütter mit ihren Kindern auf. Experten wie Dr. John Bowlby[14] hatten die Gefahren der Trennung von Mutter und Kind dargelegt. „Es ist merkwürdig, daß der Störung derselben Mutter-Kind-Beziehung so wenig Aufmerksamkeit entgegengebracht wird, wenn es die Mutter ist, die ins Krankenhaus muß." In Bowlbys Sicht ist durch die Trennung von Mutter und Kind nicht nur die Entwicklung des Kindes gefährdet, sondern auch das Selbstvertrauen der Frau in bezug auf ihre mütterlichen Fähigkeiten. Seither wurde erkannt, daß die Trennung der Mutter von ihrem Säugling zu einem „allmählichen Nachlassen der Gefühle und des Engagements für ihr Kind führen könnte und daß dadurch Schuldgefühle heraufbeschworen werden, die das Wiederaufnehmen der Mutterrolle erschweren".

Die Ärzte des Cassel Hospitals erkannten auch die einzigartige Gelegenheit, Konflikte mit der Mutterrolle zu untersuchen, die in Fällen von PND häufig offen zutage liegen. Professor Ian Brockington und Dr. Frank Margision[15], die auf einer Mutter-und-Kind-Station des Whitington Hospitals (das Universitätskrankenhaus von Süd-Manchester) arbeiteten, und Dr. Joan Sneddon und ihre Kollegen in Sheffield analysierten ihre Erfahrungen mit solchen Einrichtungen. Die Praxis scheint tatsächlich für Mutter-und-Kind-Einheiten zu sprechen. Die Mütter sind bereit, während der gesamten Behandlungsdauer im Krankenhaus zu bleiben, wenn sie ihre Kinder bei sich haben. Die Familie kann am Therapieprozeß beteiligt werden. Schuldgefühle lösen sich, wenn die Frauen wahrnehmen, daß andere Mütter ähnliche Probleme haben und daß Genesung in Sicht ist. Dr. Sneddon fand zum Beispiel heraus, daß die Mütter oft spontan ihre eigenen Selbsthilfegruppen entwickelten; sie unterstützten sich gegenseitig, freundeten sich an und kamen nach der Genesung auf die Station zurück, um mit anderen Patientinnen zu sprechen und sie zu beruhigen, daß sie sich erholen und fähig sein würden, ins normale Familienleben zurückzukehren.

Tatsächlich ist die Unterbringung auf Mutter-und-Kind-Stationen offenbar eine der besten (wenn auch kostenintensiven) Möglichkeiten, schwere Fälle von PND zu behandeln. Bisher gibt es aber in den Krankenhäusern keine guten Behandlungsmöglichkeiten für Frauen, die unter milderen Formen von PND leiden und für die eine Tageseinrichtung mit angeschlossener Kindertagesstätte ideal wäre.

„Hier ist wirklich interdisziplinäre Zusammenarbeit nötig", sagte Dr. Diana Riley vom St. John Hospital in Aylesbury. Dr. Riley ist Fachärztin für Geburtshilfe und für Psychiatrie; sie hat damit begonnen, zwischen der Betreuung ihrer schwangeren Patientinnen und der postnatalen Fürsorge eine Verbindung zu schaffen. Ihrer Ansicht nach werden jedoch PND-Fälle bislang von den meisten Hausärzten nicht erkannt; sie geben sich damit zufrieden, Medikamente zu verordnen, und sind blind für die verschlüsselten Hinweise auf den spezifischen Depressionszustand. „Wir müssen die Sozialarbeit heranziehen, um praktische Hilfen und soziale Unterstützung bereitzustellen: Gruppen- oder individuelle Beratung für die Patientin und/oder den Ehemann; die Versicherung eines Experten im Umfeld, daß der Zustand heilbar ist; statt Klinikaufenthalten eher Hausbesuche von Mitarbeiterinnen der sozialpsychiatrischen Dienste, die den Einrichtungen angeschlossen sind und die auch alternative Behandlungsmethoden anbieten können, wie Entspannungsübungen und Verhaltenstherapie, und die, wenn nötig, auch Medikamente geben können."

In Nottingham hat Dr. Margaret Oates vom Mapperly Hospital eine weitere Pioniereinrichtung geschaffen, die für die

Behandlung von PND in England zukunftweisend sein könnte. Um den Bedürfnissen von Frauen mit postnatalen Erkrankungen gerecht zu werden, erweiterte sie die Behandlungsmöglichkeiten; sie bietet ambulante Tages- oder Hauspflege und sozialpsychiatrische Betreuung an, die von gutausgebildeten Ärzten überwacht wird, so daß selbst Frauen mit schweren PND-Symptomen während der gesamten Behandlungszeit zu Hause bleiben können.

Wie die Beispiele des nächsten Kapitels zeigen, wurden in der Vergangenheit zu viele Frauen, die unter PND litten, von Ärzten barsch zurückgewiesen und verständnislos behandelt; sie sind nicht ohne Narben und Schrammen aus ihren PND-Erfahrungen hervorgegangen.

Es mag unglaublich klingen, daß die Medizin und die Psychiatrie in unserer aufgeklärten Zeit mit Frauen so kurzen Prozeß machte, wenn sie nach der Geburt eines Kindes seelische Probleme hatten. Diese Fallgeschichten müssen bekannt werden, denn die Situation hat sich nicht wesentlich verbessert. Wie die Mitglieder der Marcé-Gesellschaft stets betonen, stehen die Wissenschaftler gerade am Anfang dringend notwendiger Untersuchungen, und die gesamte Arbeit wird durch die Abneigung behindert, PND als reales Problem zu akzeptieren, das reale Frauen und ihre Familien betrifft und das dringend erforscht und in weiteren Kreisen verstanden werden muß. Wie Professor Brockington sagt: „Wir müssen auf die Herausforderung reagieren, daß diese Probleme als trivial betrachtet werden, indem wir ihre Auswirkungen auf das Familienleben und auf die Entwicklung von Kindern untersuchen."

Trotz aller Kongresse, die in letzter Zeit von der Marcé-Gesellschaft organisiert wurden, trotz allen Austauschs, gegenseitiger Unterstützung und gelegentlicher Bestätigung in Form von staatlichen Stipendien für neue Forschungsvorhaben ist die Gesellschaft nach eigener Definition bislang nur eine Handvoll entschlossener Männer und Frauen, die versuchen, rund um die Welt miteinander in Kontakt zu bleiben, wobei außerdem die Grenzen zwischen ihren verschiedenen Berufen dieser Kommunikation Hindernisse entgegenstellen.

„Bin ich wirklich verrückt?"

Typisch für die Struktur schwerer PND-Symptome sind die Unfähigkeit, zu essen oder zu schlafen, hochgradige Angstzustände und Anfälle von Panik, das Gefühl, absolut nicht mit der Situation fertig werden zu können, depressive Verstimmungszustände, die so überwältigend sind, daß es unmöglich ist, aus dem Bett zu kommen, geschweige denn, das Kind zu versorgen; die Unfähigkeit, das Kind zu berühren, dauerndes Weinen, das an sich schon eine Störung des Familienlebens ist, die Angst, dem Kind etwas anzutun, Selbstmorddrohungen und das Gefühl, man sei wertlos und alle seien besser dran, wenn man tot wäre. Die Belastung durch solche schweren Symptome wurde von Frauen mit folgenden Worten beschrieben: „Ich dachte, ich würde den Verstand verlieren." – „Ich weinte ununterbrochen, brüllte meinen Mann an, konnte kaum essen oder schlafen und wollte am liebsten sterben." – „Ich war voller Scham und Ekel über mich selbst." – „Ich hatte das Gefühl, daß meine geistige Gesundheit an einem seidenen Faden hing."

Eine 28jährige Mutter mit einem vier Wochen alten Säugling erlebte einen extremen „Verwirrungszustand". Helen E. berichtete, daß sich die Ereignisse zu Hause überschlagen und daß die übermäßigen Belastungen zu einer seelischen Krise geführt hatten. Sie hatte wegen des Kindes ihre Arbeit aufgegeben und vermißte ihren Beruf und die damit verbundene finanzielle Sicherheit. Ihr Mann hatte die gesamten gemeinsamen Ersparnisse verbraucht, um ein neues Geschäft zu eröffnen. Von allen Seiten kamen Ansprüche auf sie zu: ihr Mann erwartete Hilfe; das Bedürfnis, zu Hause zu bleiben und dem Kind eine „richtige" Mutter zu sein, stand dazu im Widerspruch, und es gab andere Erwartungen von der Familie und von Freunden. Helen hatte das Gefühl, an allen Fronten zugleich kämpfen zu müssen, um alle zufriedenzustellen. Schließlich konnte sie nicht mehr essen und nicht mehr schlafen und wurde paranoid.

„In einer sehr heißen Nacht träumte ich vom Teufel. Ich glaubte wirklich, ein Dämon wolle mir mein Kind wegnehmen", sagte Helen. Sie war schweißgebadet erwacht, mit einem Gefühl der Beklemmung, als liege ihr ein Zentnergewicht auf der Brust, und es summte in ihren Ohren. Helen rief sofort ihren Arzt an; sie wurde an einen Psychiater überwiesen, der sie gut beriet und sie beruhigte: „Sie sind nicht verrückt. Sie leiden unter PND." Er brachte sie in Kontakt mit anderen Frauen, die unter ähnlichen Symptomen litten, schlug ihr einige therapeutische Gruppensitzungen vor und riet ihr, Koffein in jeder Form zu meiden. Helen wurde ohne medikamentöse Therapie gesund.

Bei meinen Recherchen stieß ich auf drei Geschichten, die für mich die frustrierendsten Beispiele für inadäquate Behandlungsmethoden sind und die in typischer Weise die Art von Einstellung widerspiegeln, mit der neuentbundene Frauen so oft konfrontiert sind. Bei Linda S. wurde angenommen, sie könne zur Kindesmißhandlung neigen; die verständnislose Art, in der sie behandelt wurde, entspricht ganz dem Muster einer konservativen psychologischen Einstellung. Adele M. wurde es erst lange nach den Ereignissen bewußt, daß ihre Depression vielleicht nicht völlig unvermeidlich gewesen war – wenn sie ihre Ambivalenz der Mutterschaft gegenüber in jener Phase ihres Lebens in Betracht zog – daß aber ihre Behandlung die Lage wesentlich verschlimmert hatte. Jane L. erhielt eine nach den üblichen Maßstäben angemessene Behandlung, blieb aber in Verwirrung und Unsicherheit darüber, was eigentlich geschehen war, und leidet auch jetzt, fünfzehn Jahre später, noch unter chronischen Schuldgefühlen wegen ihrer PND-Erfahrung.

Linda: Gestörter Hormonhaushalt – nicht suizidale Neurose

Lindas Arzt diagnostizierte ihren Zustand nach der Geburt ihres zweiten Kindes strikt nach traditionellen psychologischen Gesichtspunkten. Gregory Zilboorg, einer der Väter der traditionellen Psychiatrie, erklärte in einem vielzitierten Aufsatz, der 1957 veröffentlicht wurde[16], das Problem von Frauen wie Linda sei „Frigidität und Homosexualität". „... wir haben es hier mit einem Kastrationskomplex des Rachetypus zu tun (...), mit einer unaufgelösten ödipalen Situation (...) oder mit einer Identifikation mit dem Vater."

Linda und ihr Ehemann Tommy waren junge und unerfahrene Eltern; ihre beiden Kinder lagen im Alter nur elf Monate auseinander. Das zweite Kind wurde kurz vor Tommys Aufbruch zu einer Seereise mit der Marine geboren, und Linda wußte, daß er mehrere Monate unterwegs sein würde. Ihr war auch klar, daß sie sich unfähig fühlte, allein mit der Situation fertig zu werden. Linda hatte nicht so schnell ein zweites Kind gewollt und hatte Verhütungsmittel verwendet, aber sie war trotz eines Intrauterinpessars schwanger geworden. Bei der Entbindung mußte ein Kaiserschnitt gemacht werden. Linda nannte das Mädchen Stephanie; sie erinnert sich, daß es für sie der schönste Name war, den sie sich vorstellen konnte. In der Rekonvaleszenzzeit nach der Operation stieg eine furchtbare Traurigkeit in ihr auf.

Nach einiger Zeit, als Linda wieder zu Hause war, mochte sie Stephanie nicht berühren oder in ihrer Nähe sein. Sie konnte es kaum ertragen, das Kind zu füttern oder anzuziehen. Linda suchte den Marinegeistlichen auf, der Tommy mitteilte, daß seine Frau schwere Probleme habe. Die Situation wurde immer unerträglicher, und Linda wollte das Kind zur Adoption freigeben. Der Psychiater der Marine sagte, er könne keine Hilfe leisten, es sei denn, Linda hätte ihr Kind tatsächlich mißhandelt. Sie wollte aber Hilfe, bevor sie so weit käme, ihrem Kind etwas anzutun. Das junge Paar geriet in Panik; obwohl sie an einem bestimmten Punkt Adoptionspapiere unterzeichnet hatten, wurde Stephanie schließlich zusammen mit ihrem einjährigen Bruder Sam in Pflege gegeben.

Linda wurde weiterhin im Marinekrankenhaus behandelt. Sie bekam Medikamente – manchmal bis zu zehn Tabletten am Tag –, Aufputschmittel für die wachen Stunden und Beruhigungsmittel zum Schlafen. Zuerst stellte der Psychiater fest, sie habe lesbische Tendenzen, später, daß sie ihre Eltern hasse.

Sogar der Gynäkologe erklärte ihr Gefühl, die Depressionen könnten mit dem hormonellen Ungleichgewicht nach der Geburt zu tun haben, für unsinnig. Aber Linda war noch klar genug, um sich zu fragen, warum sie wohl nach der Geburt ihres zweiten Kindes plötzlich anfangen sollte, Mutter und Vater zu hassen. „Warum konnte mich niemand verstehen?" fragte sie verzweifelt. Die Diagnose lautete schließlich: „Neurose mit suizidalen Tendenzen"; Linda wurde vierzehn Monate lang immer wieder in die Klinik eingewiesen.

Etwa ein Jahr später durften Linda und Tommy Stephanie im Pflegeheim besuchen und sie manchmal mit nach Hause nehmen, allerdings nur, solange Tommy zur Überwachung dabei war. Um diese Zeit hatte Linda begonnen, zu sich selbst zurückzufinden und ihre Mutterschaft zu akzeptieren. „Das kam nicht durch die Pillen und nicht durch die Therapie, sondern weil mein Körper sich veränderte und das Gefühl von Energie zurückkehrte", sagte sie. „Trotzdem glaubten alle, ich sei verrückt geworden."

Schließlich holte das Paar die Kinder zurück; sie versuchten, wieder ein normales Familienleben zu beginnen, nachdem sie sich mehr als ein Jahr lang mit ihren Problemen herumgequält hatten. Linda berichtete, daß sie seitdem noch andere Stürme durchzustehen hatte. Fünf Jahre später, als sie 30 war, wurde sie von Tommy geschieden, und 1982 mußte sie sich einer partiellen Hysterektomie (operativen Gebärmutterentfernung) unterziehen. Sie überstand beide Krisen ohne Depressionen. Linda verlor ein Jahr ihres Lebens und eine Menge Glücksmöglichkeiten, weil ihre postnatale Depression inadäquat behandelt worden war. „Ich frage mich manchmal, ob nicht alles ganz anders verlaufen wäre, wenn man mich nicht einfach als Neurotikerin abgeschrieben hätte, die Aufmerksamkeit erregen will."

Linda war enormen Belastungen ausgesetzt, die leicht nachzuempfinden sind: kurz aufeinanderfolgende Geburten, ein Ehemann, der durch seinen Beruf über lange Zeiträume abwesend war, wenig unterstützenden familiären Hintergrund, ihre Jugend, eine voreilig geschlossene Ehe, ein furchterregendes Gefühl von Unfähigkeit, das zu völliger Apathie führte. Die Diagnose „neurotisch mit suizidalen Tendenzen", die man

ihr stellte, berücksichtigte in keiner Weise die psychoendokrinen Umwälzungen, die mit einer Entbindung einhergehen.

Adele: Eine psychiatrische Fehldiagnose

Adele war sehr jung, frisch verheiratet, und sie studierte
noch, als sie ungewollt schwanger wurde. Zuerst war sie
entsetzt bei dem Gedanken, ihr Studium aufgeben und ihre
geplante Karriere unterbrechen zu müssen, aber nachdem sie
und Stephen die Sache durchgesprochen hatten, entschieden
sie sich schließlich doch, das Kind zu bekommen. Sie engagierten sich in einer Bewegung für die natürliche Geburt und
nahmen mit Begeisterung an den Vorbereitungskursen teil.
Stephen und Adele waren daher beide enttäuscht, als die
Geburt kompliziert wurde und sie durch einen Kaiserschnitt
entbunden werden mußte, aber sie freuten sich sehr über ihr
Söhnchen Teddy. Adele war erst 23; ihr Hochgefühl verschwand allzu schnell. Auf die Realität der Mutterschaft war
sie in keiner Weise vorbereitet: Sie war nun nicht mehr am
College, lebte weit von ihren Eltern und Freunden entfernt,
von Nachbarn umgeben, die sie als feindselig empfand, und
mußte mit Teddy fertig werden, der ein schwieriges Baby
war. Sie sagte: „Mit der Einsamkeit und der Langeweile
kamen auch Schuldgefühle und starke Selbstzweifel."
   Adele suchte ihren Arzt auf, der ihr versicherte, es handle
sich bei ihren Problemen um hormonelle Umstellungen, den
„Baby-Blues", und es werde ihr bald bessergehen. Aber im
Lauf einer Woche wurde Adele völlig apathisch und reagierte kaum noch. Stephen brachte sie in eine psychiatrische
Klinik, wo sie sofort eingewiesen und mit Drogen vollge-
stopft wurde. Als sie später über die Ereignisse nachdachte,
stellte sie fest, daß, bei ihrer Ambivalenz der Mutterschaft
gegenüber, die Depression durchaus ihre Gründe hatte; sie
hätte sich aber nicht unbedingt so sehr verschlimmern müssen, wenn sie nicht so inadäquat behandelt worden wäre.
Adele verbrachte neun Monate in der Klinik – ein langer

Zeitraum für PND. Stephen und ihre Mutter, die ins Haus gekommen war, kümmerten sich um Teddy.

Der Psychiater in der Klinik stellte ihr immer wieder dieselben Fragen nach ihrer Kindheit und nach sexuellen Problemen. „Meine Mutter überzeugte Stephen schließlich, daß mein Zustand nicht auf einem Kindheitstrauma beruhe, daß mir in sexueller Hinsicht nichts Ungewöhnliches geschehen sei und daß wir es vielleicht mit einem anderen Arzt versuchen sollten, denn sie hatte das Gefühl, ich sollte zu Haus bei Teddy sein. Wir wandten uns an einen neuen Arzt – und seine Einstellung war so völlig anders! Er fragte gleich, in welchem Zeitraum nach der Geburt die Probleme angefangen hätten. Dann setzte er alle Medikamente ab und schickte mich nach Haus mit einer Liste von Telefonnummern von Frauen, die in der näheren Umgebung lebten und die in ähnlichen Situationen waren. Die Isolation war ein Teil meines Problems. Ich hatte kein Auto und fühlte mich von allen abgeschnitten, denen es ähnlich wie mir ging." Stephen verstand den Zustand seiner Frau nun auch besser; sie entschieden gemeinsam, Geld zu leihen und ein Auto zu kaufen. So konnte Adele wieder zum College gehen, andere Mütter treffen, und sie litt nicht mehr so sehr unter den mit der Mutterschaft einhergehenden Gefühlen des Gefangenseins und der Isolation. In Adeles Fall nahm die Familie am Therapieprozeß teil. Fürsorge, Interesse und ein verständnisvoller Arzt brachten die Lösung eines Problems, das durch neun Monate Psychoanalyse und medikamentöse Therapie nicht einmal berührt worden war.

Ein Jahr später hatte Adele sich in ihre neue Rolle eingewöhnt, war sich aber durchaus bewußt, daß die Mutterschaft immer noch belastend für sie sein konnte. Die Alltagsroutine des ständigen Fütterns, Zu-Bett-Bringens und Auf-den-Topf-Setzens fiel ihr nicht leicht und war mit Streß verbunden. Aber zumindest konnte sie mit diesem vermeintlichen „Versagen" nun besser umgehen. „Ich habe gelernt, daß ich auch etwas für mich tun muß, wenn ich eine gute Mutter und Ehefrau sein will."

Adele schloß sich einer Bewegung an, die sich mit der Vermeidung von Kaiserschnitt-Entbindungen beschäftigt, setzte ihr Studium fort, nahm an einem Aerobic-Kurs teil und fühlte sich auch mit Teddy glücklicher. Sie konnte sich nun sogar vorstellen, noch ein zweites Kind zu bekommen, denn falls es ihr wieder schlechtgehen würde, wußte sie, wo sie Hilfe finden könnte. Adeles letzte Schlußfolgerung war: „Warum gibt es keine lokalen PND-Gruppen, denen neue Mütter sich anschließen können?" – Ja – warum eigentlich nicht?

Jane: Ein Fall von Erschöpfung und Hoffnungslosigkeit

Bei Jane L. traten nach der Geburt ihres zweiten Kindes PND-Symptome auf. Sie war Bildhauerin und hatte produktiv weitergearbeitet, als ihr erstes Kind noch klein war. Ihr Mann, Jim, war auf internationalem Gebiet tätig; manchmal wurde er mit einer Woche Vorankündigung zu bis zu dreimonatigen Auslandsaufenthalten abberufen. Es ist eigenartig, daß weder Jane noch der rücksichtsvolle Jim sich Gedanken darüber gemacht hatten, welche Folgen seine Abwesenheit in einer Situation haben könnte, in der Jane zwei kleine Kinder zu versorgen hatte.

Mit dem ersten Kind, Kim, war Jane ihrem Mann nach Hongkong nachgereist; sie hatten dort fast ein Jahr lang gelebt. Als sie nach England zurückkamen, war die ersehnte zweite Schwangerschaft eingetreten. Weder bei der Schwangerschaft noch bei der Geburt gab es die mindesten Probleme; beide waren begeistert, daß Jane zu Hause entbinden konnte. Aber Jesse, das neue Kind, war nicht so einfach zu handhaben wie sein Schwesterchen Kim. Jesse kam schreiend und weinend zur Welt; Jane wollte ihn gern stillen, aber er schien nie genug Milch zu bekommen. „Vielleicht lag es an dem Abstand von dreieinhalb Jahren – jedenfalls hatte ich diesmal das Gefühl, die ganze Situation nicht bewältigen zu können. Ich war sehr bald erschöpft und völlig übermüdet und rutschte in eine typische PND-Lethargie, in Dumpfheit und Verzweiflung ab."

Jane bekam von ihrem Arzt Antidepressiva verschrieben, aber dann wurde Jim mit einem Auftrag auf die Karibischen

Inseln abberufen. Sie machten aus, daß Jane mit den Kindern ein paar Monate später per Flugzeug nachreisen sollte; sie wollten die Weihnachtszeit gemeinsam verbringen. Jane blieb mit den zwei kleinen Kindern in einem gemieteten Haus zurück (ein „idyllisches Landhäuschen", abgelegen, einsam und isoliert), weit entfernt von Familie und Freunden, wo sie, ihrer Vorstellung nach, malen und in den Freuden der Mutterschaft schwelgen wollte.

Als Jane sich im Oktober mit den Reisevorbereitungen abmühte, mit der Isolation, der Müdigkeit und der Verzweiflung kämpfte und weniger als je mit ihrer Situation zurechtkam, weil die Antidepressiva sie schläfrig und konfus machten, entschloß sie sich, die Kinder ins Auto zu setzen und zu ihrer Familie zu fahren. Ihre Mutter war krank, und sie wollte sie sehen; außerdem lebten eine verheiratete Schwester und ein Bruder in der Nähe. (Janes Vater hatte sein Leben lang unter einer manisch-depressiven Störung gelitten; Jane und ihren Geschwistern war aber immer versichert worden, das sei nicht erblich. Tatsächlich erkennt Jane erst jetzt, daß einige ihrer Persönlichkeitsstrukturen vielleicht denen dieses Mannes ähneln, den sie kaum gekannt hat.)

Es war nicht einfach, mit dem sechs Monate alten Jesse, der gerade Zähne bekam, bei Verwandten zu wohnen. Der Besuch wuchs sich zum Streß aus, als Jane sich mit ihrer Schwester stritt; außerdem war sie in Sorge um ihre Mutter. Die Erschöpfung und das Gefühl der Überlastung wurden immer schlimmer. Jane schlief zu wenig und war völlig ausgelaugt. Also packte sie die Kinder wieder ins Auto und machte sich auf den Heimweg zu ihrem gemieteten Haus. Es goß in Strömen, sie hatte mitten auf der Autobahn eine Panne, aber sie wußte sich in dieser Notlage zu helfen, obwohl Jesse hinten im Auto unentwegt schrie. Halb tot vor Erschöpfung konnte Jane sich nur immer wieder sagen: „Halt durch; bald hast du's geschafft!" Aber sie konnte sich in Dunkelheit und Regen, von den Scheinwerfern der entgegenkommenden Fahrzeuge geblendet, immer schlechter auf das Fahren konzentrieren. Plötzlich merkte sie, daß sie nicht mehr weiterkonnte; sie hielt an einer Tankstelle an und bat um Hilfe. Die örtliche Polizei wurde gerufen, und die Beamten versuchten, ihre Familie zu erreichen. Aber weder ihre Schwester noch ihr Bruder konnten in diesem Augenblick herkommen und ihr helfen. Die Polizisten schlugen ihr vor, in einem Motel zu übernachten, damit sie etwas Schlaf bekäme; ihr Bruder sollte sie dann am nächsten Morgen abholen.

„Warum muß ich nur anderen zur Last fallen; warum kann ich nicht selbst mit meinen Angelegenheiten zurechtkommen?" grübelte sie, wütend über sich selbst. In dieser Nacht im Motel, als sie versuchte, die Kinder zum Schlafen zu bringen, indem sie ihnen eine Geschichte vorlas, wußte sie, daß sie kurz vor dem völligen Zusammenbruch stand. „Meine Gedanken, mein ganzes Denksystem war in Aufruhr; die Leitungen waren völlig durcheinandergeraten. Ich war in Panikstimmung. Während ich die Geschichte vorlas, begann ich zu phantasieren, und die Wahngebilde wurden für mich zur Realität."

Ihr Bruder fuhr sie und die Kinder zurück zum Haus ihrer Mutter. Der Hausarzt gab Jane ein Beruhigungsmittel, damit sie die ganze Nacht durchschlafen konnte. Aber als sie erwachte, war sie immer noch verwirrt, phantasierte und war von hilflosem Weinen geschüttelt. Jane wurde in ein nahe gelegenes psychiatrisches Krankenhaus eingewiesen. Jesse wurde zu seinen väterlichen Großeltern gebracht (die beide um die 70 Jahre alt waren), und Kim blieb bei der kranken mütterlichen Großmutter. Jane hätte sich in ihren wildesten Alpträumen keine schlechtere Situation für ihre Kinder oder für ihre Familie vorstellen können. Aber ihr war alles entglitten. Körper und Geist hatten aufgegeben; sie konnten den Belastungen nicht mehr standhalten.

Jane war fast zwei Monate lang in der psychiatrischen Klinik. Sie kann sich kaum an etwas erinnern, außer an die vier Elektroschock-Behandlungen, die sie erhielt. Die meiste Zeit konnte sie kaum denken, da sie unter hochdosierten Sedativa stand. Ihre Mutter machte den vielleicht schwersten Fehler, indem sie Jim auf den Karibischen Inseln anrief und ihm sagte: „O nein, du brauchst nicht überstürzt abzureisen, es ist alles in Ordnung." Während ihres gesamten Klinikaufenthalts blieb Jane verwirrt und verstört und hatte starke Schuld- und Schamgefühle. Sie erinnert sich, als Jim im Januar zurückkehrte, „kam er ins Krankenhaus, war geduldig, freundlich, besorgt und sehr lieb zu mir. Innerhalb von zehn Tagen war ich draußen".

Janes Behandlung hatte Erfolg gehabt – vielleicht nur durch Zufall. Elektroschocks können, wenn sie richtig eingesetzt werden, sehr wirkungsvoll sein.[17] Die heutigen Methoden sind mit der erschreckenden Behandlung von Depressionen in den Anfängen der Psychiatrie nicht zu vergleichen. Wenn Janes wirklicher Zustand früher erkannt worden wäre, hätte sie vermutlich keine Elektroschocks gebraucht. Während ihres Aufenthalts in der Klinik wurde ihr keine Psychotherapie angeboten. Niemand setzte sich je mit ihr zusammen, um über die Probleme der Mutterschaft und über ihre Verantwortung zu sprechen; niemand fragte sie, was sie dabei empfand, während der Abwesenheit ihres Mannes mit allem allein fertig werden zu müssen, und was das Mutter-Sein für sie bedeutete. Jane drückte es so aus: „Ich bin nie dahintergekommen, was das eigentlich war. Es war ein so dramatisches Ereignis in meinem Leben – und doch habe ich es nie ganz verstanden. Mein Mann und ich haben nie mehr darüber gesprochen. Es kam und ging – und dazwischen liegt ein Vakuum. Ich habe Jahre gebraucht, um über die Schuldgefühle wegzukommen."

Janes Geschichte sollte die Väter von Kleinkindern daran erinnern, daß sie in gleicher Weise wie die Frauen für ihre Familie dasein müssen und daß sie eine Position der Stärke und eine unterstützende Rolle einzunehmen haben. Die Erwartung, eine Frau könne alles allein bewältigen, nur weil Frauen das immer getan haben, ist einfach grausam. Die Wahrheit kommt erst jetzt allmählich ans Licht: Die meisten Frauen können mit der Situation nicht allein fertig werden, besonders dann, wenn sie von der Familie oder von Freunden isoliert leben, wenig Geld oder andere Hilfsquellen und keine Außenaktivitäten haben.

Janes Beispiel ist ein klassischer Fall von Schlafmangel, Überforderung und Erschöpfung, dem Gefühl des Versagens als Mutter und furchtbarer Einsamkeit. Die Belastungsfaktoren müßten für jeden aufgeklärten Beobachter offensichtlich sein. Da die Menschen in Janes Umgebung das jedoch nicht sehen konnten oder wollten, gewannen die biochemischen Störungen schließlich die Oberhand und lösten einen völligen körperlich-geistigen Zusammenbruch aus.

Störungen in der Biochemie des Körpers fallen nicht vom Himmel; keine böse Fee hat sie über uns verhängt. Alle menschlichen Körper, ob männlich oder weiblich, stellen ein sorgsam ausbalanciertes Gleichgewicht der somatischen und psychischen Funktionen dar. Die hormonellen Veränderungen, die mit einer Entbindung einhergehen, können und werden zu geistigen und emotionalen Veränderungen führen, wenn wir schwerem oder unerwartetem seelischen Streß ausgesetzt sind. Im zweiten Teil dieses Buches werde ich näher darauf eingehen, worin diese Belastungen bestehen können. Wir alle sind störanfällig und können unter übermäßigen Belastungen zusammenbrechen. Leider werden die Grenzen der Belastbarkeit oft erst nach einer Geburt sichtbar.

Teil II:
Eigentlich
sollte ich
glücklich sein

Veränderungen im Selbstbild

Unsere Hintergrunderfahrungen für die Mutterschaft unterscheiden sich sehr von denen all unserer Vorgängerinnen. In den meisten Fällen sind wir nicht mehr ausschließlich dazu erzogen worden, Hausfrauen und Mütter zu sein. Sehr wahrscheinlich sind wir mehrere Jahre lang berufstätig gewesen. Ob das nun der Beginn einer beruflichen Karriere oder einfach die Zeit vor Ehe und Mutterschaft war – wir hatten durch den Beruf unsere Unabhängigkeit, unser eigenes Geld, Selbstwertgefühl und die freie Verfügung über unsere Zeit.

In unseren kinderlosen Tagen führten wir ein aktives Leben: Einen großen Teil des Tages verbrachten wir außer Haus, am Arbeitsplatz, nahmen vielleicht an Gymnastik- oder anderen Abendkursen teil, machten morgens oder abends Jogging, hatten Zeit für Freunde, Geliebte oder Ehemänner. Vermutlich gab es Reisen und genüßliche Einkaufsbummel, die sich um unsere Einrichtung oder Kleidung drehten. In unseren Ehen hatte man Zeit füreinander; sie waren von den geordneten Tagesläufen zweier Erwachsener geprägt, die ihren jeweiligen Arbeiten nachgingen.

Früher haben Frauen alles und jedes aufgegeben, wenn sie Mutter wurden. Aber diese Tradition läuft allmählich aus. Frauen äußern ihr Unbehagen über den Freiheitsverlust, den sie im Zusammenhang mit der Mutterschaft empfinden, über ihre Unfähigkeit, sich in die Art von Mutterrolle einzufügen, die sie sich vorgestellt hatten. Der Konflikt zwischen vorgefaßten Meinungen darüber, wie wir als Mütter sein werden, und der davon ziemlich stark abweichenden Realität erzeugt eine psychische Belastung, die eine der weiteren Ursachen von PND ausmacht: die Schwierigkeit, die Elternschaft anzunehmen. Wie Tiere im Käfig, die vorher gewohnt waren, frei im Wald umherzustreifen, müssen neue Eltern lernen, sich auf begrenzterem Raum zu bewegen. Sie müssen lernen, ihr Ego, ihre Bedürfnisse, das zu tun, was ihnen gerade paßt, ihre Selbstliebe zu unterdrücken; sie müssen die Bereitschaft entwickeln, ihr ganzes Sein mit dem eines anderen Wesens zu verbinden. Das ist nicht leicht.

Bücher über Babypflege und Kindererziehung haben die Tendenz, diesen schwierigen Eingewöhnungsprozeß, durch den die Eltern gehen, mit dem Glanz falscher Harmonie zu überziehen. Es handelt sich nicht nur um einen Akt der Anpassung, denn das würde bedeuten, sich vorübergehend auf etwas einzulassen, bis das frühere Selbst zurückkehren kann. Einige der Bücher vermitteln tatsächlich das Idealbild ausnehmend gesunder, reifer, gewissenhafter Partner, die sich in ihren Wünschen ergänzen und die ihre ehelichen, persönlichen, sozialen und sexuellen Bedürfnisse den neuen Belastungen und Anforderungen der Elternschaft harmonisch angleichen. In der Realität kämpfen sich die beiden Partner vermutlich aus einem tiefen Abgrund von Problemen heraus, der sie zu verschlingen droht. Bei dem Kampf, den viele in dieser kritischen Phase durchstehen müssen, geht es um das Überleben des Selbstgefühls, um Identität, um eine neue Lebensmotivation.

Was mich überrascht, ist gar nicht die Schwierigkeit dieses Umstellungsprozesses, sondern daß wir, als vernünftige Erwachsene, erwarten, daß er sich mühelos vollzieht. Sieht irgend jemand von uns die Adoleszenzzeit oder das mittlere Lebensalter als einfache, problemlose Übergänge von einer Lebensstufe auf die andere? Ich frage mich, warum die Einstellung, der Übergang zur Elternschaft sei ein einfacher, krisenloser Schritt, immer noch so allgemein akzeptiert ist. Die Erkenntnis der größeren Risiken und Probleme, die mit diesem Schritt verbunden sind, sollte unbedingt in unseren neuen Entwurf von Elternschaft eingehen. Auf einem Autoaufkleber las ich neulich den treffenden Merksatz: „Eltern haben's schwer."

Wir müssen uns vor Augen führen, daß die Übergangsschritte von der Rolle des alleinlebenden jungen Erwachsenen zur Mutter- oder Vaterrolle komplex, konfliktgeladen und potentiell bedrohlich sind und daß die damit verbundenen Krisen genauso schwerwiegend sind wie irgendwelche anderen, die wir in unserem Leben seit der Pubertät durchgemacht haben.

Leider kann ich keine magischen Kuren oder Übungen

anbieter, die den „Blues" oder die Depression über Nacht bannen könnten; statt dessen will ich die psychologischen Streßfaktoren aufzeigen, die ein wesentlicher Bestandteil von PND sind und die auf das neuroendokrinologische System einwirken. Es ist die Überschreitung der physischen Belastungsgrenzen, der Kollaps des Biosystems, der eine Frau schließlich in den PND-Zustand abstürzen läßt. Aber die Auslöser können sehr wohl andere unbewußte und bewußte Streßfaktoren sein, durch die das empfindliche metabolische System in der postnatalen Phase zusätzlich beansprucht und gefordert wird. Diese Beanspruchung kommt genau zum falschen Zeitpunkt, dann nämlich, wenn die Frau weder die physische noch die emotionale Energie hat, mit den neuen Anforderungen fertig zu werden.

Ambivalenz

Hier möchte ich eine sehr problematische Frage ansprechen: die natürliche Ambivalenz, die jeder empfindet, auf den die Elternrolle zukommt. Theoretisch haben schwangere Frauen mindestens neun Monate Zeit, nicht nur Babysachen einzukaufen und das Kinderzimmer einzurichten, sondern auch darüber nachzudenken, wie sie damit umgehen werden, ein Kind zu haben. Aber da so viele widersprüchliche Gefühle und Gedanken zu bearbeiten sind, bezweifle ich, daß dieser Frage im allgemeinen viel bewußte Aufmerksamkeit gewidmet wird.

Es gehört zum Paradoxen der Ambivalenzsituation, daß wir bei einer gewollten Schwangerschaft eine Drehung um 180 Grad vollziehen, daß uns keine Argumente mehr einfallen, die dagegen sprechen, Kinder zu haben, sondern nur noch solche, die dafür sprechen. Ich erinnere mich, daß ich selbst früher eine Anti-Haltung vertrat: in den mittleren und späten sechziger Jahren war es die Angst vor der Bombe; wer wollte in einer solchen Gefahrensituation Kinder in die Welt setzen? In den frühen siebziger Jahren war das Nullwachstum der Weltbevölkerung die Idealvorstellung; Leute, die Kinder bekamen, wurden als egoistisch angesehen, sie trugen zur Zerstörung der

98

Erde bei. Um die Mitte der siebziger Jahre kamen aus feministischen Kreisen ganz anders geartete Argumente: Frauen würden sich gegen die Mutterschaft entscheiden, solange Männer nicht lernten, ihren Anteil an der Kinderaufzucht zu übernehmen und ihre Berufsarbeit zugunsten der Haus- und Erziehungsarbeit zu reduzieren. Ich hatte Artikel geschrieben, in denen ich Argumente dafür vorbrachte, daß Frauen nicht notwendigerweise Kinder haben müßten und daß sie sich gegen die Mutterschaftsideologie der Gesellschaft zur Wehr setzen sollten.

Dann wurden meine eigenen biologischen Sehnsüchte stärker als die Logik. Von Ende Zwanzig bis zum Alter von 31 Jahren, als ich schließlich mein erstes Kind bekam, war der Kinderwunsch für mich ein Konflikt; oft war ich nur noch ein weinendes Häufchen Verwirrung: Wollte ich wirklich ein Kind haben? War ich überhaupt fähig, ein Kind aufzuziehen? Würde ich je einem Mann begegnen, bei dem ich das Gefühl hätte, er könnte mir die nötige Unterstützung geben – und wenn nicht, würde ich allein ein Kind haben wollen? Mit diesen Fragen schlagen sich heute viele Frauen herum. Aber dann traf ich den Mann, und er hatte auch den Wunsch nach einer Familie. Es war der berühmte „Coup-de-foudre", eine Energie, die so stark war, daß sie alle Ängste, warnenden Gefühle und übervorsichtigen Gedanken lahmlegte; ich vergaß alle Argumente, die gegen Kinder sprachen, und war nur noch ungeduldig darauf aus, endlich ein Kind zu bekommen. Wenn die Ambivalenz so stark in den Hintergrund des Bewußtseins gedrängt wird, liegt sie irgendwo auf der Lauer, um im geeigneten Moment, wenn die Abwehr des Bewußtseins sich einen Spaltweit öffnet, wieder hervorzukriechen und zu einem späteren Zeitpunkt für Unruhe zu sorgen. Ambivalenz, die vorher vorhanden war, ist natürlich ein Teil unseres Selbst und unserer Persönlichkeit, auch wenn sie durch den Optimismus der Schwangerschaft zeitweilig in Vergessenheit gerät. Sie kann und sie wird zurückkehren.

Die Verlagslektorin Anna P., die mit Ende 30 ihr Kind bekam, hatte, gemeinsam mit ihrem Mann, die Schwangerschaft geplant. Sie hatten mit einigen Schwierigkeiten bei der

Empfängnis gerechnet und sich vorgestellt, daß es sicher ein Jahr oder länger dauern könnte und daß sie Zeit haben würden, sich an die Idee der Elternschaft zu gewöhnen. Aber Anna wurde gleich im ersten „Planungsmonat" schwanger. Ihre erste Reaktion war Begeisterung; sie hatte den Beweis ihrer Fruchtbarkeit und ihrer Weiblichkeit erbracht. Kurz darauf wurde das Hochgefühl von Panik abgelöst: „Wie kann ich überhaupt Mutter werden, wenn ich nicht mal mit mir selbst zurechtkomme?" Der nächste Schritt war Ambivalenz: „Natürlich möchte ich ein Kind haben, aber andererseits möchte ich mein jetziges Leben auch nicht aufgeben."

Wir lernen, mit der Ambivalenz zu leben, sie als einen Teil unseres Seins zu akzeptieren. Manche von uns, die ein starkes Selbstgefühl und Sinn für Humor haben, verbergen die Ambivalenzgefühle hinter einer Art von Sarkasmus. Wenn die Ambivalenz aus irgendwelchen Gründen zu stark wird, kann sie zu einer tiefsitzenden Verzweiflung führen, zu der Vorstellung, wir seien schlechte Mütter, weil es uns nicht gelingt, das Mutter-Image auszufüllen, das wir uns selbst geschaffen haben.

Das Gefühl, in der Falle zu sitzen

Das offene Eingeständnis von negativen oder ambivalenten Gefühlen in den Briefen, die ich erhielt, hat mich sehr berührt. Viele Frauen sprachen von dem Schock, den sie erlebten, als sie Mütter wurden. Ein Kind zu haben war bei vielen mit dem Gefühl verbunden, gefangen, gefesselt, wieder versklavt zu sein, als wären die Freiheiten der modernen Welt über Nacht verschwunden; sie fanden sich in der traditionellen Situation wieder, in der Frauen, Mütter in der Vergangenheit gelebt haben. Sie trauerten um das freie Selbst ihrer eigenen Vergangenheit, aber es war nicht nur die Trauer um diesen Verlust, der sie belastete, sondern furchtbare, verwirrende Schuldgefühle gingen damit einher, die Vorstellung, daß gute Mütter nie und nimmer solche Gefühle haben könnten.

Angesichts der gesellschaftlichen Normvorstellung von glücklichen und zufriedenen Müttern erfordert es offenbar viel

Kraft und Zivilcourage, einzugestehen, daß man sich durch die Mutterschaft eingesperrt fühlt. Andere Mütter werden über solche Ansichten vielleicht die Stirn runzeln; Kinderärzte oder Geburtshelfer werden vielleicht offen oder verhüllt äußern, eine Mutter habe kein Recht auf solche Gefühle. Eine neuentbundene Frau, die erste Warnsignale einer beginnenden Depression verspürt, wird sich in ihr Schneckenhaus zurückziehen, nichts darüber sagen und glauben, nur sie habe diese Probleme, deren ausschließliche Ursache ihre eigene Unfähigkeit sei. Das Gefühl, gefangen zu sein, ist jedoch eine normale, verständliche und allgemein verbreitete Erfahrung nach der Geburt eines Kindes; eine Erfahrung, die physische, geistige und seelische Aspekte hat. Nach der Geburt meines zweiten Kindes hatte ich das Gefühl, als wäre buchstäblich ein neuer Körperteil aus mir herausgewachsen, ein Körperteil, der eine schwere Last war, die ich in jeder wachen Minute mit mir herumschleppen mußte.

Ich konnte nicht eben mal zum Laden rüberlaufen, konnte nicht zum Gymnastikkurs gehen oder Freunde treffen, ohne Arrangements zu machen, zu planen, meine Zeit einzuteilen. Ich kann mir keine neue Mutter vorstellen, die sich durch die Beschränkungen ihrer Persönlichkeit und ihrer Freiheit nicht beeinträchtigt fühlt.

Nancy E. drückte es so aus: „Mutter sein bedeutet, eine Menge Freiheit aufzugeben; viel Arbeit und viel Verantwortung ist damit verbunden – und wenn eine Frau sagt, das sei kein ernüchternder und furchterregender Gedanke, glaube ich nicht, daß sie ehrlich ist."

Als Nancy E. mir zum ersten Mal schrieb, legte sie noch eine erklärende Notiz bei. Sie hatte auf sieben maschinegeschriebenen Seiten ihr Herz ausgeschüttet und sagte nun, das hätte bei ihr einen erneuten Zusammenbruch ausgelöst. Beim Durchlesen dessen, was sie geschrieben hatte, war in ihr der ganze Schmerz wieder hochgekommen. Nach einigen Tagen war sie in der Lage, ihren Bericht zu lesen, ohne erneut in Verzweiflung zu geraten. Das, fand sie, war schon ein Fortschritt!

Nancy war in einer großen Familie auf dem Land aufgewachsen, und es war immer ihr Wunsch gewesen, Hausfrau und

Mutter zu sein. Nach der Geburt ihrer ersten Tochter hatte sie ihre Arbeit als Lehrerin wiederaufgenommen, war aber froh, ihren Beruf aufgeben zu können, als ihr Mann sein eigenes Geschäft eröffnete; ein paar Tage in der Woche arbeitete sie bei ihm mit. Endlich konnte sie so leben, wie es ihrem idealen Selbstbild entsprach: als richtige Mutter, die Kuchen backt und was sonst noch dazugehört. Natürlich war es ein Schock für sie, als sie sich nach der Geburt ihres zweiten Kindes eingestehen mußte, daß sie sich in ihrem neuen Leben eingesperrt fühlte. Seit kurzem half sie wieder zwei Tage in der Woche im Geschäft ihres Mannes aus. Dadurch, daß sie aus dem beengenden Nur-Hausfrau-Dasein herauskam, fand sie allmählich wieder zu sich selbst zurück.

„Die Arbeit hat mir geholfen, das Gefühl des Eingesperrtseins und die Anfälle von Panik, die damit verbunden waren, zu überwinden. An manchen Tagen geht es mir immer noch schlecht; dann steigt wieder Panik in mir auf, und danach habe ich Schuldgefühle. Ich muß mich immer wieder daran erinnern, daß ich auch noch ein eigenes Leben habe und daß es nicht so lange dauert, bis das Kind älter und beweglicher wird."

Nur wenige Fachgelehrte haben wirklich verstanden, daß Mütter tatsächlich unter dem Gefühl des Gefangenseins leiden. In einem seiner Bücher über Elternprobleme, unter der Kapitelüberschrift „Auch Mütter brauchen eine Pause", bemüht sich Dr. Benjamin Spock zu erklären, warum Frauen sich bei ihren Ärzten über Einengungsgefühle und Einsamkeit beklagen.[18] In diesem Buch, das 1962 zum ersten Mal erschien, vertrat Spock die Ansicht, Frauen, die vor der Ehe arbeiteten, hätten kein wirkliches berufliches Engagement, sondern ließen sich immer ein Hintertürchen offen. Wenn ihre Arbeit sie langweile, gäben sie den Beruf auf, sobald „der Richtige" erscheine. In seiner Sicht hatten Frauen, im Unterschied zu Männern, „illusorische Ansichten" über Freiheit. Wenn sie ihr erstes Kind bekamen, schien das Hintertürchen mit einem Knall hinter ihnen zuzufallen. Für Spock waren die Klagen der Frauen offenbar nichts anderes als die Reaktionen verwöhnter Kinder. Er betonte, daß niemand diese Frauen zu Ehe und

Mutterschaft gezwungen habe; die meisten hätten ihre Jugend-jahre damit verbracht, von einer solchen Zukunft zu träumen und sie herbeizusehnen.

In dem zuletzt erschienenen Buch von Spock, „Säuglings-und Kinderpflege"[19], zu dem neuentbundene Frauen noch immer als Leitfaden greifen, findet man in dem Teil „Eltern" Kapitelüberschriften wie: „Eltern sind Menschen" und „Zwei-fel sind normal". In einem Kapitel „Ambivalente Gefühle während der Schwangerschaft" paßt Spock seine archaischen Ansichten über Frauen und ihre Freiheitsbedürfnisse den veränderten Verhältnissen an. „Wir haben ein Mutterschafts-ideal, das die Vorstellung beinhaltet, eine Frau sei überglück-lich, wenn sie feststellt, daß sie ein Kind bekommt. Wenn das Kind da ist, gleitet sie ohne Probleme und mit Begeisterung in die Mutterrolle hinein. Bis zu einem gewissen Grad ist das auch wahr – in einem Fall mehr, im anderen weniger. Aber das ist natürlich nur eine Seite der Medaille. Medizinische Studien haben erwiesen (was Hebammen von jeher wußten), daß mit der Schwangerschaft auch ganz normale negative Gefühle verbunden sind – besonders mit der ersten. In gewisser Weise bedeutet die erste Schwangerschaft den Abschied von der sorglosen Jugendzeit... Die mädchenhafte Erscheinung ver-schwindet und damit auch die lebhafte Anmut... Die Frau erkennt, daß ihr soziales Leben und äußere Vergnügungen strikten Einschränkungen unterworfen sein werden, wenn das Kind da ist. Einfach aus einer augenblicklichen Laune heraus ins Auto springen, irgendwohin fahren und zu später Stunde nach Hause kommen – das geht dann nicht mehr..."

Das Buch handelt auf zwei Seiten Depressionsgefühle ab. Spock glaubt, daß Frauen nach der Geburt im allgemeinen entmutigt sind, leicht weinen und mit bestimmten Dingen Schwierigkeiten haben. „Durch all die körperlichen und hor-monellen Veränderungen nach der Geburt wird vermutlich auch der seelische Zustand bis zu einem gewissen Grad beein-trächtigt." Er fügt hinzu: „Für die Mehrzahl der Frauen sind die Störungen in dieser Phase jedoch nicht so schwerwiegend, daß sie sie als Depressionen bezeichnen würden."[20] Dr. Spock, ich muß Ihnen einige der Briefe zeigen, die ich erhalten habe!

Ein anderer Autor, Gordon Bourne, widmet in seinem Buch „Schwangerschaft" der „puerperalen Depression" fast eine Seite; leider sind seine Informationen nicht auf dem letzten Stand und tragen, wie so oft, dazu bei, daß Frauen das Gefühl bekommen, ihre PND-Symptome seien allein ihre Schuld: „... einige Frauen, die zu psychischen Störungen neigen, können emotional instabil werden; Schwangerschaft, Geburt, die nachgeburtliche Phase und die Verantwortung für das Kind können als übermäßiger Streß empfunden werden und den Beginn einer Geisteskrankheit auslösen. In der Schwangerschaft selbst und im Entbindungsprozeß liegen keine Ursachen, die bei einer Frau zur Entwicklung einer Geisteskrankheit führen könnten. Jede andere Form von Streß, Belastung oder emotionaler Beanspruchung von ähnlicher Intensität kann in einer solchen Person eine psychische Störung auslösen."[21]

Neuere Schwangerschaftsbücher geben der Erörterung der emotionalen und psychischen Anpassungsschwierigkeiten der Frau an die Mutterrolle mehr Raum.[22] Viele geben allerdings Ratschläge, in denen der Mangel an genauer Information nur allzu deutlich wird. Was sie anbieten, beschränkt sich in der Regel auf den Glauben, positives Denken könne den „Blues" bannen oder wir könnten durch eigene Kraft die berühmte „erlernte Hilflosigkeit" überwinden. Viele meiner Briefpartnerinnen hatten genau diese Art von Kommentaren in Schwangerschafts- und Babybüchern mit Empörung aufgenommen, wenn sie, von PND-Problemen geschüttelt, verzweifelt nach Informationen und Ratschlägen suchten, in Büchern, die sich bei allen anderen Problemen der Schwangerschaft und der Kinderpflege als hilfreich und informiert erwiesen hatten.

Identitätsverlust

Viele Frauen kennen ein merkwürdiges Gefühl des Absinkens, so als wäre die eigene Persönlichkeit ganz in dem Kind untergetaucht; als hätte eine fremde Kraft das eigene Ich überrollt und von ihm Besitz ergriffen. Die Autoren Klaus und Kenell prägten in ihrem Buch „Die Mutter-Kind-Bindung"[23] den Begriff „Ausdehnung", um den Prozeß zu beschreiben, in dem das Bild des Kindes in unserem Inneren zu enormer, gewaltiger, alles umfassender Größe anschwillt, sich ins Riesenhafte steigert und uns selbst nur noch als ein Stäubchen erscheinen läßt. Die Autoren meinen, das sei möglicherweise ein notwendiger Bestandteil des Bindungsprozesses. Ich frage mich, ob es nicht auch ein unbewußter Ausdruck der Angst vor dem Ich-Verlust sein könnte.

Viele Frauen klagen nach der Entbindung darüber, daß ihr Körper sich – scheinbar unwiderruflich – verändert hat. Auf der simpelsten Ebene beziehen sich ihre Sorgen vielleicht auf die Gewichtszunahme und darauf, daß sie nicht mehr in ihre früheren Kleider passen. Übergewicht schafft ein sehr reales Ernährungsproblem und führt außerdem zu einer Störung im Selbstbild, zu der Furcht, sexuell nicht mehr attraktiv zu sein. Es kann bedeuten, daß man sich buchstäblich selbst aus den Augen verliert.

Dianne McL. wog 93 Kilo, als sie mit 30 Jahren ihre Tochter zur Welt brachte. Die Gründe ihres ständigen Weinens im Krankenhaus waren unter anderem, daß es ihr peinlich war, ihr Kind nicht angemessen versorgen zu können, und Scham über ihren Körperumfang. „Die Schwangerschaft hat etwas Magisches und Heiliges; und dann bist du plötzlich nur noch ein von Schmerz und Angst erfüllter dicker Kloß, und du mußt ein Baby zufriedenstellen, das ständig den Mund aufsperrt. Du hast keine Identität mehr. Du bist nicht mehr das, was du vorher warst, weder im Aussehen noch im Selbstgefühl."

Eine andere junge, sehr attraktive Frau, Gaynor T., beschrieb, wie sie es empfand, nicht mehr sie selbst zu sein: „Meine vorher festen Brüste hingen schlaff herunter und waren viel kleiner, meine Taille war nicht mehr so schlank, mein flacher Bauch war dicker und schlaffer geworden, und meine vorher schmalen Hüften waren breiter", sagte Gaynor. Sie war 24, Lehrerin, und hatte immer viel Zeit mit Tanzen, Aerobic, Körpertraining und Jogging verbracht. „Dennoch, die störenden Veränderungen an meinem Körper gingen nicht weg, so sehr ich auch daran arbeitete." Viele Frauen haben nach der Entbindung eine Phase, in der sie nicht mehr wissen, was sie anziehen sollen. Es scheint, als hätte sich auch ihr Sinn für Kleidung, ihr persönlicher Stil in Nichts aufgelöst. Sie wissen wirklich nicht mehr, wer sie sind und welche Art von Kleidung jetzt zu ihnen passen würde. Viele neuentbundene Frauen klagen darüber, daß sie nur noch in Jeans und T-Shirt leben. „Babys machen sowieso viel Dreck – und für wen sollte ich mich auch anziehen?" Sind das alles alberne, eitle, allzu weibliche Reaktionen? Das glaube ich nicht. Alle Frauen machen, mehr oder weniger, diese Erfahrungen. Hinter den geläufigen psychologischen Erklärungen verbirgt sich eine andere Wahrheit: Es geht nicht um einen einfachen Anpassungsprozeß, sondern um eine Transformation; der Identitätsverlust ist eine Verpuppung, aus der eine neue Person hervorgeht – und das braucht Zeit.

Ein weiteres Verlustgefühl, das wir erfahren, ist die Trauer um das Kind in uns selbst, das kleine Mädchen, das wir einmal waren und von dem wir plötzlich wissen, daß es nie wiederkehren wird. Es ist nicht leicht, so abrupt und unwiderruflich erwachsen zu werden. Es muß eine Trauer in uns zurückbleiben: „Wer wird sich nun um mich kümmern?" Der Verlust ist schmerzhaft, wir sind von Angst und Panik erfüllt. Eine Frau erlebte das sehr intensiv, als ihre Mutter, die ihr in den ersten Tagen nach der Entbindung geholfen hatte, schließlich abreiste. Völlig auf sich selbst zurückgeworfen, weinte sie, wie ein Kind am ersten Schultag, das von der Mutter allein gelassen wurde.

Dianne McL. beschrieb diese Phase emotionaler Empfindlichkeit in ihrem Tagebuch: „Ich erinnere mich, daß ich, ehe das Kind geboren wurde, mit meinem kleinen Hund spazierenging. Im Rückblick erscheint es mir so, als ob in diesem Augenblick meine Depression begonnen hätte. Ich ging die Straße entlang, zu meinem Haus, und fühlte mich wie eine vollreife Frucht; aber noch war ich ein unabhängiger Mensch, sorglos, und im neunten Monat schwanger. Ich erinnere mich, daß ich dachte, es könnte das letzte Mal sein, daß ich allein aus dem Haus gehe und einen sommerlichen Abendspaziergang genieße, ohne Sorgen, ohne auf jemanden Rücksicht nehmen zu müssen. Ich weiß noch, ich versuchte, diesen Augenblick bewußt zu genießen. Wenn ich an diesen Moment der Freiheit denke, treibt es mir die Tränen in die Augen. Wenn man ein Kind hat, ist die Freiheit der Jugend vorbei."

Der Verlust des kleinen Mädchens in uns kann bewirken, daß wir uns alt fühlen. Kathy S. war 26 Jahre alt, als sie ihr Kind bekam. Ihr war durchaus bewußt, daß sie nicht wirklich alt war, aber durch ihr Kind fühlte sie sich plötzlich wie ihre eigene Mutter. „Sie war 33, als ich geboren wurde; es war also nicht einmal dasselbe Alter." Wie ihre eigene Mutter, das bedeutete für Kathy, durch Verantwortung gefesselt, unglücklich, im mittleren Alter zu sein.

Auch Nancy E. fühlte sich, als sie mit 31 ihr zweites Kind bekam, in ein Altersgefühl gedrängt. Als sie mit 25 Jahren ihr erstes Kind hatte, sagte sie, „wußte ich, ich würde noch jung sein, wenn das Kind heranwuchs. Aber mit Val hatte ich das Gefühl, ich würde nie mehr jung sein. Ich hatte den Eindruck, daß das Leben an mir vorbeigeht. Wenn man über 30 ist, scheint es ein größeres Opfer zu sein. Ich werde fast 40 sein, wenn Val zur Schule geht. In jüngeren Jahren ist man zufrieden, mit anderen Müttern beim Kaffee zusammenzusitzen. Aber jetzt will ich meine Zeit nicht mehr so verschwenden."

Klischeevorstellungen über die Mutterschaft

Die mächtigste Klischeevorstellung, die wir in uns aufgenommen haben, das Märchen, das sich am schwersten aus unserer kollektiven modernen Mythologie verbannen läßt, ist die Vorstellung, bei Frauen gebe es einen Mutterschaftsinstinkt und wir seien durch unsere Gene darauf programmiert, gute Mütter zu sein. Dieses Bild der natürlichen mütterlichen Veranlagung, das wir in uns festhalten, wird nach der Geburt eines Kindes unser empfindlichster Punkt.

Das durch unsere Phantasien genährte Selbstbild, wie wir als Mütter aussehen, sein und handeln werden, hat gefährliche Konsequenzen. Ein Mädchen wächst mit der Vorstellung auf, eines Tages selbst Mutter zu sein. Wenn sie dann Mutter wird – ganz gleich, ob sie inzwischen Aufsichtsratsvorsitzende oder zufriedene Hausfrau geworden ist –, kann alles, was ihr Selbstwertgefühl, ihre Vorstellung von Weiblichkeit und ihre Identität ausmacht, in einem Augenblick zunichte werden, wenn sie merkt, daß sie ihrem phantasierten Mutterschaftsideal nicht gerecht wird. Ihre Angst verdichtet sich dann zu der Überzeugung, daß sie als Mutter – und somit auch als Frau – versagt habe.

Dr. Herz betont: „Mutterschaft ist mit einem Lernprozeß verbunden, den wir bei jedem Kind wiederholen müssen. Der traurigste Aspekt daran ist, daß wir bei unserem Bemühen, etwas zu überwinden, was vielleicht eine falsche Vorstellung war, gewöhnlich auf die Idee verfallen, mit uns selbst sei irgendwas nicht in Ordnung." Selbstvertrauen, erklärt sie, bricht unter Streß leicht zusammen, und es ist schwer wiederaufzubauen. Der Verlust des Selbstwertgefühls spielt bei vielen PND-Fällen eine Rolle.

Es ist unglaublich, daß viele Krankenhäuser immer noch völlig unzureichende, oberflächliche Einführungen in die Babypflege anbieten. Als ich in New York mein erstes Kind bekommen hatte, wurde uns, einer Riesengruppe neuentbundener Mütter, an einer Plastikpuppe demonstriert, wie wir unsere Säuglinge baden sollten (an der starren Puppe war natürlich nicht zu erkennen, wie sich ein Babykopf wirklich bewegt – als wäre er mit dem Körper nur durch ein lockeres Band verbunden).

Von einer Schemazeichnung kann man nicht lernen, wie man ein Kind wickelt. Das Stillen kann zu einem Alptraum werden, wenn die Mutter angespannt und unsicher ist, die Krankenschwestern ungeduldig drängen und das Kind schreit. Und wer sagt uns, wie wir mit einem unentwegt schreienden Kind genügend Schlaf bekommen sollen? Das Gefühl der Unfähigkeit als Mutter ist vielleicht der häufigste Auslöser von PND. Laura S. zum Beispiel machte eine schwere Krise durch, weil sie glaubte, „keine gute, keine wirkliche Mutter" zu sein. „Ich hatte alle verfügbare Literatur über Unfruchtbarkeit gelesen; meine Vorstellung war, daß ich sicher ein halbes Jahr brauchen würde, um schwanger zu werden, weil ich so ganz und gar der Typ der angespannten, berufstätigen Frau war. Aber ich wurde sofort schwanger. Jetzt ist mir erst klar, daß ich nicht das mindeste über Kinder oder über Mutterschaft wußte. Aber mit meiner Schwangerschaft konnte ich gut umgehen. Ich bot geradezu das Musterbild einer Schwangeren; ich ging zur Gymnastik und kaufte in den richtigen Läden Schwangerschaftskleidung für die berufstätige Frau. Nick und ich nahmen an Lamaze-Kursen teil. Ich fand, daß ich toll aussah; ich hatte kein Gramm Übergewicht und arbeitete bis zum Tag vor der Entbindung. Über Schwangerschaft, Wehen und Stillen hatte ich alles gelesen, was ich finden konnte, und war überzeugt, ich würde es schon richtig machen. Ich hatte sogar schon mit der Betriebskrankenschwester ein Arrangement getroffen, daß ich während der Arbeitszeit die Milch abpumpen könnte. Die Entbindung verlief großartig. Es war ein Junge, wie wir es uns beide gewünscht hatten. Und dann sah ich dieses Kind – und ich wußte nicht, wie ich damit umgehen sollte. Ich geriet in Panik. Ich bin durchaus kein egozentrischer Mensch; ich komme aus einer großen Familie, aber ich war nie der Typ, der sich um anderer Leute Babys kümmert. Ich war innerlich noch ganz auf meinen Beruf eingestellt und überlegte, was ich noch alles erledigen müßte, ehe ich meine Arbeit wiederaufnahm. (Ich hatte tatsächlich in der ersten Woche nach der Entbindung einen Geschäftstermin geplant!) Ich wußte nicht, was los war, aber im Krankenhaus fing ich an zu weinen und konnte nicht mehr aufhören."

Stillprobleme

Laura hatte Probleme mit dem Stillen. Vor Bobbys Geburt hatte sie die entsprechende Literatur gelesen und war überzeugt, daß sie ihr Kind stillen würde. „Aber die Milch wollte einfach nicht kommen. Da saß ich nun, mit meinen hohen Ansprüchen an mich selbst, und hatte keine Milch. Ich geriet furchtbar unter Druck. Alle anderen Frauen in der Klinik hatten mehr Gewicht als ich – ich war schlank; aber ich hatte keine Milch, während sie geradezu überliefen. Ich war von dem Gedanken besessen, daß es klappen müsse; alles war vorbereitet, alle Gerätschaften, Milchpumpen und alles, hatte ich längst besorgt. Der Arzt riet mir, mich zu entspannen; ich versuchte einfach alles. Aber nach zwei Wochen gab ich auf. Das Kind mußte im Abstand von eineinhalb Stunden genährt werden; es schrie, war immer hungrig und machte einen unglücklichen Eindruck.

Da ich nach kurzer Zeit meine Arbeit wiederaufnahm, verschlimmerte sich die Depression. Ich hatte mir unglaubliche Mühe gegeben, mein Kind zu stillen. Dann dachte ich: In sechs Wochen bin ich hier weg und lasse ihn bei einer Kinderfrau. Ich kann ihn nicht einmal stillen, was hat er also schon von mir? Ich bin nicht wirklich seine Mutter."

Laura hatte noch ein Jahr lang schwere Probleme mit ihrem Selbstbild. War sie eine „richtige" Mutter? Sie konnte ihr Kind nicht stillen. Sie arbeitete und überließ ihren Sohn einer Kinderfrau. Sie hatte keine Lust, zu Hause zu bleiben und sich um ihn zu kümmern, statt zur Arbeit zu gehen. Wer oder was war sie eigentlich? Nur ein Brutgefäß, das ihn ins Leben befördert hatte?

Bobby schrie viel. Er war nie ein zufriedenes Baby. Andere Frauen spazierten herum, dick und überströmend vor Milch, mit dicken, glücklichen Kindern. Laura hatte ohne Mühe ihr altes Gewicht wiedererlangt; sie war schlank und elegant. Aber sie hatte keine Milch, und ihr Baby schrie. „Ich hatte das Gefühl, als Mutter ein totaler Fehlschlag zu sein", sagte sie. Offenbar ist es für viele Frauen geradezu vernichtend, wenn sie nicht stillen können. Martha H. schilderte, wie entsetzlich es für sie war, wenn sie ihr Kind an die Brust legte und seine Wange streichelte, wie es ihr gezeigt worden war, und das Baby jedesmal den Kopf wegdrehte. Ihre Entbindung war schwierig verlaufen, und die ersten Tage waren chaotisch; nach dem Kaiserschnitt mußten weitere Operationen vorgenommen werden, aber nichts war so schlimm für sie wie das Erlebnis, nicht stillen zu können. „Er schrie verzweifelt, und je mehr er schrie, desto verspannter wurde ich. Die Krankenschwestern sagten Sachen wie ‚Sie müssen ihn nur richtig anpacken', und das war grauenhaft für mich. Ich war 35 Jahre alt und mein Leben lang berufstätig gewesen. Jetzt amüsierte sich das ganze Krankenhaus über mich. Ich bin sicher, sie sahen in mir einen alten Blaustrumpf, eine Frau im mittleren Alter, die zu spät mit dem Kinderkriegen angefangen hatte. Mit dem Stillen klappte es nach einer Weile, aber der Druck und die Ängste dieses anfänglichen Kampfes haben ihre Spuren in mir hinterlassen. Wenn man daran gewöhnt ist, im Beruf kompetent und erfolgreich zu sein, ist es noch schlimmer, bei einer Sache zu versagen, die doch so selbstverständlich und einfach sein sollte."

Für mich war klar, daß Martha sich immer als berufstätige Frau verstanden hatte, als ältere Mutter und daher nicht als „richtige" Mutter. Ich will damit nicht sagen, daß diese innere Einstellung die Ursache ihres Stillproblems war, sondern daß beide Probleme in ihrer Kombination die Depression auslösten. Ich kenne dieses Gefühl „Ich bin nicht weiblich genug, um mein Kind zu stillen" sehr gut. Ich machte nach der Geburt meines ersten Kindes eine ähnliche Phase der Selbstentfremdung durch. Nach meinem Kaiserschnitt bekam ich Fieber und durfte mein Kind eine Woche lang nicht bei mir haben oder stillen. Mein Mann und die Krankenschwestern nährten es mit der Flasche. Eine andere Mutter auf der Entbindungsstation hatte dafür gesorgt, daß ich die Milch abpumpte. Als man mir nach sechs Tagen mein Baby gab, erstarrte ich vor Angst. Natürlich würde es meine Milch nicht wollen, glaubte ich. Was hatte ich schon zu bieten; ich war keine „richtige" Mutter. Aber meine neue Freundin, die Mitpatientin, die sich um mich gekümmert hatte, sagte mir ganz ruhig: „Hab keine Angst – es ist dein Kind, und das ist alles, was zählt. Deine Tochter will nur eins: an der Brust nuckeln; für sie ist das ein natürlicher Impuls. Im Augenblick ist sie vor allem ein kleines Tier. Und für dich gibt es überhaupt keine Konkurrenz."

Wenn mir in dieser Phase irgend jemand einen skeptischen Blick zugeworfen hätte, wenn eine Krankenschwester daneben gestanden und versucht hätte, mir Anweisungen zu geben, hätte ich es vorgezogen, meiner Tochter die Flasche zu geben, statt die Demütigung des Mißlingens zu riskieren.

Heute gibt es einen neuen Normendruck, den wir uns selbst geschaffen haben. Zum Gefühl des Versagens, wenn wir nicht

111

natürlich und ohne Schmerz gebären, kommt noch die Furcht, keine von Milch überströmende Erdmutter zu sein. Manche Frauen empfinden das Stillen tatsächlich als kräftezehrend, als Beschneidung ihrer Bewegungsfreiheit und als Streß. Unsere Kinder schreien dauernd, wir bekommen keinen Schlaf, unsere Nerven sind strapaziert, wir produzieren nicht genug Milch; alle sind gereizt, und wir glauben dennoch, unbedingt durchhalten zu müssen. Ich meine, wir sollten das Stillen nicht zu einem Schlachtfeld machen, auf dem wir uns unbedingt bewähren müssen. Wenn es dem Kind mit der Flasche besser geht, geht es uns auch besser. Wenn der Mann sich für das Füttern mit der Flasche einsetzt, weil er dann wirklich einen Teil der Fürsorge für das Kind übernehmen kann, werden beide Partner damit glücklicher sein. Wir sind nicht im „Geburtsgeschäft", um Tests zu bestehen, Wettbewerbe auszutragen und Punkte zu sammeln. Kinder können nicht in allem Priorität haben. Schließlich werden sie eines Tages selbst Erwachsene sein.

Kolik bei Säuglingen: Nancys Krise

Ist es überhaupt denkbar, daß jemand geistig und gefühlsmäßig auf Koliken bei Säuglingen in ihrer schlimmsten Form und auf das furchtbare, permanente Schreien vorbereitet ist? Die Baby- und Kinderliteratur versucht Rat zu geben: Man soll das Baby trösten, es beruhigen oder es stimulieren. Aber wenn der gesamte Haushalt drei Monate oder länger von den Koliken eines Säuglings heimgesucht wird, ist es wie ein Vernichtungsschlag; die völlig erschöpfte Mutter und die überbeanspruchte Beziehung der Partner müssen die Hauptlast der Krise tragen.

Nancy E.'s traumatische Erfahrung mit einem ständig schreienden Kind, ihre verzweifelten Versuche, weiterzustillen, und schließlich ihr Zusammenbruch sollten uns allen eine Lehre sein. Nancy, eine frühere Lehrerin, lebte schon vor der Geburt von Val in einer außergewöhnlichen Belastungssituation. Als Nancy ihren Mann heiratete, bedeutete das auch, daß sie sich um seine vier Kinder kümmern mußte (zur Zeit der Eheschließung ein zehnjähriger Junge, Zwillinge von sechs Jahren und ein zweijähriges Kind). Ihr erstes eigenes Kind, Annie, war ein Musterkind gewesen; Nancy hatte sie relativ früh an die Flasche gewöhnt und war in ihren Beruf zurückgekehrt, da sie zu diesem Zeitpunkt mitverdienen mußte. Acht Jahre später kam das zweite Kind, sehr zum Mißvergnügen von Nancys Schwiegermutter, die der Aussicht, daß die Finanzen ihres Sohnes nun noch mehr belastet würden, äußerst skeptisch gegenüberstand. Um diese Zeit war der älteste Junge ein ziemlich schwieriger Jugendlicher geworden. Aber die Schwangerschaft verlief gut, und die Geburt war leicht. Annie war begeistert, als die kleine Val nach Hause gebracht wurde. Nancy fühlte sich wie eine Königin.

Die ersten zwei Nächte schrie Val unentwegt; sie mußte wegen Gelbsucht ins Krankenhaus zurückgebracht werden. Nancy geriet bald in einen Erschöpfungszustand. Sie bekam eine Grippe und machte sich Sorgen, daß durch das Fieber und die Austrocknung der Milchfluß versiegen könnte. Als sie Val aus dem Krankenhaus zurückholten, schrie sie immer noch ununterbrochen. Je mehr Nancy sich abmühte, das Kind zu stillen, desto mehr schrie es.

Mitten in dieser angespannten Situation mußte David, Nancys Mann, sich einer kleineren Operation unterziehen. Der älteste Sohn flog aus dem College und schrieb einen Brief, in dem er den Eltern an allem die Schuld gab. Die Schwiegermutter fühlte sich in ihren Voraussagen bestätigt. Nancy begann, sich selbst für das Chaos in ihrer Familie verantwortlich zu machen.

Auch ohne die Koliken des Kindes und den daraus resultierenden Schlafmangel waren bereits genügend Belastungsfaktoren vorhanden, die auf Nancys empfindliches metabolisches Gleichgewicht nach der Entbindung einwirkten. Während der ganzen Zeit schrie das Kind ständig. „Ich wußte, daß ich nicht genug Milch hatte", sagte Nancy. „Manchmal stillte ich sie mehr als eine Stunde lang, und sie schrie immer noch vor Frustration. Ich versuchte, strikt darauf zu achten, was ich aß, trank Bier und nahm Hefepräparate. Eines Abends fuhren wir sogar zu einem Stunden entfernten Krankenhaus, wo ich

Oxitocin bekam, ein Hormonpräparat, das die Milchproduktion anregen sollte. Als Val zehn Wochen alt war, war unser Leben unerträglich geworden. Jeder Tag war die reinste Hölle; das Kind schrie, ich versuchte, es zu stillen, und machte mir ständig Vorwürfe, daß ich unser glückliches Familienleben ruiniert hätte. Ich war nicht mehr in der Lage zu essen, und ich konnte nicht mehr schlafen. Eines Morgens um sechs Uhr, nachdem ich die ganze Nacht aufgewesen war und versucht hatte, die Milch abzupumpen, brach ich zusammen. Als ich meinen Mann bat, mir zu helfen, sagte er: ‚Um Himmels willen, hör endlich damit auf!‘ Aber sogar er wußte da schon, daß es wirklich ernst war. Er rief den Arzt an; der gab mir Seconal, damit ich schlafen konnte. Sie mußten Val die Flasche geben. Innerhalb von 24 Stunden war das Kind völlig verändert. Es trank, beruhigte sich und schlief die ganze Nacht durch.“

Welche Hilfe hatte Nancy bei ihren Stillproblemen erhalten? Später hatte sie große Lust, die Leute von der lokalen La-Lèche-Gruppe zu erwürgen, die ihr Schuldgefühle eingeflößt und ihr geraten hatten, den Kampf mit allen Mitteln weiterzuführen (Die La-Lèche-League ist eine Organisation, die stillende Mütter berät. *A.d.Ü.*). Ihre Freunde verstärkten ihre Probleme, indem sie ihr ständig erzählten, wie furchtbar Flaschennahrung sei. Der Kinderarzt setzte sie unter Druck, trotz ihrer Erschöpfung weiterzumachen. „Seiner Ansicht nach war mein Kind verspannt, und ich sollte es schreien lassen. Er riet mir, es im Arm zu halten und Augenkontakt herzustellen. Er sagte sogar, wenn ich das Stillen aufgäbe, hätte ich gar nichts mehr, womit ich das Kind beruhigen könnte, und die Lage würde sich nur verschlimmern. Er schickte mir eine Hebamme, die mich zu Hause besuchte und die mir helfen sollte, mit dem Schreien fertig zu werden. Sie trug das Kind herum, bis es aufhörte zu schreien, und sagte dann: ‚Na bitte, das ist alles, was es braucht. Sehen Sie, die Spannung ist weg!‘ Aber ich konnte mein Kind nicht stundenlang herumtragen, während es schrie. Sobald die Hebamme weg war, fing das Schreien wieder an.“

Nancys Zusammenbruch wurde durch Erschöpfung, Frustration, Ängste, Schlafmangel und emotionale Zerrüttung hervorgerufen. Unglücklicherweise war das erst der Anfang einer langandauernden schweren Depression; unter den starken Belastungen konnte ihr Körper, wie wir nun wissen, die hormonelle Balance nicht wiederherstellen, die nötig gewesen wäre, um mit den extremen Angstzuständen, der Spannung und der Angst vor dem persönlichen Versagen fertig zu werden. Waren die Koliken des Babys dafür verantwortlich? Oder hatten die Spannungen, unter denen Nancy stand, dazu beigetragen, die Koliken auszulösen? Über die Ursachen von Koliken gibt es viele unterschiedliche Theorien und Spekulationen, die oft nicht nur von Verwandten und Freunden, sondern auch von Ärzten vorgebracht werden – und manche dieser Theorien können eine sensible und empfindsame Mutter zutiefst verletzen.

Eine andere Frau, deren Sohn (jetzt ist er schon ein Jugendlicher) als Baby unter Koliken gelitten hatte, erinnert sich, daß sie damals einen Artikel in einer Fachzeitschrift gelesen hatte. Der Artikel berichtete über ausgedehnte Versuche bei Affen, die offenbar nachgewiesen hatten, daß Koliken durch inadäquates mütterliches Verhalten hervorgerufen würden, durch das Verhalten einer angespannten, nervösen, unsicheren Mutter. Viele Leute, Ärzte eingeschlossen, scheinen das immer noch zu glauben. Es ist überaus schwierig, sich von den tief im Unbewußten verwurzelten Introjekten und Klischeevorstellungen über die Mutterschaft zu lösen; unter anderem von der Vorstellung, eine Mutter wisse durch ihre natürlichen Instinkte, was für ihr Kind das Beste sei.

Die eben erwähnte Frau war über den Artikel entsetzt; sie überließ das Kind erleichtert ihrer Tante, die gekommen war, um ihr nach der Entbindung zu helfen. Die Tante hielt sich an die alten Regeln aus ihrer Zeit, gab dem Kind alle vier Stunden die Flasche, und es wurde im Handumdrehen gesund. Sie war der Ansicht, daß Kolik-Babys unter schlechter Verdauung leiden und mit den Ernährungsrhythmen, die allgemein für richtig gehalten werden, nicht zurechtkommen. Das Kind hatte tatsächlich starke Blähungen und während der Kolikanfälle einen harten, aufgetriebenen Bauch. Mitglieder der La-Lèche-Bewegung und andere Befürworter des totalen Stillens würden dem zweifellos widersprechen. Viele Eltern, die ihr Kind mit der Flasche ernährten, mußten ebenfalls Kolikerfahrungen durchmachen.

Für Mütter, die Probleme mit dem Stillen oder mit einem kolikanfälligen Baby haben, gilt vor allem ein Grundsatz: Sie sollten sich weniger Sorgen um das Kind machen und sich eher mit ihren eigenen Seelenqualen, ihrem Selbstwertverlust und ihren Versagensängsten als Mutter befassen. Schlafmangel, geringes Selbstvertrauen, das Problem, keine Zeit und kein richtiges Gefühl mehr für sich selbst zu haben, gehören zu den Hauptauslösern von PND; Körper und Geist kämpfen mit dem Übermaß an Anforderungen, denen sie ausgesetzt sind.

Dr. Marc Weissbluth, Direktor des Zentrums zur Behandlung von Schlafstörungen am Children's Memorial Hospital in Chicago, rät Eltern, deren Kinder unter Koliken leiden oder extrem schreien, lieber zuwenig als zuviel zu tun.[24] Nach ausgedehnten Untersuchungen nimmt er jetzt an, daß einige Kinder mehr schreien als andere, weil sie ein gestörtes Schlafmuster haben. Das Schreien bedeutet also nicht immer, daß sie unter akuten Verdauungsstörungen leiden, daß die Ernährung der Mutter falsch ist, daß sie auf ihre Verspanntheit oder ihr inadäquates Verhalten reagieren, oder was sonst seit Jahrhunderten als Erklärung angeboten wurde. Tatsächlich schreien sie, weil sie nicht einschlafen können. Vielleicht können die Eltern dem Kind wirklich am besten helfen, wenn sie es allein lassen, versuchen, sich durch das Schreien nicht irritieren zu lassen, und warten, bis es schließlich von selbst einschläft. Es ist schon merkwürdig, daß nach Jahrzehnten kontroverser Diskussion über dieses Thema die neuesten Expertenmeinungen mit den konservativsten populären Vorstellungen zusammenfallen. Ich erinnere mich an Erzählungen meiner Mutter, die, wie sie sagte, mich im Kinderwagen ganz hinten in den Garten geschoben hatte (zweifellos war das im Sommer gewesen), und mich dort allein ließ, bis ich mich ausgeschrien hatte. Damals nahm niemand die Kinder hoch, streichelte sie und stellte Augenkontakt mit ihnen her, um die Spannungen zu lösen. Wir haben es überlebt.

Dr. Weissbluth gibt in seinem Buch den folgenden Rat:

116

„Liebe Eltern, wenn Ihr Kind schreit, sollten Sie gar nichts tun. Aber dieses Gar-nichts-Tun sollte absichtsvoll sein – bleiben Sie dabei gelassen, ruhig, vertrauensvoll und fest. Mit anderen Worten, versuchen Sie folgende Haltungen zu entwickeln: absichtliche Unaufmerksamkeit; wohlüberlegten Gleichmut; gelassene Festigkeit; konstruktive Resignation; erwartungsvolle Beobachtung; aufmerksames Warten. Achten Sie nachts auf das Verhalten Ihres Kindes, versuchen Sie aber, eine gelöste und entspannte Haltung einzunehmen. Sie werden sehen – es wirkt tatsächlich!"[25]

Vor und nach Lamaze

Geburtserfahrungen

In den letzten Jahren haben wir uns zunehmend für die „Vervollkommnung" der Schwangerschafts- und Geburtserfahrung und der Mutterschaft engagiert. Wir neigen jedoch dazu, die erdrückende Wirkung zu übersehen, die dieser Perfektionsdrang auf uns haben kann. Wenn wir Geburtsvorbereitungskurse besuchen, Atem- und Entspannungstechniken lernen, von unseren Ärzten verlangen, während der Entbindung keinerlei Medikamente einzusetzen; wenn wir unserer Ernährung und unserem Verhalten während der Schwangerschaft besondere Aufmerksamkeit widmen, jede erdenkliche Rücksicht auf die Gesundheit und die Sicherheit des ungeborenen Kindes nehmen, erwarten wir, nach all diesen Vorkehrungen, einen schmerzfreien Geburtsprozeß und eine leichte Entbindung. Ich bin mir noch nicht darüber im klaren, wie Frauen sich aus diesem Perfektionsdrang in bezug auf die Geburtserfahrung lösen können. Wie können wir unsere Einstellungen so verändern, daß die Antiklimax, die eintritt, wenn der Arzt (aus wohlerwogenen medizinischen Gründen) einen Kaiserschnitt anordnet, als einfache Enttäuschung angenommen werden kann, ohne Feindseligkeit und Vorurteile dem Arzt gegenüber und ohne Wut auf uns selbst?

Die Erwartung einer perfekten natürlichen Geburt und die darauffolgende Enttäuschung, wenn es anders verläuft, sind bei vielen Frauen Hauptauslöser von PND. Es kommt ein Gefühl persönlichen Versagens auf, das so enorm und langanhaltend, so irrational und emotional ist, daß die daraus resultierende Depression bis zu einem Jahr lang anhalten kann. Selbsthilfegruppen für Frauen, die durch Kaiserschnitt entbunden wurden, haben sich als hilfreich erwiesen; die Frauen können bei ihren Begegnungen ihren Gefühlen freien Lauf lassen, sich über ihre Trauer aussprechen, daß sie um das natürliche Geburtserlebnis gebracht wurden, auf das sie sich so sehr gefreut und das sie von sich erwartet hatten. Es wäre auch eine große Hilfe, wenn in Geburtsvorbereitungskursen stärker darauf geachtet würde, zu erklären, warum ein Kaiserschnitt notwendig werden kann, welche Folgen er hat und daß die Frau sich auf die Möglichkeit vorbereiten soll, um nicht später das Gefühl des Versagens zu haben, wenn sie so entbunden wird.

Ich habe selbst Erfahrungen mit Kaiserschnitt-Geburten. Bei meinem ersten Kind war es ein Notfall-Kaiserschnitt; ich verlor durch einen Plazentariß Blut; das Fruchtwasser war abgegangen, und ich hatte seit vier Stunden Wehen gehabt. Die Ärzte starrten auf den Monitor, Anordnungen schallten durch den Raum, und ich wurde im Eiltempo in den Operationssaal gebracht. Anschließend, das kann ich wirklich ehrlich sagen, empfand ich kein Verlustgefühl, weil ich nicht natürlich geboren hatte, und auch kein Gefühl des Versagens als Frau. Ich empfand nur Dankbarkeit darüber, daß ich am Leben und wohlauf war. Während ich in den Wehen lag, hatte ich an Frauen in der Vergangenheit gedacht, an all die Frauen, die bei der Geburt oft tagelang bis zur Agonie gelitten hatten und doch bei der Entbindung gestorben waren. Mein Kind hatte sich im Uterus verfangen, erklärte mir der Arzt später. Es wäre vermutlich nie auf natürliche Weise durch den Geburtskanal zur Welt gekommen. Meine Einstellung ist heute vielleicht unüblich, aber ich bringe der medizinischen Technologie einen gesunden Respekt entgegen, und ich bin froh über Erfindungen, die für Mütter und Kinder lebensrettend sind. Nach Erfolg oder Mißerfolg fragte ich mich in dieser Situation gar nicht. Vor der Geburt meines zweiten Kindes empfahl mir derselbe Arzt von vornherein einen Kaiserschnitt, da zwischen den Entbindungen nur 22 Monate lagen, und ich akzeptierte diese Empfehlung. Beim zweiten Mal wissen wir, was mit dem Eingriff verbunden ist – und die Möglichkeiten und Risiken des natürlichen Geburtsprozesses kennen wir auch.

Dennoch – das Gefühl von Enttäuschung nach einem Kaiserschnitt ist sehr weit verbreitet. Judy R. war Ende Zwanzig und von Beruf Sekretärin; sie hatte ein einjähriges Kind und war schon wieder im Beruf, als wir uns unterhielten. Judys Probleme in der postnatalen Phase wurden durch Schwierigkeiten mit dem Stillen verstärkt; ihre Brüste schmerzten unerträglich, wenn sie ihren Sohn anlegte. In der Rückschau wurde ihr klar, daß bei ihren Problemen zwei Faktoren zusammengewirkt hatten: „Heute wird es als Abwehr und Widerstand interpretiert, wenn man nicht stillen kann, und die Tatsache, daß ich einen Kaiserschnitt hatte, machte mich in meinen Augen zur Versagerin. Nach der Geburt kam meine Mutter, um mir zu helfen, aber sie trug nur noch mehr zum Verlust meines Selbstvertrauens und zu meiner Depression bei. Es war die Rückkehr in den Beruf, die mich schließlich von PND befreite. Ich war so glücklich, wieder etwas tun zu können, wofür ich mich kompetent fühlte."

Auch Carol und Derek C. hatten an Vorbereitungskursen für die natürliche Geburt teilgenommen. Sie hatten geplant, daß Derek bei der Geburt dabeisein sollte; als dann ein Notfall-Kaiserschnitt gemacht werden mußte, bedeutete das für das junge Paar (beide waren 25 Jahre alt) eine große Enttäuschung. „Ich hatte das Gefühl, völlig versagt zu haben, weil ich nicht natürlich entbinden konnte; ich war wütend auf meinen Körper, der mich im Stich gelassen hatte", erinnerte sich Carol. Carols Depression in den Monaten nach der Geburt ihres Kindes verschlimmerte sich durch den Schock über die gewaltigen Umstellungen in ihrem und Dereks Lebensstil. „Ich kann wirklich sagen, daß ich vom Mutter-Sein total überwältigt war", rief sie aus.

Kathy S. machte die Erfahrung, daß die Kommentare, die andere Leute über Kaiserschnitt-Mütter abgeben, oft an den Perfektionsdruck appellieren und damit das Gefühl des Versagt-Habens verstärken. Eine Freundin hatte ihr plump-vertraulich gesagt: „Ach, du Arme, du wirst nie wissen, wie es wirklich ist, ein Kind zu bekommen", und auf der Entbindungsstation, wo zwei Drittel der Frauen gerade mit frischen Kaiserschnittoperationen lagen, war eine Nachtschwester vorbeigebraust und hatte vor sich hingemurmelt: „Könnt ihr Mütter euch nicht mehr daran erinnern, wie man Kinder kriegt?"

Depressionen während der Schwangerschaft

Die Depression, die sich nach der Entbindung zeigt, kann bereits während der Schwangerschaft begonnen haben. Im ersten Schwangerschaftsdrittel finden bekanntlich die stärksten körperlichen Umstellungsprozesse statt, die Übelkeit, Müdigkeit, Niedergeschlagenheit und leichte depressive Verstimmungszustände auslösen können. Unerwartete oder unerwünschte Schwangerschaft wird als Anlaß für Depressionen immer seltener, denn heute sind die meisten Schwangerschaften geplant und sehr erwünscht. Dennoch kann der Zeitpunkt ungünstig oder schlecht gewählt sein. In einer neuen Beziehung kann die Schwangerschaft zu früh kommen und eine Phase intensiver Verliebtheit unterbrechen, oder wir werden schneller schwanger, als wir erwartet hatten, und glauben, nicht genug Zeit zu haben, um uns emotional auf diese Lebensveränderung einzustellen.

Schwangerschaftsdepressionen sind bisher nur wenig untersucht und diskutiert worden; die Geburtshelfer sind an die Stimmungsschwankungen von schwangeren Frauen gewöhnt. Katharina Dalton weist darauf hin, daß einige Frauen gegen Ende ihrer Schwangerschaft nicht genügend Progesteron zur Verfügung haben und Depressionszustände erleben, die an PMS und PND erinnern. Während die meisten Frauen in den mittleren Monaten hochgestimmt und euphorisch sind, fühlen diese Frauen sich furchtbar schlecht, leiden unter Kopfschmerzen und allgemeinem Unwohlsein. In solchen Fällen würde Dr. Dalton sogar während der Schwangerschaft Progesteron verschreiben.

Tatsächlich gehen heute in England viele Forschungsvorhaben von dem Ansatz aus, daß durch die Untersuchung von Schwangerschaftsdepressionen Voraussagefaktoren für PND gefunden werden könnten und daß sich daraus Strategien zur Vermeidung dieser Störungen ableiten ließen. Es ist die Frage, ob Angstzustände während der Schwangerschaft spätere PND ankündigen. Es gibt jedoch noch keine schlüssigen Resultate, und die beteiligten Wissenschaftler vertreten unterschiedliche Philosophien. Die Ärzte Kumar und Robson vom Institut für

Psychiatrie in London haben kürzlich eine Studie über psychische Störungen bei Frauen während der Schwangerschaft beendet[26]; sie befragten 119 Frauen, die ihr erstes Kind erwarteten, und beobachteten sie während des ersten Jahres nach der Entbindung. Aus der Untersuchung von Kumar und Robson ging hervor, daß sowohl in den ersten drei Schwangerschaftsmonaten als auch nach der Entbindung Depressionen in irgendeiner Form auftraten. Wohlgemerkt, die Frauen litten entweder unter Schwangerschaftsdepressionen oder unter postnatalen Depressionen – nicht unter beidem. Ärzte kommen leicht zu dem Schluß, daß Frauen, die während der Schwangerschaft psychosomatische Beschwerden haben und energielos und antriebsarm sind, auch für PND anfällig werden – obwohl es gerade so nicht zu sein scheint. Die gegenwärtige Forschung befaßt sich mit den Beziehungen zwischen den emotionalen Veränderungen während der Schwangerschaft und den Stimmungsschwankungen nach der Niederkunft.

Wenn einer normalen Geburt Abtreibungen oder mehrere Fehlgeburten vorangegangen sind, kann das auch zur Entwicklung von PND beitragen, entweder weil das Selbstbild der Frau durch eine Interpretation dieser Erfahrungen als „Fehlschläge" belastet ist, oder weil sie emotional zuviel in die Vorstellung der Mutterschaft investiert (was oft ein „perfektes" Bild ihrer selbst als Mutter impliziert). Kumar und Robson brachten PND-Symptome auch mit der unterdrückten Trauer um einen absichtlich verlorenen Fötus in Zusammenhang.[27] Die Autoren betonen, daß die gegenwärtige Art unseres Umgangs mit Abtreibungen die Ambivalenz von Frauen der Mutterschaft gegenüber verstärken kann.

Es ist schwer, sich für eine Abtreibung zu entscheiden. Es ist schwer, Mutter zu sein. Beide Entscheidungen sind für Frauen mit starken, komplexen Gefühlen geladen. Vielleicht könnten Beratungs- oder Therapiegruppen in Abtreibungskliniken Frauen helfen, mit ihrer Ambivalenz und ihren Ängsten der Mutterschaft gegenüber zurechtzukommen, bevor sie schließlich den Sprung ins kalte Wasser wagen und Mutter werden.[28]

Manche Schwangerschaftsabläufe sind so kompliziert, daß wir kaum überrascht sind, wenn die Mutter depressiv wird.

Unglaublich, was sie durchmachen mußte, um dieses Kind zu bekommen, sagen wir uns. Jackie P. war seit acht Jahren mit Ben verheiratet; finanziell waren sie bestens abgesichert, und Jackie konnte ihren Beruf aufgeben, als sie mit 28 Jahren beschloß, es wäre Zeit, eine Familie zu gründen. Nachdem sie innerhalb von vier Jahren vier Fehlgeburten gehabt hatte, wurde Jackie noch einmal schwanger – und wieder sah es so aus, als hätte sie den Fötus verloren. Eine Ultraschalluntersuchung zeigte jedoch, daß sie einen von zwei männlichen Zwillingen verloren hatte. Die Schwangerschaft ging weiter – aber nicht ohne weitere dramatische Ereignisse. Im siebten Monat trat eine Präeklampsie auf (Schwangerschaftskrämpfe, *A.d.Ü.*), und Jackie mußte völlige Bettruhe halten. Nach achteinhalb Monaten wurde hoher Blutdruck festgestellt; die Ärzte empfahlen eine Notfallentbindung durch Kaiserschnitt. Jackies Sohn kam gesund zur Welt; sie erfuhr aber später, daß sie beide nur knapp dem Tod entgangen waren. Jackie verbrachte 36 Stunden auf der Intensivstation, wo sie mit krampflösenden Medikamenten behandelt wurde.

Da das neue Haus, in das sie ziehen wollten, noch nicht fertig war, ging Jackie zunächst zu ihrer Mutter, und als zusätzliche Hilfe wurde eine Krankenschwester eingestellt. Jackie warf die Krankenschwester nach drei Wochen hinaus, weil ihre Vorstellungen über Säuglingspflege allzusehr auseinandergingen. Sie war erschöpft und weinte manchmal, aber wirkliche PND-Symptome traten erst auf, nachdem sie und Ben das neue Haus bezogen hatten. Als aufmerksamer und rücksichtsvoller Mann hatte Ben alles Notwendige eingekauft und sogar, wie Jackie sich erinnerte, für Toilettenpapier in den neuen Badezimmern gesorgt. Stolz trug er Jackie und das Kind über die Schwelle; ein neues Leben sollte beginnen. „Worüber war ich eigentlich deprimiert? Ich hatte doch alles, was ich mir ersehnt hatte, einen gesunden Sohn nach all den Jahren, einen liebevollen Mann, eine gute Ehe und sogar unser Traumhaus. Es war alles da, was ich mir nur wünschen konnte. Aber während der nächsten drei Monate steckte ich in der tiefsten Depression. Ich hatte mit niemandem Kontakt und bat keinen Menschen um Hilfe. Wie hätte ich das auch tun können?"

Allmählich hoben sich die schweren Wolken der Depression; Jackie konnte sich einige der Ursachen ihres PND-Anfalls erklären. Vorher waren ihr ein Eileiter und ein Eierstock entfernt worden. Die Depression, die diesem Eingriff gefolgt war, erinnerte sie an PND. Sie hatte das Gefühl, daß ihr Zustand nach der Entbindung teilweise auf hormonelle Ursachen zurückzuführen war, hauptsächlich aber, wie sie selbst sagte, auf Erschöpfung, auf die emotionalen Belastungen der Schwangerschaftsmonate und auf den Schlafmangel. Viele Frauen haben die richtigen Vermutungen über die Ursachen ihrer postnatalen Depressionen gehabt, konnten sie aber, wegen des allgemeinen Informationsdefizits im Hinblick auf PND, nirgendwo bestätigt finden.

Frühgeburten und Behinderungen

Jede Mutter kann sich in die Eltern eines frühgeborenen oder behinderten Kindes hineinversetzen. Alle Ängste und Unsicherheitsgefühle, die schon bei Eltern eines normalen, gesunden Neugeborenen auftreten, müssen sich ins Unerträgliche steigern, wenn man um das Leben eines Kindes fürchten muß, wenn man leidet, weil man das Kind nicht bei sich haben kann, oder wenn man um die Zukunft der Familie bangt.

Als die 25jährige Sarah J. im siebten Monat schwanger war, bekam sie schwere Blutungen und durfte nur noch liegen. Da die Blutungen trotzdem anhielten, mußte sie ins Krankenhaus gebracht werden. Die Entbindungssituation war furchterregend, mit einer ganzen Schar von Ärzten, die auf dem Korridor bereitstanden und mit dem Säugling, sobald er geboren war, davonstürzten, um ihn mit Sauerstoff zu versorgen. Einer seiner Lungenflügel hatte sich nicht mit Luft gefüllt, und er wurde in ein anderes Krankenhaus gebracht, wo es eine Intensivstation für Säuglinge gab. Sarah bat nach 36 Stunden darum, nach Hause entlassen zu werden, weil sie es nicht aushielt, mit all den anderen glücklichen Müttern zusammenzusein.

Als Sarah ihren Sohn zum ersten Mal besuchte, traf der

emotionale Schock sie völlig unvorbereitet. Das Kind war an Schläuche und Maschinen angeschlossen und lag winzig und erbärmlich in einem Plexiglaskasten mit Eingrifflöchern. Es hatte Schutzklappen auf den Augen, die es vor dem grellen Licht schützen sollten. Als der Neurochirurg gerufen wurde, geriet sie erneut in Panik. Aber Peter war gesund und erholte sich schnell. Nach zehn Tagen wurde er wieder in das örtliche Krankenhaus gebracht, wo er weitere sechs Tage bleiben mußte. „Es war am sechzehnten Tag nach der Entbindung", erzählte Sarah, „und es war gerade mein Geburtstag. Ich hatte wirklich gehofft, ihn mitnehmen zu können, aber sie bestanden darauf, daß er noch einen Tag länger dableiben müsse. Das war der Augenblick, in dem bei mir die Depression einsetzte. Mein Mann arbeitete nachts; ich war also zu Hause oft allein. Mein Vater war etwa ein Jahr vorher gestorben. Ich ging mit meinem Mann in ein Café in der Nähe des Krankenhauses; wir wollten ein Sandwich essen, und die Kellnerin brachte mir versehentlich das Falsche. Auch das noch! Ich fing an zu weinen und konnte nicht mehr aufhören. Die Kellnerin hat sicher nie zuvor eine solche Reaktion auf ein Sandwich erlebt!"

Für Sarah war die Geburt von Peter die schwierigste Erfahrung ihres bisherigen Lebens. Sie fühlte sich erleichtert, als sie all diese komplexen Gefühle einmal aussprechen konnte. „Wie könnte man den Schmerz, das Glücksgefühl und die Liebe vergessen, die mit der Geburt eines Kindes verbunden sind? Der ‚Baby-Blues' war für mich einfach ein Teil davon." Sarah hatte Glück. Ihre Depression war vorübergehend, Peter erholte sich schnell, und der Alptraum war bald vorbei.

Den folgenden Brief erhielt ich von der Mutter zweier gehirngeschädigter Kinder. Shirley B., die jetzt Ende 30 ist, schrieb mir: „Ich hoffe, Sie werden nicht, wie es so häufig geschieht, das Thema Behinderung vernachlässigen und auch über postnatale Depressionen berichten, die auftreten, wenn eine Mutter erfährt, daß ihr Kind behindert ist. Postnatale Depression ist nicht nur eine normale Reaktion auf ein normales Kind." Shirleys ältester Sohn, der jetzt sechzehn ist, war schwer retardiert und zeigte autistische Symptome. Bei der Geburt wurde das Problem nicht erkannt, aber Shirley vermutete, daß etwas nicht stimmte. Als das Kind fünf Wochen alt war, bemerkte sie, daß es überempfindlich reagierte. Shirley bat einen Arzt um Hilfe, als sie allein mit der Behinderung des Kindes, mit ihrer Enttäuschung, Erschöpfung und mit dem Gefühl des Versagens nicht mehr zurechtkam. „Was kann ich denn nur tun?" fragte sie verzweifelt. „Sehen Sie zu, daß Sie loswerden, was Sie stört", antwortete der nicht allzu wohlmeinende Arzt. Shirley brachte erst Jahre später den Mut auf, diesen Arzt noch einmal aufzusuchen und ihn damit zu konfrontieren, was er ihr in dieser für sie so schmerzhaften Zeit gesagt hatte. „Ich wollte damit nur sagen, Sie sollten die Probleme loswerden, die Sie mit Ihrem Sohn hatten", war seine schnoddrige Antwort. Shirley seufzte. „Ja, wenn es so einfach wäre! Wären wir nicht alle reich gesegnet, wenn wir wüßten, wie wir das anstellen sollten?"

Drei Jahre später brachte Shirley einen zweiten Sohn zur Welt. Er hat, wie die Familie nun weiß, eine mildere Form derselben Störung, aber glücklicherweise ist er ein intelligentes und recht normales Kind. Shirley erfuhr, daß die autistische Störung auf genetische Schäden zurückgeht, die, in ihrem Fall, erblich sind. Auch ihr Bruder war ein retardiertes Kind. Wenn sie heute schwanger wäre, würde ein Facharzt für Geburtshilfe wahrscheinlich die Geschichte der Entwicklungsstörungen in ihrer Familie aufnehmen und sie schon vor der Familiengründung zum Gegenstand einer Beratung machen.

Shirleys Geschichte wirft ein Licht auf spezifische Versäumnisse in unserer Gesellschaft; vor allem auf den Mangel an professioneller Hilfe in der postnatalen Phase. Mütter finden keine Unterstützung, um auch nur mit den normalen Problemen fertig zu werden: Angst, Isolation, Unzulänglichkeitsgefühl, Verantwortung – geschweige denn mit den Sonderbelastungen durch ein behindertes Kind.

Schuld- und Versagensgefühle, die schon bei den Müttern normaler Kinder auftreten und zu PND führen können, sind für die Eltern behinderter Kinder ein zusätzlicher Problemfaktor, der die sehr realen emotionalen, sozialen und finanziellen Probleme, die mit der Fürsorge für ein solches Kind verbunden sind, weiter verstärkt. Die Eltern trauern um das vollkommene

Kind, von dem sie geträumt hatten, um das vollkommene Mutter- oder Elternbild ihrer Vorstellungen. Shirleys Erfahrung liegt sechzehn Jahre zurück. Wenn Eltern heute eine körperliche oder geistige Behinderung an ihrem Kind entdekken, können sie, das hoffe ich zumindest, bereits auf eine gewisse soziale Basis zurückgreifen, zum Beispiel auf Elterngruppen, in denen sie Rat und Unterstützung finden. Niemand sollte der verzweifelten und demütigenden Situation ausgesetzt sein, einen uninteressierten Arzt um Hilfe bitten und hören zu müssen, man solle zusehen, wie man sein Problem loswerde.

Allein mit der Mutterschaft

Wie sieht die Gesellschaft Frauen nach der Entbindung? „In den Baby- und Kinderpflegebüchern ist zu lesen, wann du dein Kind baden und wie du es zum Bäuerchen-Machen bringen sollst, aber nicht, was du tun sollst, wenn du dasitzt und stillst und die Tränen dir über die Wangen laufen oder wenn du das Kind in sein Bettchen legst und es schreien läßt, weil du einfach nicht mehr kannst, oder dir wünschst, du hättest nie ein Kind bekommen. Niemand sagt dir, was du tun sollst, wenn du nach Hause kommst – nach Lamaze", sagte Sharon W.

Gibt es keine Möglichkeit, unser Wissen über PND zu erweitern, nicht nur, um die Pflege und Behandlung auf professionellem Niveau zu verbessern, sondern auch im Hinblick auf das Allgemeinwissen, auf Literatur und Informationen, die schwangeren Frauen und neuentbundenen Müttern zur Verfügung stehen? Schwangerschaft wird heute so ernst genommen. Wir stehen den Wehen und der Entbindung, der Krankenhausorganisation und der ärztlichen Versorgung informiert und aufgeklärt gegenüber. Lamaze- oder andere Geburtsvorbereitungskurse werden als normaler Bestandteil der Schwangerschaftserfahrung angesehen. Wir erwarten und verlangen Höchstleistungen von unseren Körpern, von den Fachkräften im Gesundheitswesen und schließlich von uns selbst im Hinblick auf die Beziehung zum neugeborenen Kind. Dennoch lösen die neuen Mutterschaftsmythen, die in unserer

Gesellschaft grassieren, chronische Schuldgefühle in uns aus. Wir denken keine Sekunde daran, nach Lamaze könnte noch irgend etwas kommen.

Wir lieben das Selbstbild, das uns die Werbung und die Frauenzeitschriften vorspiegeln: entweder die ätherische, bildschöne, schlanke, fürsorgliche Mutter, die ihr hübsches Baby in den Armen wiegt – oder das andere, heute populäre Image der energiegeladenen, lächelnden, selbstbewußten, kompetenten Mutter, die Ski läuft, joggt und mit ihrem Baby im Rucksack oder im Tragetuch mit beiden Beinen im Leben steht. Solche Mutterschaftsbilder sind verführerisch. Natürlich möchten wir uns gern so sehen; die Vorstellungen, die wir von uns selbst als Müttern haben, machen einen wesentlichen Bestandteil der PND-Struktur aus.

„Ich finde es wirklich kriminell, daß alles, was es an Interesse und an Informationen gibt, ausschließlich auf die Geburt bezogen ist und daß nichts getan wird, damit die Frau hinterher mit der Situation zurechtkommt", war der zornige Kommentar von Jenny T. Eine andere Frau schrieb mir kürzlich, daß eine Krankenschwester in dem von ihrem Krankenhaus angebotenen Geburtsvorbereitungskurs behauptete: „Heute bekommt keine Frau mehr Depressionen nach der Geburt – das gehört der Vergangenheit an." Es scheint, als gebe es tiefe Widerstände im kollektiven Bewußtsein, die alles blockieren, was die falschen Mutterschaftsmythen angreifen oder verändern könnte.

Nancy E. rief mich an, nachdem wir mehrere lange Gespräche geführt hatten, um mir das letzte Ereignis in der langen Kette ihrer PND-Erfahrungen mitzuteilen. Nancy lebte in einer ländlichen Kleinstadt und hatte in der ganzen Umgebung keine Frau getroffen, die auch unter PND gelitten hatte. Aber sie wollte trotzdem versuchen, anderen Frauen durch Gespräche, Erfahrungsaustausch oder die Gründung von Gruppen zu helfen, und war eifrig bemüht, auf dieser Ebene etwas in Gang zu setzen. Zunächst hatte Nancy ihrem Hausarzt und ihrem Gynäkologen die Idee vorgetragen, eine postnatale Selbsthilfegruppe ins Leben zu rufen. Keiner von beiden fand, daß dafür Bedarf bestehe, da nie eine Frau nach solchen Gruppen gefragt hatte. Nancy bestand dennoch darauf, daß beide Ärzte ihren

Namen auf eine Liste setzten, für den Fall, daß in Zukunft eine Frau mit Depressionen zu ihnen käme. Dann wandte sie sich an die Sozialarbeiterin und die Krankenschwester, die gemeinsam die örtlichen Geburtsvorbereitungskurse leiteten. Die Sozialarbeiterin war von der Idee angetan, Informationen über PND, über Ursachen und Behandlungsmethoden in den Kurs aufzunehmen. Aber die Krankenschwester, die selbst eine gemäßigte Form von PND durchgemacht hatte, fand, das würde die schwangeren Frauen nur unnötig ängstigen oder verunsichern, und es sei für einen Geburtsvorbereitungskurs unpassend.

„Hätten sie nicht wenigstens sagen können, das und das *kann* passieren, aus den und den Gründen – und falls es passiert, ist da jemand, den man anrufen kann?" fragte Nancy. Ich stimme ihr zu, daß zumindest diese einfachen Maßnahmen eine absolute Notwendigkeit sind. Eine Frau, die unter schwerer PND gelitten hatte, drückte es so aus: „Ich war tatsächlich eine Gefahr für mein Kind. Trotzdem hatte ich keine Ahnung, was überhaupt los war, an wen ich mich wenden oder was ich tun sollte. Daß eine Frau in eine solche Situation geraten kann, darf einfach nicht mehr vorkommen!"

Viele schwangere Frauen wollen lieber nichts über PND wissen. Sie ziehen es vor, negative Gedanken oder Vorstellungen über ihre Zukunft zu meiden. Eine erwünschte Schwangerschaft ist mit einem grundlegenden Gefühl von Optimismus verbunden, mit dem Staunen über das Geheimnis des Lebens, mit überströmender Begeisterung über das Wunder, Leben zu schaffen, mit dem Gefühl, durch ein neues Geschöpf mit dem geliebten Partner noch mehr zusammenzuwachsen. Vielleicht ist die optimistische Ausrichtung, die Abkehr von allem Negativen, sogar ein Bestandteil unserer biologischen Struktur. Vielleicht ist es wirklich so, daß die Schwangerschaft nicht der geeignete Zeitpunkt für die Erörterung von PND ist.

Dennoch bleibt die Frage offen, an wen sich die neuentbundene Mutter wenden kann. Wenn ihr Geburtshelfer und ihr Hausarzt nicht bereit sind, sich mit ihren persönlichen Problemen auseinanderzusetzen – bleiben ihr dann nur der Psychotherapeut und die psychiatrische Klinik? Neuentbundene

Frauen sind sehr häufig mit dem Problem konfrontiert, daß sie sich niemandem anvertrauen können, nirgendwo Rat oder auch nur beruhigenden Zuspruch finden. Wenn Frauen sich an wohlmeinende Menschen um Hilfe wenden, vielleicht an ihre Mütter, ihre Ärzte oder sogar an Priester, werden sie sehr häufig mit aufmunternden Sprüchen abgespeist: „Ach, das geht vorbei; daran ist noch niemand gestorben." – „Bald geht es dir besser, das ist ganz normal." Oder: „Geh mal aus dem Haus, damit du auf andere Gedanken kommst." Wir sollten von unserer normalen Umgebung auch gar keine Hilfe erwarten. Unsere eigenen Mütter reagieren vielleicht regelrecht feindselig auf die bloße Erwähnung von PND, wenn die Verleugnung von Depressionssymptomen zu ihrer eigenen Geschichte gehört. Ehemänner können mit Angst reagieren; zweifellos machen sie ihre eigene Form von Depression durch, die ihnen nur wenig emotionale Reserven läßt, um auch noch mit den Stimmungsschwankungen ihrer Frau zurechtzukommen. Eine Frau bekam von ihrem Familiengeistlichen den Rat, sie solle gegen ihren Egoismus ankämpfen.

Wie können wir anderen Müttern helfen?

Psychische Störungen gehören trotz der Häufigkeit ihres Auftretens zu den in unserer Gesellschaft am wenigsten verstandenen Problemen. Die wenigsten von uns wissen, wie man mit einem depressiven Menschen umgehen soll – und meistens wollen wir es auch gar nicht wissen. Vermutlich haben wir es alle schon versäumt, Hilfe zu leisten, weil wir schlecht zuhören konnten. Können wir überhaupt etwas tun – und was sollten wir tun, wenn eine depressive Frau ihre Ängste bei uns ablädt? Der wichtigste Hinweis: Es wird ihr vermutlich schlechter gehen, wenn wir versuchen, das Problem zu leugnen oder sie aufzumuntern (auch wenn das spontan als das Richtige erscheint). Die Psychotherapeutin Judith Klein, die sich besonders für PND-Erfahrungen bei Frauen interessiert (sie ist Mitte 30 und selbst Mutter zweier Kleinkinder), erklärte, daß aufmunternde Äußerungen wie „Sieh doch mal das Positive" für die betroffene Frau beinhalten, sie sei selbst an ihrem Problem schuld oder sie sei im Unrecht.

Laura S. wurde mit dieser Haltung konfrontiert, und es ging ihr mit Sicherheit nicht besser dadurch. „Es ist so schwierig, überhaupt darüber zu reden. Einmal erwähnte ich meiner Mutter gegenüber, daß ich unter Depressionen litt, aber sie ging überhaupt nicht darauf ein. Meine Mutter und meine Großmutter hatten nur für ihre Kinder gelebt – über so etwas Furchtbares konnte meine Mutter einfach nicht sprechen, war mein Eindruck." Die einzige unter Lauras Kolleginnen, die auch ein Baby hatte, schien ganz wunderbar zurechtzukommen – das dicke, zufriedene Kind war der Beweis. Die Mütter in der Nachbarschaft wirkten alle fröhlich und heiter. Für Laura war es offensichtlich, daß sie die einzige Frau war, die sich als Mutter nicht glücklich fühlte.

Nancy E. suchte schließlich einen Psychiater auf, als ihre Depressionen das Familienleben so sehr belasteten, daß ihr Mann auf dieser Konsultation bestand. Der Psychiater verordnete ihr Antidepressiva und bot seine Unterstützung an, auch die Familie über die biochemischen Ursachen der Depression aufzuklären, die, wie er betonte, nicht Nancys Schuld seien. Aber er sagte ihr nichts über den Zusammenhang zwischen den biochemischen Veränderungen und dem Zustand nach der Entbindung. Nancy berichtete auch, daß ihr Kinderarzt, mit dem sie in dieser Phase wegen ihrer Stillprobleme dauernd in Kontakt war, völliges Desinteresse an ihren Problemen zeigte. Er war dagegen, daß sie Antidepressiva nahm, und sagte ihr offen, er würde sich freuen, wenn sie damit aufhörte. „Ich erfüllte nicht die Erwartungen, die er an mich hatte. Ich war Mutter und sollte keine Medikamente nehmen. Mein Mann war auch unzufrieden damit, daß ich Antidepressiva nahm, und meine Eltern ebenfalls. Meine Freunde kritisierten mich, machten sarkastische Bemerkungen oder wechselten sofort das Thema, wenn ich davon anfing. Ihnen war es peinlich – also war es mir auch peinlich. Ich kam mir vor wie eine Drogenabhängige, weil ich die Pillen nahm."

Freundinnen, die sonst in Krisenzeiten wahre Quellen von Trost und Verständnis sind, reagieren manchmal, scheinbar ganz gegen ihre sonstige Natur, mit Feindseligkeit auf eine PND-Mutter. Vermutlich widersprechen die Gefühle, die die neuentbundene Frau zeigt und äußert, den idealen Mutterschaftsvorstellungen der Freundin. Vielleicht hat die Freundin Fehlgeburten oder Abtreibungen gehabt oder hatte Probleme, einen Mann zu finden, mit dem sie selbst Kinder haben könnte; vielleicht hat sie jahrelang unter Unfruchtbarkeit gelitten. Es gibt viele Gründe dafür, daß Freundinnen auf die Depressionen einer Mutter mit Abwehr reagieren. Aber in dieser kritischen Phase werden wir uns kaum bemühen, die Feindseligkeit unserer Freundin zu verstehen. Was diese Probleme angeht, muß sogar die Kommunikation von Frauen untereinander offener werden; es gibt da noch viele Barrieren, die aus der Vergangenheit stammen und die wir einreißen müssen. Manchmal kann eine neuentbundene Frau in ihrer Krise bei einem Freund mehr Verständnis finden als bei einer Freundin.

Die meisten Frauen ziehen sich in ihr Schneckenhaus zurück, wenn sie feststellen, daß niemand versteht, wovon sie reden, oder daß es niemanden interessiert. „Vor dreizehn Jahren bekam ich mein erstes Kind und litt furchtbar unter PND. Ich habe nie mit jemandem darüber gesprochen", schrieb eine 43jährige Frau. Eine andere Frau war froh, endlich einmal ihr schuldbeladenes Geheimnis offenbaren zu können: „Ohne Wissen meiner Freunde und meiner Familie bin ich in Therapie, seit mein Sohn fünf Monate alt war." Unterstützung und Beratung von erfahrenen Müttern, Selbsthilfe- und Diskussionsgruppen werden möglicherweise die Ebene sein, auf der sich eine echte Hilfe für PND entwickeln kann; Frauen können in solchen Gruppen verständnisvolle Gesprächspartnerinnen finden, die ihnen über ihre Depressionen hinweghelfen können. Mütter mit Kindern derselben Altersstufe können sich zu Gruppen zusammenschließen, über ihre spezifischen Probleme diskutieren und gemeinsam die emotionalen und sozialen Veränderungen der Mutterschaft erfahren – gemeinsam die Reise antreten, die wir alle unternehmen müssen, um das verlorene Selbst wiederzufinden.

Wenn Liebespartner Eltern werden

Wenn ein Paar ein Kind bekommt, nimmt die Beziehung einen völlig anderen Verlauf als in der Zeit davor. Wenn nun Konflikte auftreten, geht es nicht um narzißtische Kränkungen, sondern die Partner leiden unter der sehr realen Last einer schweren und scheinbar überwältigenden Verantwortung, unter Belastungen und Beschneidungen, die ihr Leben als Paar und ihre erotische Beziehung treffen, unter Veränderungen ihrer Libido; sie entwickeln neue Vorstellungen davon, was es heißt, weiblich beziehungsweise männlich zu sein.

Neulich sprach ich mit Eleanor C., einer bislang kinderlosen Freundin, die verheiratet und Ende 30 ist. Sie vertraute mir an, jetzt sei es ihrem Gefühl nach für sie und ihren Mann Zeit, den Sprung ins kalte Wasser zu wagen und ein Kind zu bekommen. Als ich Eleanor fragte, ob sie weiterarbeiten würde, wenn sie ein Kind hätte, ob sie und ihr Mann sich ein Kindermädchen oder eine Tagesmutter leisten könnten, reagierte sie verunsichert und protestierte: „Nun übertreib aber nicht! Ich will doch nur ein Baby haben." Wir alle wollten doch nur ein Baby haben, nicht wahr? Was wir nicht unbedingt wollten, war die Persönlichkeitsveränderung, die wir als Mutter durchmachten. Eine Versicherungsangestellte, die 29jährige Juliet T., sagte: „Nichts in der Welt hätte mich darauf vorbereiten können, was es mit der Elternrolle wirklich auf sich hat. Ich war ganz euphorisch, das Kind zu haben, bis ich nach Hause kam – und dann überfielen mich die Ängste und Sorgen und eine tiefe Traurigkeit über meine neue Verantwortung, über die enorme Bedeutung dessen, was geschehen war, und über den Rollenwechsel, den ich vollziehen mußte."

Nina S. drückte diese Gefühle sogar noch deutlicher aus. Sie hatte jahrelang als Sekretärin gearbeitet, war unverheiratet und lebte mit ihrem Freund Colin zusammen, der jetzt der Vater ihres Kindes ist. Als sie 30 war, wurde sie schwanger. Nina hatte die Schwangerschaft nicht geplant, stellte dann aber fest, daß sie gern ein Kind haben wollte. Auch Colin fand, daß der Zeitpunkt richtig sei, und bald waren sie ganz und gar mit den Vorbereitungen für ihr neues Leben beschäftigt. Die Depressionen, die nach der Entbindung auftraten, waren für Nina ein höchst unwillkommener Schock, aber sie war in der Lage, einige der Widersprüche in ihrem Leben klar zu erkennen. „Ich hatte mein ganzes erwachsenes Leben lang immer gemacht, was ich wollte, und daran war ich gewöhnt. Nun hatte ich plötzlich nicht einmal mehr fünf Minuten für mich selbst zur Verfügung; ich konnte kein schönes langes Bad mehr nehmen, nicht mehr im Auto spazierenfahren, und sogar solche simplen Vergnügungen wie Zeitunglesen gehörten der Vergangenheit an."

Nina fragte sich manchmal, ob es nicht ein furchtbarer Irrtum gewesen sei, das Kind zu bekommen. Eine andere Mutter sagte es noch krasser: „Ich glaube, daß viele von uns nicht wirklich gern Eltern sind. Wir fühlen uns schuldig, wir fühlen uns gefangen – aber wir wollen uns das einfach nicht eingestehen."

Auf einer von Sozialpsychologen entwickelten Skala von Belastungen, die Markierungspunkte für Lebenskrisen darstellen, steht der Tod einer geliebten Person an erster Stelle; an zweiter Stelle steht oft die Heirat. Die Geburt eines Kindes wurde, aus welchen Gründen auch immer, als Belastungsfaktor übersehen.

George Brown und Tirril Harris untersuchen in ihrem Buch „Die sozialen Ursprünge der Depression"[29] den Einfluß sozialer Ereignisse auf unsere Kompetenz, unsere Anpassungsfähigkeit beziehungsweise Anfälligkeit für Depressionen. Die Autoren kommen zu dem Schluß, daß unsere Fähigkeiten, Streßsituationen zu bewältigen, durch verschiedene weiter zurückliegende oder gegenwärtige „Störbarkeitsfaktoren" beeinträchtigt werden. Der Tod der Mutter in der Kindheit oder der kurz zurückliegende Tod eines nahestehenden Menschen könnten solche Faktoren sein, die eine erhöhte „Störbarkeit" bedeuten. Meiner Ansicht nach ist die Geburt eines Kindes ein enormer Krisenfaktor im Leben, wenn wir in Betracht ziehen, mit welchen Bedürfnissen, Träumen und Erwartungen unser Kinderwunsch ursprünglich verbunden war. Die Sehnsucht nach einem Kind ist tief in unserer biologischen Struktur verankert; das Bedürfnis, uns fortzupflanzen, ist in uns genetisch programmiert; unbewußte sexuelle Sehnsüchte und das Bedürfnis, zu nähren und zu schützen, spielen dabei eine Rolle. Diese Motivationen haben mit unseren Fähigkeiten, die Mutter- oder Vaterrolle auszufüllen, mit einem Säugling umzugehen, ein Kleinkind aufzuziehen oder mit einem Jugendlichen fertig zu werden, meistens wenig zu tun. „Ich will doch nur ein Baby haben", sagen wir.

Wie findet man Zeit für eine sich wandelnde Beziehung?

Die meisten Baby- und Elternbücher haben die Tendenz, die Belastungen, der eine Beziehung durch ein Kind ausgesetzt sein kann, zu bagatellisieren. Sie raten zu Geduld, gegenseitiger Unterstützung und Toleranz für die Probleme, die der andere Partner gerade durchmacht. Diese guten Ratschläge können uns das Gefühl vermitteln, es sei eigentlich alles ganz einfach, und Schwierigkeiten gebe es nur in unserer eigenen Partnerschaft. Alle anderen Leute teilen sich die Arbeit mit dem Kind, führen abends inhaltsreiche Gespräche, lächeln gütig auf den in der Wiege schlummernden Säugling herab, gehen dann zusammen ins Bett und haben erotische, romantische Liebesnächte.

Jane Honikman, eine Mutter aus Santa Barbara in Kalifornien, ist die Mitbegründerin der seit einigen Jahren existierenden Gruppe PEP (Postpartum Education for Parents), eine der mittlerweile zahlreichen, überall in den USA entstandenen Eltern-Selbsthilfegruppen, die von unschätzbarem Wert sind. Jane Honikman schreibt auch Beiträge in einer von PEP herausgegebenen Zeitschrift.[30] Sie ist der festen Überzeugung, daß viele Paare mit Kleinkindern sich nur deshalb scheiden lassen, weil sie mit den überwältigenden Veränderungen nicht mehr fertig werden.

„Es gibt keine Intimität mehr in der Ehe; die Partner verlieren das Interesse aneinander, ihre gesamte Energie ist auf die Kinder gerichtet, und sie widmen ihrer eigenen Beziehung keine Aufmerksamkeit mehr. Damit müssen wir an einem bestimmten Punkt Schluß machen und uns fragen: Was hält uns als Familie eigentlich noch zusammen? Dann können wir nur noch hoffen, die Ehe zu retten, bevor sie unwiderruflich zerrüttet ist."

In vielen Ehen, die auf dem ungeschriebenen Gesetz von Gleichheit und gerechter Arbeitsteilung gegründet waren, fallen die Partner, sobald ein Kind da ist, in die traditionelle Rollenverteilung zurück. Ich glaube, daß es trotz aller bewußten Emanzipationsvorstellungen über die Verteilung der Hausarbeit und der Rollen für ein Paar (mit Kind) sehr schwer ist, sich von den traditionellen Rollenmustern zu lösen. Die Frau sieht sich als Mutter und ihren Mann als den „Ernährer". Der Mann sieht sich als Vater und Geldverdiener und seine Frau als „Mutter". Sie ärgert sich darüber, daß sie plötzlich die ganze Last der Hausarbeit und der Fürsorge für das Kind allein tragen soll. Er ist unzufrieden damit, daß die ganze Last der Versorgung der Familie ihm allein zufällt.

Heather D. war Lehrerin und malte in ihrer Freizeit. Sie und ihr Ehemann Eric waren Anfang 30 und hatten wenig andere Sorgen und Probleme, als ihr Leben und ihre Beziehung soweit wie irgend möglich zu genießen. Als sie Eltern wurden, veränderte sich das Bild. Heather gab ihre Stellung als Lehrerin auf und hatte vor, neben Haushalt und Familie ihre kreativen Ambitionen zu verfolgen. Aber die Ernüchterung ließ nicht lange auf sich warten.

„Wenn Eric nach Hause kam, saß ich oft vor dem Fernseher oder führte Telefongespräche. Das Baby schrie. Er brüllte mich an, ich hätte nicht saubergemacht und den ganzen Tag nichts getan. Ich war furchtbar wütend auf ihn, weil er mir nicht im Haushalt half. Ich kann dir sagen, ich schmiß das Geschirr an die Wand, so sauer war ich! Ehe wir das Kind hatten, wäre er nicht auf die Idee gekommen, an mir herumzukritteln, weil ich nicht saubergemacht hatte. Wieso war die Hausarbeit plötzlich nur meine Sache geworden? Du lernst eine Seite an deinem Mann kennen, die du nicht unbedingt magst!"

Bei beiden Partnern können üble Ressentiments hochkommen; jeder zieht sich in seine eigene Ecke zurück. Manchmal erfordert es viel Geduld, Entschlossenheit und harte Arbeit, eine Ehe lebendig zu erhalten. Julia F. zum Beispiel war eine Frau, die sich in der traditionellen Rolle wohl fühlte. Sie war glücklich verheiratet, zufrieden mit ihrem Leben, und sie genoß es, für sich und ihren Mann eine schöne, angenehme Umgebung zu gestalten. Als sie schwanger war, stellte die 29jährige Julia sich vor, daß sie ihr Kind bekommen und dann problemlos ihre gewohnte Routine wiederaufnehmen würde. Sie hätte nie mit einer Ehekrise gerechnet. Zuerst war Julia stolz darauf, daß sie früh aufstand, das Haus putzte, die Wäsche machte und nebenbei schon das Essen vorbereitete; Neil, ihr Mann, brauchte nicht auf die gewohnten leckeren Mahlzeiten zu verzichten. Sie war energiegeladen, begeistert und von Stolz erfüllt, daß sie ihr Leben so gestalten konnte, wie sie es sich gewünscht hatte. Dann setzten die Depressionen ein. Zum ersten Mal in ihrem Leben konnte Julia Neil ihre Gefühle nicht mitteilen. „Manchmal hatte ich das Gefühl, daß mein ganzes Leben sich geändert hatte, physisch und emotional, aber Neil ging wie immer morgens aus dem Haus und kam abends zurück. Es kam mir ungerecht vor, daß er sich, im Vergleich zu mir, so wenig umstellen mußte."

Julia mußte sich schließlich eingestehen, daß sie überfordert war. Sie suchte ihren Arzt auf, der ihr Antidepressiva verschrieb, aber es ging ihr dadurch nicht besser. Die Medikamente verstärkten nur ihre Müdigkeit und das Gefühl der Verwirrung. Julia und Neil entschlossen sich, einen Eheberater aufzusuchen: „Wir wollten die besondere Beziehung zwischen uns nicht aufs Spiel setzen, und wir waren der Ansicht, daß es uns helfen würde, mit jemandem über den Umstellungsprozeß zu sprechen. Wir sind seit drei Jahren verheiratet und kannten uns vorher schon sieben Jahre; wir haben Zeit für unser Vergnügen, unsere Reisen und unsere Arbeit gehabt. Wir kennen uns wirklich gut und hoffen, daß wir diese Krise auch durchstehen." Wenn wir nur alle so klug und weitblickend handeln könnten!

Eine Kinderkrankenschwester schrieb mir über die schwere Krisensituation in ihrer Ehe und über die Rettung in letzter

Minute. Bei Patty und Ted D. wurden die Eheprobleme durch Teds berufliche Schwierigkeiten verstärkt. Ted arbeitete im selben Krankenhaus, in dem Patty früher angestellt war. Er machte doppelte Schichten, einerseits wegen des Personalmangels im Krankenhaus, andererseits wegen ihrer finanziellen Lage, und fühlte sich in einem ungeliebten Beruf gefangen. Die 25jährige Patty mit ihren zwei Kleinkindern, die im Abstand von 23 Monaten zur Welt gekommen waren, sehnte sich nach ihrem Beruf und beneidete Ted darum, daß er zumindest aus dem Haus kam und mit anderen Leuten zusammensein konnte. Sie hatte ihren Beruf geliebt – aber ihre Kinder liebte sie auch. Jetzt, da Ted so selten zu Hause war, fühlte sie sich oft verlassen. „Ich war einsam, erschöpft und niedergeschlagen. Mir fehlte der Kontakt mit Freunden bei der Arbeit. Ted hatte überhaupt keine Vorstellung davon, wie schwer es war, mit zwei kleinen Kindern zu Hause zu sein, mit dem Gefühl, keine Aufgabe im Leben zu haben. Er dachte, für mich wäre es eine Erholung." Ted hatte das Bedürfnis, den ständigen Belastungen zu entfliehen und Zeit für sich selbst zu haben. Sie lebten in einem Dorf im Norden, und wenn er frei hatte, wollte er wandern oder fischen.

Patty wollte aber, daß er zu Hause bleiben und ihr helfen sollte, abzuwaschen, die Kinder zu wickeln, mit ihnen hinauszugehen und die Wäsche zu machen. „Ich war so tief in Frust und Selbstmitleid versunken, daß ich meinem Mann nicht zuhören konnte, wenn er versuchte, mir vom Ärger in seinem Job zu erzählen und davon, wie schlecht der ganze Arbeitsaufwand bezahlt würde. Er tat sich selbst so leid, weil er Geld verdienen und eine Familie ernähren mußte, statt draußen in den Bergen seinem Vergnügen nachgehen zu können, daß er für mein Unglück auch kein Verständnis hatte."

Patty und Ted trennten sich für eine Woche. Durch die Distanz erkannten beide, wie Patty sagte, „daß jeder den anderen mehr liebte als die eigene Misere". Nach langen klärenden Gesprächen einigten sie sich darauf, näher zu ihren Familien zu ziehen, sich kooperativer zu verhalten und sich mehr Zeit füreinander zu nehmen.

Wir haben alle unzählige Male in Büchern und Zeitschriftenartikeln den Rat gelesen, mit dem Partner zu reden, uns auszutauschen, unseren Kummer zur Sprache zu bringen, Abmachungen zu treffen statt zu streiten, der gegenseitigen Liebe Raum zu geben. Aber wenn man in tiefste Verzweiflung versunken, hoffnungslos und frustriert ist, kann es schwer sein, die Energie und die Motivation für ein Gespräch aufzubringen.

Nina S. erinnerte sich wehmütig: „Ich war daran gewöhnt, abends und an den Wochenenden unbegrenzt viel Zeit mit Colin zu verbringen; wir lagen einfach im Bett, genossen unsere langen Gespräche und unsere körperliche Intimität. Durch das Kind löste sich sogar die Nähe auf, die vorher zwischen uns bestand. Jetzt ging alle Zeit für das Kind drauf; wenn ich zu Bett ging, brach ich mehr oder minder vor Müdigkeit zusammen. Ich wußte, daß Colin in vieler Hinsicht dieselben Gefühle hatte, auch wenn er nicht darüber sprach."

Wenn in einer Ehe das Kind zu einem zu frühen Zeitpunkt kommt, kann das zu Enttäuschungen über den Verlust der Verliebtheit und der Ausschließlichkeitsgefühle in der frühen Phase der Beziehung führen. Es muß dann gleich ein doppelter Umstellungsprozeß bewältigt werden; die Umstellung auf eine andere Form der Beziehung und auf das Leben zu dritt. Ginny W. war 27 Jahre alt und erst seit sechs Wochen verheiratet, als sie schwanger wurde. Nachdem das Kind da war, sagte Ginny, „kam ich schließlich dahin, daß ich weinend zu Rob sagte, ich wollte, es wäre wieder so wie vorher; nur wir beide. Ich empfand das Baby als Eindringling. Mein Mann war auch völlig angespannt. Ich war nicht allein von dieser Veränderung betroffen."

In ihrem Buch „Psychologie und Psychopathologie der Elternschaft"[31] fragt Therese Benedek, warum Psychologen und Therapeuten es versäumt haben, die Entwicklung und die Situation von Eltern zu untersuchen. Warum konzentrieren sich alle Studien auf die Entwicklung von Kindern? Sie behauptet, der Grund dafür, daß sie sich keinen objektiven Überblick über die Entwicklungsstadien verschafft haben, die Eltern durchlaufen, sei ganz einfach der, daß sie selbst Eltern seien und nie darüber nachgedacht hätten.[32]

Die Entwicklungsschwierigkeiten, der Wandel von der Einzelpersönlichkeit, vom Kind-Erwachsenen ohne Verantwortung zum Elternteil mit deutlich umschriebenen Pflichten, Begrenzungen und ambivalenten Empfindungen ist ein wesentlicher Bestandteil des Erwachsenwerdens.

Was geschieht mit der sexuellen Beziehung?

Einige von uns fragen sich, ob unsere sexuellen Beziehungen je wieder so aufregend, zärtlich und erotisch werden, wie sie es waren, bevor wir Eltern wurden. In der Eltern-Kind-Literatur findet Sex nach der Geburt eines Kindes kaum Erwähnung. Vermutlich sollen Eltern keine erotisch empfindenden Menschen sein; offenbar wird angenommen, daß wir in unserem Entzücken über die Elternschaft gern bereit sind, unsere sexuellen Bedürfnisse zu unterdrücken. Die Anmerkungen zum Thema Sex beschränken sich entweder auf beschwingte und naiv-optimistische Versicherungen (Nach ein paar Wochen sollte alles wieder normal verlaufen – also bitte keine Aufregung!) oder sie warten mit medizinischen Details auf. Aus einer Studie von Masters und Johnson geht hervor, daß sogar noch drei Monate nach der Niederkunft das sexuelle Verlangen gering sein kann und daß die Frau nach der Entbindung möglicherweise schwerer zum Orgasmus kommt, aufgrund von Erschöpfung und Verspannung, empfindlichen Brüsten, Schmerzen nach einem Dammschnitt, Erholungsbedürftigkeit nach einem Kaiserschnitt oder aus Angst, die sexuellen Organe könnten sich verändert haben, die vaginalen Muskeln könnten entweder zu fest oder zu locker geworden sein.

Ein Faktor, der übersehen wurde, ist der Libidoverlust, der zu den deutlich spürbaren PND-Symptomen gehört. Die Werte des Schilddrüsenhormons sinken nach der Niederkunft auf ein Niveau ab, das niedriger ist als vor der Schwangerschaft und das mehrere Monate lang niedrig bleibt. Der Mangel an Schilddrüsenhormon scheint die weibliche Sexualität direkt zu beeinflussen. Frauen, die mit Thyroxin behandelt werden, finden im allgemeinen innerhalb von zwei bis drei Wochen zu ihren normalen sexuellen Bedürfnissen zurück.

Über die psychischen Belastungen, die aus der Veränderung der Paarbeziehung, dem veränderten Identitätsgefühl und den wechselnden Stimmungen resultieren, wird wenig gesagt. Heute gehört es zur Normvorstellung, daß wir gesunde (das heißt kontinuierliche und häufig praktizierte) sexuelle Beziehungen haben. Während es früher mit Scham verbunden war, einzugestehen, daß man ein Sexualleben hatte, ist es heute peinlich, zu erwähnen, daß man keine sexuellen Beziehungen hat.[33] Wie ist uns zumute, wenn wir nach der Kontrolluntersuchung beim Gynäkologen, sechs Wochen nach der Entbindung, keinerlei sexuelle Lust verspüren? Wie sollen wir es uns deuten, wenn wir, wie eine Frau schilderte, acht Monate lang im Vaginalbereich keine Empfindungen haben? Was sollen wir tun, wenn es so scheint, als hätten sich unsere Partner sexuell von uns abgewandt? Wir sind der quälenden Angst vor dem Verlust unserer sexuellen Lebendigkeit ausgesetzt.

Häufig spiegeln sich gerade in der Sexualität aber auch andere Veränderungen, denen unser Seelenleben und unsere Beziehungen ausgesetzt sind. Führen wir uns noch einmal das Ressentiment vor Augen, das eine Frau ihrem Mann gegenüber empfinden kann, wenn er nach der Geburt ihres so sehr erwünschten Kindes alle Freiheiten zu haben scheint, während sie sich eingesperrt und gefangen fühlt. Sie hat das Gefühl, daß ihr Leben sich radikal verändert hat, während sein Leben, in ihrer Sicht, ziemlich das gleiche geblieben ist. Wenn man die anderen Konflikte mit einbezieht, die ihre Partnerschaft bis ins Mark treffen, gibt es genügend Gründe für Unzufriedenheit auf beiden Seiten.

Spannungen in der Ehe kommen in dieser Zeit unweigerlich an die Oberfläche; im günstigsten Fall kann diese Zeit des Rückzugs und der Distanz beiden Partnern Gelegenheit geben, die Auswirkungen der Elternschaft auf ihr Leben zu begreifen. Die Beziehung zwischen Mann und Frau ist nach der Geburt eines Kindes vielen Veränderungen unterworfen. Vermutlich hat die Frau, bevor das Kind da war, ihren Mann bis zu einem gewissen Grad bemuttert. Solange sie kein Kind hatte, genoß sie es, ihren Mann zu umhegen und zu versorgen. Er sonnte sich in dem Gefühl, verwöhnt und bedient zu werden und für seine Frau die Nummer eins zu sein – und vergötterte seinerseits die Frau, wie er früher seine Mutter vergöttert hatte. Aber nun, da sie ein Kind hat, will seine Frau ihn nicht mehr bemuttern. Schlimmer noch, sie verachtet ihn für sein Bedürfnis, bemuttert zu werden, wo doch ihre eigenen Wünsche nach Pflege und Versorgung so offen zutage liegen. In ihrer Sicht ist der Mann, den sie geheiratet hat und den sie so sehr liebte, auf den Zustand eines egozentrischen Kindes regrediert.

Wir sollten auch in Betracht ziehen, wodurch sich eine Frau oder ein Mann sexuell anziehend und sexuell stimuliert fühlen. Sicherlich nicht durch Müdigkeit, durch Identitätsverlust, Beengungsgefühle und Mangel an Selbstwert und Selbstvertrauen. Wie die neuere Literatur zu diesem Thema gezeigt hat[34], brauchen beide Geschlechter ihre Phantasien – ihre Wunschbilder von Partnern, Situationen oder einem idealisierten Selbst – um sich sexuell angesprochen zu fühlen. Wie sollen wir positive Phantasien entwickeln, wenn unsere Identität geschwächt ist?

Bis zur Mutterschaft war unsere eigene Sexualität von verschiedenen Faktoren bestimmt: von unserer Beziehung zu Männern im allgemeinen, von der Einschätzung unseres Aussehens und unserer Wirkung auf andere; auch Kleidung spielte dabei eine Rolle. Keiner dieser Faktoren bleibt unverändert, wenn wir unseren kinderlosen Lebensstil aufgegeben haben.

Dianne McL. fühlte das Absinken ihres sexuellen Verlangens sogar schon während der Schwangerschaft. Als ihr Kind fast zwei Monate alt war, schrieb sie in ihr Tagebuch: „Ich habe seit sechs Monaten keinen sexuellen Kontakt mehr gehabt, und es fühlt sich wirklich so an, als hätte ich jedes Interesse verloren." Schon dadurch, daß sie dick und schwer geworden war, hatte sich ihr Selbstbild verändert. „Ich hatte früher Größe 36 und trug enganliegende Kleidung. Das gehörte zu meinem Bild von mir selbst, zu meiner Identität. In hautengen Jeans konnte ich Männer erotisch reizen; ich wußte das, und ich mochte es auch. Aber jetzt wüßte ich nicht einmal, was ich tun sollte, um mich selbst sexy zu fühlen."

Gehen wir noch einen Schritt weiter. Dianne vertraute mir an, daß sie ihr Töchterchen gern bei sich im Bett hatte. Sie hatte nichts dagegen, daß Roy, ihr Mann, sich angewöhnt hatte, im Wohnzimmer auf der Couch zu schlafen. „Neulich nachts kam er ins Schlafzimmer zurück, aber das paßte mir gar nicht. Ich war glücklich, mit meiner Tochter im Bett zu liegen. Ich stillte sie gerade, und das war ein solches Gefühl von Nähe – nur sie und ich."

Welche neue Mutter hat nicht die Loyalitätskonflikte gespürt, die an ihr zerren? Das Baby ist ihr Liebhaber geworden, der Mann ist der Eindringling. Ist er es nicht, ist das Kind der Eindringling. Die Frau ist in jedem Fall im Konflikt. Natürlich fühlen sich viele Männer verletzt, wenn sie in die Außenseiterrolle gedrängt werden, und ziehen sich entweder grollend oder schweigend zurück.

Unglücklicherweise ist der tote Punkt, den das Paar in sexueller Hinsicht erreicht hat, schwer zu überwinden, denn der Mann, der Hauptbetroffene in dieser Situation, die sich völlig seiner Kontrolle entzieht, leidet unter einem chronischen Gefühl von Zurückweisung; dazu kommt sein eigenes verändertes Selbstgefühl in der neuen Vaterrolle, und beides zusammen ist einfach zuviel für ihn. Vielleicht werden seine Reaktionen durch eine Wiederkehr der Eifersuchtsgefühle verstärkt, die er als Kind empfand, wenn er mit der Zurückweisung seiner Mutter konfrontiert war. Darauf kann der neue Vater mit Verdrängung oder mit Wut reagieren. Häufig ist es so, daß er dem Haushalt tagsüber länger fernbleibt. Es kann sein, daß er Trost in seiner Arbeit findet, auf die er, einer geläufigen gesellschaftlichen Vorstellung nach, nun mehr Energie verwenden soll, da die Familie mehr Geld braucht. Vielleicht findet er seine Zuflucht darin, daß er Sport treibt, nach der Arbeit in die Kneipe geht, oder er flüchtet, wie es so oft geschieht, in die Arme einer anderen Frau.

Das Absinken der sexuellen Bedürfnisse, das Frauen erleben, wenn sie Mutter werden, sollte uns aufmerksam machen und nicht verdrängt und tabuiert werden. Auf manche Frauen wirken sogar Zärtlichkeiten oder der bloße Gedanke daran, mit einem Mann zu schlafen, wie eine Verletzung. In der sensitiven, empfindlichen Phase, die sie durchleben, hat sich ihr sexuelles Verlangen in ein tiefes Bedürfnis nach Nähe und

Umsorgtsein transformiert. Daß ihre Männer sie brauchen, Ansprüche an sie stellen, kann zu einem noch entschiedeneren Rückzug führen. Eine neuentbundene Frau hat das Gefühl, ständig und auf jeder Ebene – körperlich, seelisch und emotional – nur geben zu müssen; ihr Säugling, ihre anderen Kinder und ihr Mann stellen Ansprüche an sie. Sex scheint in dieser Zeit das am wenigsten vordringliche Bedürfnis zu sein.

Die Psychotherapeutin Judith Klein fand einige Erklärungen dafür, warum wir in dieser unerwarteten Weise auf die Mutterschaft reagieren. Einer der Gründe, warum wir Mütter uns sexuell so sehr zu unseren Säuglingen hingezogen fühlen, ist der, daß die Erfahrung der Niederkunft die Erinnerung an unsere eigene Geburt und an die infantilen Sehnsüchte nach der Mutter in uns wachruft. Wir wollen das Gefühl von Wärme, Nähe und vollkommener Geborgenheit noch einmal durchleben, den zärtlichen Hautkontakt, die passiv-empfangende, frühkindliche Art von Sexualität, statt des Gebens und Nehmens der erwachsenen heterosexuellen Beziehung. Judith Klein führt noch genauer aus, was die Beziehung des kleinen Mädchens zu seiner Mutter beinhaltet und wie sie unsere erwachsenen Beziehungen beeinflussen kann.

„Therapeuten sind oft damit konfrontiert, daß eine Frau augenscheinlich das Interesse an der Sexualität oder an ihrer Ehe verliert, wenn sie Mutter wird. An der Oberfläche mag es so aussehen, als ob die Beziehung gestört ist oder als ob die Frau die Mutterschaft ablehnt, aber meistens geht es viel tiefer. Im Alter von fünf oder sechs Jahren ist sie durch die ödipale Phase gegangen, in der sie, als kleines Mädchen, die Phantasie hatte, mit dem Vater ein Kind zu haben. Diese Phantasien und die starken Gefühle für den gegengeschlechtlichen Elternteil lösen enorme Schuldgefühle aus; sie lernte fürchten, was sie für die Rache ihrer Mutter hielt: Wut, Ärger, Eifersucht oder Strafen. Wenn ihre Eltern sich in dieser Zeit scheiden ließen, hätte das einen Verstärkungseffekt gehabt; es wäre, als hätte die Mutter gesagt: Hier, du kannst Vater haben. Ödipale Phantasien werden im Lauf der Zeit verdrängt, durch die Geburt eines Kindes aber oft reaktiviert. Die unerwünschte Rückkehr der Kindheitsphantasien ist so angsteinflößend, daß

144

die Frau sich in eine masochistische Abwehrhaltung zurückzieht; sie wendet sich gegen ihren Mann und gestattet sich selbst nicht, in der Beziehung zu ihm Freude oder Genuß zu empfinden. Sie zieht sich sexuell zurück oder hat vielleicht Affären, oder sie provoziert den Bruch in der Beziehung."

Sexualität ist im allgemeinen mit dem Gefühl der Energie, der seelischen Ausgewogenheit und dem Gleichgewicht der normalen geistigen und biologischen Funktionen verbunden. Eine Situation, in der wir von emotionalen Ansprüchen überfordert sind, uns leer und erschöpft fühlen und so kraftlos sind, daß wir meinen, nicht über die Runden zu kommen, ist der Sexualität nicht zuträglich. Für einige von uns mag eine Eheberatung die richtige Lösung sein, für andere ein Wochenende oder ein Abend, den man zu zweit in anderer Umgebung verbringt, oder einfach, daß man sich die Zeit zum Reden nimmt. Auf die eine oder andere Weise müssen wir zu unserer Sexualität zurückfinden. Wir müssen uns darüber klarwerden, wer das Umsorgtsein besonders braucht (vermutlich werden es aber beide Partner brauchen) und wer was geben kann.

Julia T. zum Beispiel hatte das Gefühl, daß ihre Ehe seit der Geburt ihres Kindes langsam zugrunde ging. Sie kam auf die Idee, am Valentinstag ein Hotelzimmer zu bestellen, es mit Champagner und Kerzen auszustatten und ihren Mann dorthin zum Abendessen einzuladen. „Ich wußte, wenn ich nicht bald eine Anstrengung unternahm, würde ich ihn verlieren. In dieser Zeit empfand ich es schon als besondere Leistung, mit ihm auch nur Händchen zu halten. Es war kaum noch etwas von mir übrig", sagte sie.

Wenn die Trennung als die einfachste Lösung erscheint

Die gegenseitigen Ressentiments können sich bis zu einem Punkt steigern, an dem es so aussieht, als ob die Ehe unwiderruflich zerrüttet sei. Dann erscheint die Scheidung als die einfachere Lösung. Wir müssen uns nicht unbedingt die Statistiken ansehen, um zu wissen, daß die Elternschaft viele Paare auseinanderbringt. Vielleicht haben die Partner neue, weniger schmeichelhafte Vorstellungen voneinander gewonnen. Vielleicht sind bei den Machtkämpfen in der Beziehung die Demarkationslinien so unklar geworden, daß keiner der Partner sich mehr in seiner Haut wohl fühlt. Die Mutterschaft hat der Frau vielleicht ein neues Machtgefühl gegeben – und nun ist das empfindliche Gleichgewicht, das die Beziehung früher aufrechterhielt, gestört. Ihr (oder sein) sexueller Rückzug kann der Keil gewesen sein, der sie schließlich wirklich auseinandertrieb. In vielen Ehen ist eine solche Situation nur mit viel Arbeit und Anstrengung aufzulösen. Ich wünschte, in solchen Krisenzeiten würde den Partnern als Paar mehr Mitgefühl und Verständnis entgegengebracht.

Cheryl J. hatte einen Ganztags-Job als Sekretärin. Sie war 28 Jahre alt und lebte allein mit ihrem einjährigen Sohn, getrennt von Alec, ihrem Mann, der sie verlassen hatte, als Billy gerade viereinhalb Monate alt war. Die Krise dieses Paares ist heute gar nicht ungewöhnlich. Cheryl hatte nach der Geburt von Billy erkannt, daß Alec bemuttert werden wollte und daß sie keine Lust hatte, ihn zu bemuttern. Sie nahm ihm übel, daß er ihr nicht im Haushalt half, und sie war wütend, weil sie, aufgrund der finanziellen Situation der Familie, mitverdienen mußte und folglich nicht die Art von Mutter sein konnte, als die sie sich immer gesehen hatte. „Ich hatte höllische Kräche mit Alec, weil ich schließlich nicht alles allein machen konnte. Ich arbeitete wieder, und wenn ich nach Hause kam, warteten Hausarbeit und Mutterpflichten auf mich. Alec verließ abends das Haus, oft mehr als vier Stunden lang, während ich versuchte, alles zu schaffen. Ich lag dann im Bett, mit dem Baby in meiner Nähe, und er wollte wissen, warum ich immer schliefe, wenn er nach Hause kam. Ich versuchte ihm zu erklären, unter Tränen, daß ich nicht alles allein schaffen könne und daß ich Hilfe brauchte, wenn ich weiterarbeiten sollte. Wirklich, ich wollte zu Hause bleiben und mich um mein Kind kümmern. Ich wollte eine gute Frau und Mutter sein."

Cheryl glaubte, daß ihre Depressionen weniger durch die Trennungskrise ausgelöst wurden als durch die Unfähigkeit ihres Mannes, die Vaterrolle zu akzeptieren. In ihrer Situation war sie natürlich nicht in der Lage, seine Situation zu verstehen. Cheryl war wütend darüber, daß sie das ideale Bild ihrer selbst als Mutter nicht ausleben konnte. Sie war frustriert, weil sie sowohl die Mutter- als auch die Vaterrolle übernehmen mußte (die Hausarbeit und Kinderpflege und die finanzielle Versorgung). Ihre Depressionen ließen nach, als Alec sie verließ. So hatte sie zumindest alles selbst in der Hand. „Letztendlich ging es mir besser ohne ihn. Mein PND-Zustand ging vorüber, als mein Mann mich verließ."

Viele Frauen sind der Ansicht, daß Männer für die Auswirkungen von PND sensibilisiert werden müssen, daß sie lernen sollten, was im ersten Jahr nach der Geburt eines Kindes von ihnen erwartet wird. In der Sicht dieser Frauen sollten die Männer wissen, daß eine neue Mutter von ihrem Mann bemuttert werden muß. Sie sagen, daß eine neuentbundene Frau besser mit einem Mann zurechtkommt, der sich fürsorglich, unterstützend und geduldig verhält und keine Ansprüche stellt. Es wäre verständlich, wenn Männer darauf mit der Frage reagierten: Und was ist mit uns? Wir brauchen auch Verständnis; was ist mit unseren Bedürfnissen?

Tatsächlich wird weitgehend übersehen, welche Probleme Männer durchzustehen haben, wenn sie Väter werden. Vielleicht ist das nicht überraschend in einer Gesellschaft, die gerade erst angefangen hat, zu begreifen, was Frauen nach der Niederkunft durchmachen. Wir sollten jedoch unsere Aufmerksamkeit auch auf die komplexen Veränderungsprozesse richten, die sich nach der Geburt eines Kindes im Leben von Männern vollziehen – in ihrem eigenen Interesse und auch im Interesse von Frauen.

Über Väter und einige Sonderfälle
von Mutterschaft

Wir könnten uns fragen, wieso postnatale Depression – wenn sie eine biochemische Reaktion auf den Prozeß der Entbindung ist – auch von Vätern, Stiefmüttern und Müttern adoptierter Kinder erlebt werden kann. (Die in diesem Kapitel ebenfalls angesprochenen Probleme älterer Mütter weichen nicht so sehr von dem bisherigen Interpretationsmodus ab.) Tatsächlich leiden Väter, Mütter adoptierter Kinder und Stiefmütter nach ihren eigenen Aussagen aber auch unter PND.

Ich habe mich bemüht, zu zeigen, daß Frauen nicht selbst die Schuld an den Depressionen trifft, unter denen sie leiden; mit dem zweiten Teil dieses Buches verfolge ich die Absicht, gleichsam wie unter einem Vergrößerungsglas die Gefühle und Stimmungen darzustellen, die uns vielleicht nicht ganz bewußt werden und die dennoch heftig auf uns einwirken, wenn wir neu mit der Elternrolle konfrontiert sind. Wenden wir uns zuerst den Vätern zu: Die psychischen Krisen, die mit dem Übergang in die Elternrolle einhergehen, können für sie genauso überwältigend sein wie für ihre Frauen.

Bei der Mehrzahl der Männer wird es nicht zu so schweren PND-Erscheinungen kommen wie bei einer neuentbundenen Frau, denn der biochemische Anteil der Depression fällt weg. Aber die Verunsicherung, die ein Mann in der Konfrontation mit der Vaterrolle erlebt, insbesondere, wenn er wenig Verständnis für seine Gefühle findet, kann zu chronischem Streß oder zu Depressionen führen, die vielleicht jahrelang andauern; sie können sich im Mißbrauch von Alkohol oder anderen Drogen äußern, im Ausbrechen aus der Beziehung oder in einer auf Streß beruhenden Krankheit, einem Herzanfall zum Beispiel.

Es ist paradox: Gesamtgesellschaftlich wird Vätern zwar nicht viel Mitgefühl entgegengebracht (es gilt immer noch als unmännlich, wenn ein Mann Gefühle zeigt – und sei es Sorge wegen seiner Vaterschaft), aber gleichzeitig erleben wir in den

148

Medien zur Zeit eine Großkampagne der neuen „Freude an der Vaterschaft". Im Endeffekt kann diese Vaterschaftsemphase PND bei Männern verstärken, weil auch sie sich damit herumschlagen, einem vorgefertigten Idealbild nachzuleben. Vielleicht hat das Buch von Bob Greene über Väter („Good Morning, Merry Sunshine")[35], das zur Zeit in Amerika ein Bestseller ist, bei manchen Männern ein Lächeln des Wiedererkennens hervorgebracht – bei jenen Männern, die schon einiges vom Mythos des „neuen Mannes" in ihr Leben übernommen haben und die sich stolz mit ihren Babys im Rucksack oder im Tragetuch im Park und im Supermarkt zeigen. Trotz dieser ermutigenden Anzeichen bleiben noch viele Fragen offen. Millionen von Männern identifizieren sich nicht mit dem Bild des „neuen Mannes" und bringen den Vorstellungen von neuer Vaterschaft kein Interesse entgegen. Es gibt Männer, die zwar „neue Väter" sein möchten, aber schon im ersten Ansatz scheitern. Andere Männer haben das Problem, daß ihre Frauen den „neuen Mann" in ihnen sahen und, nachdem das Kind da war, von ihrem Verhalten enttäuscht waren.

Bisher haben wir weder genug Zeit noch genügend Distanz gehabt, um die Auswirkungen der neuen Vaterrolle zu erkennen – auf die Männer, auf die Kinder und auf uns selbst. Wir Frauen haben heute neue Erwartungsmuster, nach denen wir unsere Männer als Partner beurteilen. Wenn Paare Eltern werden, kommen regelmäßig Macht- und Entscheidungsfragen ins Spiel. Viele Frauen sind überrascht, wie schwer sie sich an das Leben mit einem „neuen Vater" gewöhnen können, wenn das auch beinhaltet, daß sie dem Mann gewisse Entscheidungen über das Leben des Kindes überlassen müssen, denn früher war alles, was das Kind anging, die alleinige Domäne der Frau. Die erschöpfte Mutter, die sich beklagt, daß ihr Mann das Fläschchen nicht fertigmacht, nachts nicht aufsteht oder sich nicht um einen neuen Babysitter bemüht, wenn die reguläre Hilfe ausfällt, ist vielleicht nicht wirklich bereit, ihrem Mann genug Zeit und Raum zu geben, daß er seinen Anteil an den Pflichten auch erfüllen kann. Auf subtile Weise behält sie alles, was das Kind betrifft, unter Kontrolle, denn in Wahrheit fühlt sie sich unsicher, wenn sie diese Macht aufgibt. Es ist immer schwierig, Aufgaben, die man als die eigenen akzeptiert hat, zu delegieren; besonders hart ist es aber für Frauen, die Kontrolle über Bereiche aufzugeben, in denen sie seit Jahrhunderten die dominierende Rolle gespielt haben. Viele Ehen zerbrechen genau an dieser Art von Machtkampf. Gewöhnlich wird dem Mann die Schuld gegeben („Er verließ sie, kurz nachdem sie das Kind bekommen hatte – er wollte einfach keine Verantwortung übernehmen", lautet unsere Kritik); und doch frage ich mich manchmal, ob diese Männer nicht die Opfer eines neuen Rollenkonflikts sind.

Der Mann versteht nicht, wo sein Platz in der neuen Familienkonstellation ist; er darf die traditionelle Rolle des Versorgers, der Autorität und der stützenden Kraft im Hintergrund nicht mehr spielen – aber die neue Rolle des gleichberechtigten Partners, der seinen Anteil an allen Pflichten übernimmt, wird ihm auch nicht zugestanden. Er fühlt sich auf allen Ebenen unterminiert und geht schließlich seiner Wege. „Seit ich geschieden bin und die Frage des Sorgerechts vernünftig geregelt ist, kann ich meinen Sohn zu meinen eigenen Bedingungen sehen. Ich kann Entscheidungen treffen und meine Beziehung zu ihm auf meine Art gestalten", sagte Frank M., der geschiedene Vater eines dreieinhalbjährigen Kindes. „Sie riß wirklich alles an sich und schloß mich aus, drängte mich hinaus, als wäre ich ein Niemand." Frank zog aus der gemeinsamen Wohnung aus, als sein Sohn vier Monate alt war. Im Rückblick wurde ihm klar, daß die Trennung für ihn ein Mittel gewesen war, sich etwas von der Entscheidungsfreiheit zu erhalten, die er so sehr gebraucht und gewünscht hatte.

Nick, der Ehemann von Laura S., sagte im Gespräch über Lauras noch andauernde Depression, die fünf Monate nach der Geburt ihres Sohnes Bobby begonnen hatte, daß ihre Ehe dadurch natürlich sehr belastet sei, obwohl sie bereits seit zehn Jahren verheiratet waren. „Man braucht unglaubliche emotionale Reserven, wenn man sich entschließt, ein Kind zu haben", fügte er hinzu; mehr wollte er über das Thema nicht sagen.

Wenn Männer Väter werden, können sie denselben psychischen und emotionalen Krisen ausgesetzt sein wie ihre Frauen. Vielleicht werden alte Kindheitskonflikte reaktiviert; der

150

Mann durchlebt noch einmal die Wünsche, die er als Kind an seine Mutter richtete, oder er geht durch ungelöste eigene Vaterkonflikte hindurch, die sich in sexuellem Rückzug von seiner Frau manifestieren können. Wenn ein Mann Probleme in der Beziehung zu seinem Vater hatte, sich nicht mit ihm identifizieren konnte oder sich nicht geliebt fühlte, kann der Übergang in die eigene Vaterrolle Ängste vor der Konfrontation mit diesen Seiten seiner Persönlichkeit auslösen.

Männer können auch eine Art Geschwisterrivalität mit dem Säugling erleben, einen Kampf um die Liebe und die Aufmerksamkeit der Frau. Diese Rivalität drückt sich in einem unerwünschten Ressentiment dem Kind gegenüber aus, das ihn, den Vater, seinem Gefühl nach nicht liebt. Oder das Schreien des Kindes, seine offensichtliche Vorliebe für die Mutter, kann in ihm die Angst vor Liebesverlust aus der eigenen Kindheit wiedererwecken.

In sexueller Hinsicht hat der Mann vielleicht ambivalente Gefühle in sich entdeckt, seit seine Frau schwanger wurde. Ganz unabhängig davon, ob die Libido seiner Frau sich durch die Schwangerschaft verändert hat – seine Libido kann sich verändert haben. Verdrängte ödipale Sehnsüchte nach der Mutter können sich in Form von Angst oder Ekel vor dem Körper der Schwangeren äußern.

Wenn die Frau unter PND leidet, wird dem Mann in einem viel höheren Maß, als er erwartet hatte, die starke und unterstützende Rolle abverlangt. Wenn ein frischgebackener Vater mit diesem unerwarteten Anspruch konfrontiert wird, kann das auch bei ihm zum Zusammenbruch führen; er ist verunsichert, weil er nicht versteht, was mit seiner Frau geschieht, was aus dem Bild wird, das er von ihr als Mutter hatte, und aus seinen Wunschvorstellungen vom Familienleben. Er leidet unter seiner eigenen Identitätskrise, hat Angst, daß sein Leben für immer außer Kontrolle geraten ist, und fühlt sich ebenso eingesperrt wie sie. Das kann zu einer depressiven Reaktion führen, oder dazu, daß er sich stärker aus dem gemeinsamen Leben zurückzieht und sich in seine Arbeit vergräbt.

Judith Klein weist darauf hin, daß wir die Stimmungsschwankungen bei Männern immer mit anderen Streßfaktoren in Verbindung gebracht haben: mit Arbeitsdruck, mit dem Wunsch, mehr zu verdienen, um die Familie zu versorgen, mit der Angst, daß sie durch die emotionale Hinwendung der Frau zu ihrem Kind Verluste an Nähe und Wärme hinnehmen müssen. Männer lernen gerade erst, offen über ihre Gefühle zu sprechen; vielleicht werden wir in Zukunft mehr über das Verhältnis von Männern zur Vaterschaft erfahren.

Pioniere unter den Männern, die mit ihren Frauen die Rollen tauschten und als Hausmänner lebten oder einen wirklich gleichen Anteil an Hausarbeit und Kindererziehung übernahmen, könnten in dieser Hinsicht Wichtiges zu sagen haben. Simon S. war 28 Jahre alt, als er und Madeleine ihre Tochter Estelle bekamen. Madeleine hatte bereits einen guten Job als Zeitungsredakteurin, der aussichtsreich war und der sie beide ernähren konnte. Simon identifizierte sich nicht so sehr mit seinem Job; er hatte sich immer mehr Zeit gewünscht, um seine schriftstellerischen und musikalischen Fähigkeiten weiterzuentwickeln, und war einverstanden, die häusliche Rolle zu übernehmen und das Kind zu versorgen, zumindest während des ersten Jahres. Der gesellschaftliche Bedarf an Leitfiguren, die das Image des glücklichen „neuen Vaters" repräsentieren, ist enorm – Simon wurde häufig in Zeitschriften und im Fernsehen als Prototyp vorgestellt.

Das Paar zog ins Grüne, in einen hübschen Vorort, von dem aus Madeleine günstige Verkehrsverbindungen zur Innenstadt hatte. Simon genoß die friedliche Umgebung und die ruhige Alltagsroutine, fühlte sich aber auch isoliert und auf sich selbst zurückgeworfen. Er plauderte gelegentlich mit den Müttern der Nachbarschaft im Park oder im Supermarkt, aber es entwickelten sich keine echten Freundschaften. „Wie hätte das auch gehen sollen?" fragte Simon im Scherz. „Alle Ehemänner der Nachbarschaft wären hinter mir hergewesen." Simon gab sich große Mühe, dem neuen Mythos zu entsprechen und sein Image aufrechtzuerhalten. Natürlich war er glücklich; er war aus dem hektischen Konkurrenzkampf heraus, er brauchte nicht in den Vorortzügen zu hocken, und Estelle war einfach hinreißend! Aber mit dem Schreiben kam er nicht weiter, und seine Stimmung wurde immer düsterer. Was die Sache noch schlimmer machte, war ein plötzlicher Aufschwung in Madeleines Karriere. Sie wechselte zweimal den Job, bekam Aufträge vom Fernsehen und wurde schließlich eine kleine Berühmtheit mit Auftritten in Talkshows und einer eigenen Zeitungskolumne. Um Simon aus seiner Verzweiflung herauszuhelfen und ihm mehr Freiraum zu geben, stellte Madeleine eine Haushaltshilfe ein. Simon war schwer depressiv, bis er einen Auftrag aus dem Ausland bekam, einen langen Artikel zu schreiben. Voller Wonne steckte er Stift und Notizblock ein und verschwand für sechs Wochen. Er kam ohne Depressionen zurück. In die normale Berufswelt wollte er nicht zurückkehren, das war ein Grundproblem, das er mit sich selbst abmachen mußte. Er brauchte Zeit und Selbstvertrauen, um als Schriftsteller weiterzukommen, und das bedeutete, daß seine Verdienstmöglichkeiten begrenzt waren, um es milde auszudrücken. Simon machte dasselbe durch, was viele Frauen durchmachen, wenn sie Mütter werden. Sie sind von ihrem früheren Lebensstil abgeschnitten und erleben plötzlich eine Identitätskrise, leiden unter dem Verlust ihres Selbstwertgefühls und ihrer Freiheit. Simon muß sich gefragt haben, wer er eigentlich war: Mann oder Frau – mütterliche Bezugsperson oder Ernährer? Wie definierte er Männlichkeit – und wie wurde sie von der Außenwelt definiert? Madeleine kam, nach ihren eigenen Worten, schließlich zu der Ansicht, daß sie eine Haushälterin bezahlen mußte, da Simon nie alle Hausarbeit erledigte, wie eine Hausfrau es getan hätte. Er putzte nicht, kümmerte sich nicht um die Mahlzeiten und um die täglich anfallende Wäsche. Da Madeleine auch als Frau und Mutter einen Perfektionsanspruch an sich selbst hatte, schuftete sie wie ein Pferd. Sie kochte jeden Abend für die Familie und bereitete sogar noch Simons Mittagessen für den nächsten Tag vor. Welcher berufstätige Ehemann hätte das je für seine Frau getan?

Madeleine berichtete auch, daß sie und Simon in den letzten acht Jahren mindestens dreimal eine Eheberatung in Anspruch genommen hatten. Beide haben Zeit und Mühe darauf verwendet, an etwas zu arbeiten, das sich als eine sehr gute Ehe und als eine unkonventionelle, aber tragfähige Beziehung erwiesen hat.

Wenn die Rollen vertauscht sind, wird dem leicht störbaren und empfindlichen Gleichgewicht, das eine Beziehung lebendig erhält und beide Partner in emotionaler und sexueller Hinsicht zufriedenstellt, im allgemeinen mehr Aufmerksamkeit entgegengebracht. Wir bringen nicht die gleiche Sensibilität auf, wenn wir in der traditionellen Rollenverteilung leben und wenn die Frau die Aufgaben übernehmen muß, die für Simon eine solche Last waren.

Madeleine entdeckte, daß ein Weg, Probleme in der Beziehung aufzufangen, größere Ebenbürtigkeit in finanzieller Hinsicht war. Die Tatsache, daß Reparaturen im Haus, ein neues Auto, eine Ferienreise nur bezahlt werden konnten, wenn Madeleine genug Geld auf dem Konto hatte, belastete Simons vermindertes Selbstwertgefühl nur noch mehr. Der Idee einer echten Umkehrung der Rollen folgend, entschloß Madeleine sich, Simon einen eigenen Unterhalt zukommen zu lassen. Sie überwies ein monatliches Einkommen auf sein Konto und stellte so das Gleichgewicht ihrer materiellen Unabhängigkeit her. „Wir müssen noch viel lernen, aber ich glaube, wir haben eine Lösung gefunden, mit der wir beide glücklich sind. Und für Estelle war es sicher wunderbar, während all dieser Jahre immer ihren Vater um sich zu haben", erklärte Madeleine.

Die Mutterschaft beziehungsweise die Vaterschaft hat ihren Preis – und es wird schmerzhaft klar, wie hoch dieser Preis ist, wenn ein Vater Mutter spielt. Wir weigern uns dennoch, den Streß und die Belastungen zu erkennen, deren Bewältigung von Frauen ganz selbstverständlich erwartet wird, wenn sie Mütter werden. Als der 35jährige Vater eines Neugeborenen kürzlich seine Arbeit niederlegen mußte, weil seine Frau in der postnatalen Phase einen Herzanfall erlitten hatte und im Koma lag, wurde ihm kostenlos eine Kinderschwester zur Verfügung gestellt, die tagsüber ins Haus kam, so daß er zur Arbeit gehen und seine Frau im Krankenhaus besuchen konnte.

Eine tragische Situation – die aber durch ein gut funktionierendes Versorgungssystem aufgefangen wurde. Würde irgend jemand auf die Idee kommen, einer neuentbundenen Mutter diese Hilfe zur Verfügung zu stellen, wenn ihr Mann im Krankenhaus läge? Nein – von Frauen wird erwartet, daß sie sich allein durchschlagen, ohne Hilfe und Unterstützung. Wir erwarten einfach, daß sie sich um ihre Angelegenheiten kümmern und sich nicht beklagen. „Du wolltest das Kind doch schließlich haben", heißt es dann, in kritischem Ton und mit vorwurfsvoller Miene, wenn eine Mutter es wagt, ihre Erschöpfung oder ihre Unfähigkeit, mit der Situation zurechtzukommen, laut zu äußern.

Ältere Mütter

Wenn sie Eltern werden, investieren viele Menschen ungeheure emotionale Energien in den Glauben an ihre Fähigkeiten, es besser zu machen als vorangegangene Generationen, Freunde oder Kollegen; sie sind fest davon überzeugt, daß sie alles im Griff haben werden. Eine Gruppe, die besondere Schwierigkeiten hat, sind die älteren Mütter.

Als ich mein erstes Kind bekam, war ich 31 Jahre alt und war der Meinung, ich gehörte der Generation der neuen älteren Mütter an. Inzwischen ist mir klar, daß ich relativ jung war. Die älteren Mütter haben einen großen Teil ihres Lebens im Engagement für ihre Arbeit verbracht; wenn sie dann um die 40 ein Kind bekommen, sind sie – bestärkt von ihren Partnern – entschlossen, zu beweisen, daß sie genauso gut, wenn nicht besser sind als traditionelle oder jüngere Mütter. Sie sind sich der gesellschaftlichen Normvorstellung bewußt, daß Frauen über 30 oder 35 zu alt für Kinder sind, und handeln ihr zuwider; sie wissen, daß in ihrem Alter das Risiko größer ist, ein mißgebildetes Kind zu bekommen. Sie sind sich darüber im klaren, daß sie vielleicht bereits auf ihren Lebensstil festgelegt, unflexibler und in ihrer Kraft angegriffen sind – und gerade aus diesen Gründen sind sie fest entschlossen, es zu schaffen, zu beweisen, daß sie tatsächlich nahezu vollkommen sind. Ihre Erwartungen können von der Realität noch wesentlich weiter entfernt sein als die der jüngeren Frauen.

Betrachten wir einige der tieferliegenden psychischen Probleme, die mit der späten Mutterschaft beziehungsweise mit dem Aufschieben der Mutterschaft verbunden sind, denn diese Frauen haben während des größten Teils ihrer empfängnisfähigen Jahre den Kinderwunsch hinausgeschoben. Die Therapeutin Joan Raphael erklärt in ihrem Essay „Psychotherapie mit schwangeren Frauen", daß eine Frau, die sich erst spät zur Mutterschaft entschließt, die Schwangerschaft in den Jahren davor bewußt hinausgeschoben, vermieden, vielleicht abgebrochen, die Möglichkeit ignoriert oder mit starker Ambivalenz betrachtet hat. Die ambivalenten Gefühle dieser früheren Jahre sind, selbst wenn sie bewußt überwunden wurden, im Unbewußten noch präsent. Vielleicht schob die Frau den Kinderwunsch hinaus, bis sie dem richtigen Mann begegnete oder bis sie einen bestimmten Status im Beruf erreicht hatte. Oder das Ablaufen der biologischen Uhr zwang sie schließlich zu einer Entscheidung. Mit der abrupten Veränderung der Einstellung, mit dem Freigeben lange unterdrückter mütterlicher Gefühle, mit dem Überwinden der Angst und der Verleugnung kann eine solche Euphorie einhergehen, daß die ältere Mutter nicht einen Augenblick lang auf die warnenden und negativen Empfindungen hört, die ihr zuflüstern: Denk an die Realität! Wie sieht die Realität für ältere Mütter aus? Das biologische Alter läßt sich nicht verleugnen. Obwohl ein Kind in mancher Hinsicht verjüngend wirken kann (die Frau fühlt sich vielleicht in die Altersstufe zwischen zwanzig und dreißig zurückversetzt), ist nicht zu übersehen, daß Ermüdung und Erschöpfung bei dieser Art von Mutterschaft eine besonders wichtige Rolle spielen.

Mary S. zum Beispiel ist eine interessante Frau, eine kluge und quirlige Zeitungsreporterin, deren Name auf einer ganzen Reihe von Buchtiteln prangt. Mit ihrem attraktiven Mann und ihrem hübschen fünfzehn Monate alten Sohn führt sie ein beneidenswertes Leben. Mary war gerade 40 geworden, als wir uns kennenlernten. Ich fragte sie, ob sie seit der Geburt von Noel je unter PND gelitten habe, da ich bemerkt hatte, daß sie nie einen Satz beendete und oft völlig zerstreut wirkte. Mary lachte auf. „Nein, nicht solange er ein Säugling war. Jetzt, in diesem Kleinkindalter, werde ich nicht mehr damit fertig. Ich fühle mich wirklich wie in einer Tretmühle, mit meiner Arbeit bei der Zeitung, meinen Buchprojekten und dem Kind, um das ich mich kümmern muß. Bruce und ich haben dieses Kind wirklich gewollt. Nun bin ich 40, habe diesen niedlichen kleinen Jungen und bin wirklich außerordentlich dankbar, daß ich noch die Möglichkeit hatte, ein Kind zu bekommen. Ich hätte es nicht mehr für möglich gehalten. Aber es war ein Schock für mich, als Mutter meine eigenen Grenzen zu erkennen. Ich habe einfach nicht die Geduld. Manchmal habe ich das Gefühl, daß ich durchdrehen werde. Ich frage mich: Wo bin *ich* eigentlich geblieben?"

Ältere Mütter und Väter sind tatsächlich oft sehr dankbar, daß sie noch Kinder bekommen konnten. Sie sind sich bewußt, wie sehr das Kind ihr Leben und vielleicht ihre Ehe bereichert und daß es ein schrecklicher Verlust gewesen wäre, kein Kind zu haben. Sie haben stärkere Schuldgefühle als durchschnittliche Eltern, wenn sie eingestehen, daß irgend etwas nicht in Ordnung ist. Viel stärker als jüngere Eltern haben sie die Tendenz, Ungeduld, Erschöpfung und Depressionen zu verleugnen. (Im Hintergrund hören sie immer schon die kritischen Bemerkungen: „Wir haben es euch ja gesagt, daß es schwierig ist, mit 40 noch ein kleines Kind zu haben.")

Als ich mit Mary sprach, vermied sie zunächst jede Äußerung, die das rosige Bild hätte trüben können, das sie gern von ihrer Mutterschaft entwarf. Aber nachdem sie Vertrauen zu mir gefaßt hatte, sprach sie offener. Als ich andeutete, daß sie zum Beispiel aufhören könnte, Bücher zu schreiben, wenn ihr jetzt die Arbeit bei der Zeitung, das Leben mit dem Kind und die sozialen Kontakte einfach zuviel würden, sah sie mich völlig entgeistert an. „Die Bücher brauche ich. Sie sind meine einzige Möglichkeit, kreativ zu sein. Den Zeitungsjob mache ich hauptsächlich, weil wir das Geld brauchen. Mit einem Gehalt kommen wir nicht aus, und ich mag es auch, daß mein Leben dadurch strukturiert wird. Aber das Schreiben ist meine größte Liebe – und Noel natürlich auch. Ich kann weder ihn noch das Schreiben aus meinem Leben wegdenken."

Dann seufzte sie und sagte: „Wenn ich versuche, auf dem Eßzimmertisch ein Fotolayout zu machen, und am nächsten

Tag ist Redaktionsschluß und Noel kommt mir zum dritten Mal dazwischen und wirft alles durcheinander, kann ich das weder niedlich noch lustig finden; dazu bin ich einfach nicht der Typ. Weißt du, was ich samstags mache? Wenn Noel seinen Mittagsschlaf macht, eineinhalb Stunden zur Zeit, springe ich ins Auto und rase ins Büro, um eine Stunde in Ruhe arbeiten zu können. Der Aufwand lohnt sich; ich brauche diesen Ausgleich für mein seelisches Wohlbefinden."

Viele ältere und/oder berufstätige Mütter verstehen, warum Männer sich in ihre Arbeit flüchten, sobald sie eine Familie haben. Frauen würden, wenn sie die Möglichkeit hätten, genau das gleiche tun. Sie würden alles geben, nur um Frieden und Ruhe zu finden und das Gefühl zu haben, daß ihr Leben wieder überschaubar ist. Selbst wenn ältere Mütter nicht auf einen bestimmten Lebensstil festgelegt sind, haben sie sich vermutlich doch an ein gewisses Maß von Kompetenz, Unabhängigkeit und Freiheit gewöhnt und erwarten oder verlangen Phasen von Ruhe und Ungestörtheit in ihrer Alltagsorganisation. Ein chaotischer Haushalt mit schreienden Kleinkindern greift ihre Nerven stärker an als die jüngerer Frauen. Unterbrochene Schlafzyklen können sie physisch mehr schwächen. Es kann schwierig für sie werden, Dreck, Chaos und Krisensituationen zu ertragen und Geduld für die Unterbrechungen und Störungen durch die ständigen Bedürfnisse von Kleinkindern aufzubringen, die zu ihren eigenen Bedürfnissen als Frau und berufstätiger Mutter im Widerspruch stehen. Das soll durchaus nicht heißen, daß Frauen ihre Kinder nur in jüngeren Jahren bekommen sollten. Aber eine ältere Frau sollte sich dieser Tatsachen bewußt sein und sie akzeptieren.

Lilian P., die jetzt Anfang 40 ist und wieder in ihrem früheren Job bei einer Wohnungsgenossenschaft arbeitet, hat drei Söhne, die sie mit 33, 35 und 37 Jahren zur Welt brachte. Sie ist der Ansicht, daß es klare Vorteile bringt, eine ältere Mutter zu sein, daß aber auch die Nachteile sorgfältig beachtet werden sollten. Lilian sieht eine grundlegende Bedingung für den Umgang mit Kleinkindern in einem ausgeglichenen Energiehaushalt. „Als ich 39 war, mit einem zweijährigen Kind und zwei weiteren unter fünf Jahren, war ich völlig ausgelaugt.

Diese Zeit hätte meinen Mann und mich beinahe auseinandergebracht. Mehrmals ging ich weinend zum Arzt. Er gab mir Tranquilizer, die vorübergehend halfen." (Lilian berichtete, daß ihre sexuelle Energie wieder anstieg und daß der Anblick hübscher junger Männer auf der Straße erotische Phantasien in ihr auslöste.) „Aber an einem bestimmten Punkt hätte ich wirklich beinahe durchgedreht. Ich habe immer erwartet – und auch verlangt –, daß ich Hilfe bei der Hausarbeit und mit den Kindern hatte, als sie klein waren. Zwei Jahre lang mußte ich meinen Beruf völlig aufgeben; ich schaffte es einfach nicht. Selbst jetzt arbeite ich nur zwei Tage in der Woche; ich bin froh, daß diese Regelung möglich ist, denn alles was über diese Arbeitszeit hinausgeht, bedeutet einen furchtbaren Streß für mich. Diese Art zu leben greift unsere Finanzen an, aber mein Mann mußte das akzeptieren. Dieses Opfer mußten wir als Paar bringen, weil ich wirklich nicht genügend Energie habe."

Alleinstehende Mütter

Alleinstehende Mütter kommen ebenfalls leicht in Gefahr, zuviel in die Mutterschaft hineinzuprojizieren, zu optimistisch zu sein und ihre Fähigkeiten zu überschätzen; sie übersehen dabei einige der unbewußten Faktoren, die zu Verzweiflung und Depression führen können. Die Frau, die sich entschließt, ohne feste Beziehung und ohne einen Partner, der mit ihr lebt, Mutter zu werden, ist beinahe dazu gezwungen, höchste Anforderungen an sich selbst zu stellen und viele emotionale Probleme, mit denen sie konfrontiert ist, zu verleugnen. Andere alleinstehende Mütter, die unfreiwillig in ihre Lage kamen, weil der Vater des Kindes sich gegen ihren Wunsch von ihnen trennte oder sich in letzter Minute weigerte, sie zu heiraten, kommen vielleicht nicht auf die Idee, ihre Depressionen mit der Geburt des Kindes in Verbindung zu bringen, sondern schreiben sie ausschließlich dem Gefühl zu, verlassen und betrogen worden zu sein. Für diese Mütter ist das Kind das einzige Geschöpf, das sie glücklich macht, ihnen das Gefühl gibt, geliebt und wichtig zu sein, und das ihrem Leben einen Sinn gibt.

Die Ängste und die Depressionen einer alleinstehenden Mutter äußern sich daher vielleicht nicht in Verzweiflungszuständen, sondern in einer überbeschützenden Haltung dem Kind gegenüber. Da sie niemanden um sich hat, der sie unterstützt, ist es hart für sie, ihr Kind bei einer Tagesmutter oder in einer Kindertagesstätte zu lassen. „Wir ketten uns wie die Wahnsinnigen an die Quelle unserer Unfreiheit", wie eine alleinerziehende Mutter es ausdrückte.

Das überbeschützende Verhalten, die chronische Angst, das Kind könnte sterben (plötzlicher Kindstod), der Drang, das Kind immer im eigenen Schlafraum oder, in manchen Fällen, im eigenen Bett zu haben, spiegeln eher die Einsamkeit, Verlassenheit und den Mangel an Nähe und Wärme, den die Mutter empfindet, als die Bedürfnisse des Kindes.

Bei alleinstehenden Müttern geht man davon aus, daß sie weiterarbeiten, und sie treffen dabei auf weniger Kritik. Sie werden von der Gesellschaft eher wie Väter behandelt und erhalten manchmal mehr Hilfe und Unterstützung als traditionelle Mütter. Die Situation der alleinerziehenden Mutter wird von der Außenwelt oft realistischer eingeschätzt als die anderer Mütter. Dr. Jessie Bernard meint, daß jede Frau, die ein Kind hat, auch einschätzen könne, was es heißt, ein Kind allein zu haben.[36] Ganz unabhängig davon, wie hilfsbereit, unterstützend oder wohlhabend der Ehemann ist, in letzter Konsequenz liegt die Verantwortung für das Kind bei der Frau. In neun von zehn Fällen ist sie es, die nachts um drei aufsteht, die das Baby badet und füttert, die den Fußboden wischt, den Babysitter bestellt, das Kind streichelt und tröstet und sich einen Tag Urlaub nimmt, wenn es krank ist oder wenn ein Kindergeburtstag ansteht.

Adoptivmütter

Adoptivmütter haben keine Entbindung hinter sich. Sie können nicht mit hormonellen oder biochemischen Veränderungen argumentieren. Dennoch können Frauen, die Babys oder Kleinkinder adoptieren, ebenfalls Depressionen ausgesetzt sein, sobald sie das Kind in ihre Familie aufgenommen haben.[37] Es gibt kaum statistische Erhebungen über das Vorkommen von Depressionen bei Müttern adoptierter Kinder – aber Statistiken erfassen nur die Frauen, die Ärzten oder Psychiatern über diese unwillkommenen Störungen berichten. Welche Adoptivmutter würde sich wohl über Depressionen äußern, wenn sie das Kind endlich bei sich hat – das Kind, um das sie so lange hart gekämpft hat (immer mit der Angst, die Organisation könnte es ihr wieder wegnehmen). Sie hat sich, gemeinsam mit ihrem Ehemann, manchmal monate- oder sogar jahrelang bemüht, Sozialarbeiter und Verwaltungen davon zu überzeugen, wie normal, stabil, charakterfest sie und ihr Partner sind.

Mütter adoptierter Kinder sind denselben Frustrationen und hohen emotionalen Belastungen ausgesetzt wie natürliche Mütter, wie Väter, wie alle Eltern. Auch sie werden einen Schock erleben, wenn die Realität der Mutterschaft an die Stelle ihrer Wünsche, Träume und Phantasien tritt. Sie werden dasselbe Gefühl der Eingeengtheit, denselben Identitätsverlust und das Untertauchen des eigenen Ich erfahren und vielleicht auch dieselben quälenden Zweifel, ob die Entscheidung die richtige war. Wenn eine Adoptivmutter solche Gefühle hat, wird sie mehr Scham, Schuld und Wut auf sich selbst empfinden als eine natürliche Mutter, denn sie hat sich selbst und die andern schließlich davon überzeugt, daß sie nichts auf der Welt so sehr wünscht wie die Mutterschaft.

Die emotional geladene Idealvorstellung von der Mutterschaft ist daher für die Mutter eines adoptierten Kindes die Hauptquelle seelischer Verzweiflungszustände, die zur Depression führen können. Ihr eigenes negatives Selbstbild als Frau, das sie vielleicht in Jahren der Unfruchtbarkeit oder durch mehrere Fehlgeburten entwickelt hat, wird ebenfalls eine Rolle spielen. Wenn eine Frau erfolglos und mit wachsender Verzweiflung jahrelang versucht hat, schwanger zu werden, wenn sie die entwürdigenden und demütigenden Situationen der Fruchtbarkeitstests durchgemacht hat, wenn sie und ihr Mann akzeptieren mußten, daß sie nicht in der Lage sind, ein eigenes Kind zu haben (das heißt „normale" Eltern zu sein), und daß ihnen nur die Alternative der Adoption bleibt, ist es unwahrscheinlich, daß ihr die negativen Gefühle über ihre Weiblichkeit nicht zu Bewußtsein kommen, sobald sie wirklich ein Kind zu versorgen hat.[38]

Vielleicht ist die Depression, die Georgina F. beschrieb, der typische Fall von PND bei einer Adoptivmutter (obwohl hier natürlich nicht von postnataler Depressiom im Wortsinn die Rede sein kann, sondern von einem Depressionssyndrom, das auf ähnlichen psychischen Streßfaktoren beruht). Georginas Reaktion unterschied sich wenig von den Reaktionen vieler natürlicher Mütter; nur war in ihrem Fall der Schock noch stärker, da sie urplötzlich, innerhalb von Minuten, in die Mutterrolle hineingestoßen wurde, ohne Gewöhnungszeit und ohne wirklich auf die Ereignisse gefaßt zu sein. Sie war vorher in wachsender Aufregung gewesen; dann kam der Anruf, daß sie das Kind abholen könne, und dann – mit einem Schlag – die Realität. Die wirkliche Mutterschaft hatte mit ihren Phantasien wenig zu tun. Georgina war 27 Jahre alt und neun Jahre lang in der Datenverarbeitung tätig gewesen; an einem Mittwochabend kam der Anruf, daß sie und ihr Mann Bill das Kind in einer Woche abholen könnten. Georgina und Bill waren seit sieben Jahren verheiratet und hatten drei Jahre lang versucht, ein Baby zu adoptieren. Nun sollten ihre Träume sich endlich erfüllen. Der Freitag war Georginas letzter Arbeitstag; sie hatte geplant, von Montag bis Mittwoch das ganze Haus zu putzen und sich auf den Empfang der kleinen Zoe vorzubereiten. Als sie jedoch am Montag die Organisation anrief, um sich zu erkundigen, wie es Zoe ginge, wurde ihr gesagt, sie solle das Kind noch am selben Tag abholen. Georgina geriet in Panik. Später war das Haus dann voller Gäste, die Zoes Einzug in ihr Leben feierten. Als sie gegangen waren, begann Georgina zu lernen, was Mutterschaft wirklich bedeutet. Die Depression setzte ein, als der letzte Gast die Tür hinter sich geschlossen hatte, erinnerte sie sich.

„Ehe wir das Kind hatten, waren Bill und ich daran gewöhnt, oft auszugehen. Tagsüber war ich bei meiner Arbeit natürlich immer mit Erwachsenen zusammengewesen und hatte erwachsene Gespräche geführt. Plötzlich war alles so anders! Wegen des schlechten Wetters konnte ich nicht mit Zoe aus dem Haus gehen. Ich war in meiner Wohnung eingekerkert, mit einem acht Pfund schweren Gefängniswärter. Abends bat ich Bill manchmal, mit uns in einen Supermarkt zu fahren, der nachts geöffnet hatte – das war nie eine meiner Lieblingsbeschäftigungen, aber jetzt kam es mir wie ein wildes Abenteuer vor. Schon für eine Spazierfahrt im Auto hätte ich alles gegeben."

Georgina litt unter schweren Depressionen und unter furchtbaren Schuldgefühlen. Nach all den Anstrengungen, die Institutionen davon zu überzeugen, daß sie die besten Eltern der Welt sein würden, geriet sie jetzt in Zweifel, ob das nicht eine falsche Selbsteinschätzung gewesen war. Diese Zeit ging vorbei, aber sie blieb Georgina in starker Erinnerung. Georgina und Bill haben jetzt zwei niedliche Adoptivtöchter; nur konnten auch sie keiner der Belastungen und Konfliktsituationen ausweichen, die mit der Elternschaft verbunden sind.

Stiefmütter und zweite Ehen

Stiefmutter werden bedeutet, die Elternschaft in zweiter Hand zu übernehmen. Die Stiefmutter lernt alles über die Mutterrolle – allem voran über ihre negativen Aspekte. Sie hat keinen Einfluß, ist oft schlecht angesehen und häufig die Zielscheibe von Eifersucht und Ressentiments. Die daraus resultierenden Wut- und Schuldgefühle können eine schwere Belastung sein. Die Konflikte verschärfen sich, wenn die Stiefmutter ihr eigenes Baby bekommt und die anderen Kinder sich aus dem Nest verdrängt fühlen.

Die 28jährige Lee G. glaubte, in ihrer zweiten Ehe das Glück gefunden zu haben, mit einem Mann, der ebenso wie sie den Wunsch hatte, eine neue Familie zu gründen. Sie behauptete, daß keine ihrer Lebenskrisen, einschließlich ihrer konfliktreichen Scheidung, so schlimm gewesen sei wie der PND-Zustand, der begann, als sie mit ihrem Baby nach Hause kam und mit ihrem Stiefsohn Dan konfrontiert war. Nach der Geburt von Louise war sie zunächst in Hochstimmung gewesen. Lee war eine selbständige Frau; sie hatte elf Jahre Berufstätigkeit in einem Rechtsanwaltsbüro hinter sich, aber an diesem Tag, als ihr Mann sie mit dem Baby und Dan allein ließ, brach eine Welt zusammen. Sie war mit einem verschlossenen, wütenden Fünfjährigen konfrontiert, der dem Baby nicht die mindeste Zuneigung entgegenbrachte, und mußte mit ihren eigenen Ambivalenzgefühlen in bezug auf ihr Wunschkind und die Realität der Mutterschaft fertig werden. „Ich fühlte mich betrogen, frustriert, verletzt und vor allem verängstigt; inkompetent meinem eigenen Baby gegenüber, dumm, völlig verunsichert und entsetzlich einsam." Lee betonte: „Die Entbindung selbst war gar nichts im Vergleich mit dem psychischen Streß der folgenden Wochen."

Eine 35jährige Oberschwester, die einen fünfzehnjährigen Sohn aus erster Ehe und ein zweijähriges Kind und einen Säugling aus zweiter Ehe hatte, glaubte auch, all ihre Wünsche seien in Erfüllung gegangen. „Ich hatte mich so sehr danach gesehnt, Mann, Kinder, Familie zu haben; trotzdem – als ich nach dem ersten Baby aufhörte, ganztags zu arbeiten, war ich vier Monate später in einen Strudel von Verzweiflung geraten. Dann kam nach knapp zwei Jahren das zweite Baby, und ich strampelte mich ab unter all dem Streß. Ich hatte zuviel zu tun und nicht genug Anregung von außen."

Sheila reagierte auf die Überforderung mit völligem sexuellem Rückzug. Sie berichtete, daß sie im Vaginalbereich acht Monate lang keine Empfindungen hatte. Wie viele Mütter, die aus dem „normalen" Rahmen fallen, hatte Sheila zuviel in die Mutterschaft hineinprojiziert. Ihre erste Ehe, ihre erste Muttererfahrung (mit dem jetzt fünfzehnjährigen Sohn) waren weit davon entfernt gewesen, beglückende Erlebnisse zu sein. Nun hatte sie ihre zweite Chance, für die sie so dankbar war, und war um so fester entschlossen, ihren Idealen nachzuleben.

Für Sheila, die sich an die Arbeitsatmosphäre des Krankenhauses gewöhnt hatte, war die Realität der Mutterschaft niederdrückend. Als sie deprimiert, voller Schuldgefühle, eingeengt und erschöpft zu Hause saß, gestand sie sich schließlich ihre wahren Gefühle ein und kehrte in ihren Beruf zurück. Sie gab zu, daß es ihre Rettung gewesen war, vom ausschließlichen Mutter-Sein wegzukommen. Nun hatte sie wieder ein aktives Arbeitsleben und ging regelmäßig zu einem Gymnastikkurs, was ihr half, den Streß und die Spannungen abzubauen. Mit der Hilfe ihrer neuen liebevollen Familie lernte Sheila, ihre Mutterrolle realistischer und weniger idealistisch anzugehen. Sobald der Druck von ihr genommen war, wurde Sheila wieder ausgeglichen und heiter, und die sexuellen Gefühle für ihren Mann, den sie so sehr liebte, kehrten zurück.

Meine Mutter, mein Kind und ich

Noch mitten in meiner Recherchierarbeit war ich nicht bereit, zu akzeptieren, daß die Beziehung zu unseren eigenen Müttern für unsere seelische Verfassung in der postnatalen Phase eine Rolle spielen könnte. Diese Theorie schien mir zu befangen und zu frauenfeindlich; sie roch mir zu sehr nach dem stereotypen Frauenbild unserer Gesellschaft: „Sie hat Depressionen, weil sie ihre eigene Mutter unbewußt ablehnt." – „Sie hat Schwierigkeiten, ihre Weiblichkeit anzunehmen." – „Sie ist ein Blaustrumpf mit männlicher Identifikation – aggressiv im Berufsleben, machthungrig und nicht bereit, ihre Rolle als Frau zu akzeptieren." Ich meine, es ist sehr gerechtfertigt, die Annahme abzuwehren, es gebe nur einen einzigen „normalen" Verhaltenstypus für Frauen und jedes davon abweichende Verhalten sei abnorm.

Als ich die Materialien für dieses Buch zusammentrug, anderen Frauen begegnete, Gespräche mit ihnen führte und ihre Briefe las, wurde mein eigenes Selbstvertrauen gestärkt, und ich war dankbar für die Erkenntnis, daß jede Frau von PND betroffen sein kann. Die Frauen, mit denen ich in Kontakt kam, waren ganz unterschiedliche Persönlichkeiten. Einige fanden es schön, zu Hause zu sein; andere waren auf der Karriereleiter weit aufgestiegen und hatten ihre Erfolge im Beruf genossen; die meisten lagen irgendwo dazwischen. Als ich sah, daß PND vor keiner Persönlichkeitsstruktur haltmacht, wuchs meine Bereitschaft, mich mit den komplexen Beziehungen zwischen Mutter, Tochter und Kind genauer zu befassen.

Da die PND-Forschung jahrelang eine Domäne der Psychiatrie und der Psychologie war (ich erinnere daran, daß der Zusammenhang zwischen PND und den physiologischen Veränderungen nach der Entbindung zwar im 19. Jahrhundert erkannt wurde, bis vor kurzem aber in Vergessenheit geraten war), stammt der größte Teil der in Fachzeitschriften veröffentlichten Literatur zu diesem Thema von Psychoanalytikern der

166

alten Schule. Ohne überheblich erscheinen zu wollen, empfehle ich einige dieser Literatur als Kuriositätensammlung und als Spiegel des Frauenbildes in der öffentlichen Meinung der letzten Jahrzehnte.

Ich reagierte auf die in diesen Artikeln geäußerte Ansicht, PND stehe mit der (negativen) Mutterbeziehung einer Frau in Zusammenhang, kritisch und ablehnend. Einen Einfall schrieb ich als Randnotiz in ein Notizbuch: „Haben wir Frauen heute nicht alle Probleme mit dem Lebensstil unserer Mütter und mit unserem Mutterbild? Folgt daraus, daß wir nun eine ganze Generation von PND-Leidenden sind?"[39] Ich dachte dabei an die revolutionären Umwälzungen im Frauenbild und in der Lebensrealität von Frauen seit den sechziger Jahren und an unsere noch andauernde Abkehr von den Wertvorstellungen der Vergangenheit. Spielt die Übergangskrise im weiblichen Rollenverständnis also vielleicht doch eine Rolle bei unserer Einstellung zur Mutterschaft?

Ich fing, wie gewohnt, mit meinen Untersuchungen bei mir selbst an. Es kostete mich viel Zeit und Anstrengung, mir über mein Mutterbild klarzuwerden, das mich so durcheinandergebracht hatte, als ich es in mir selbst wiedererkannte. Ich war zutiefst deprimiert, als ich entdeckte, daß mein Leben mit meinen zwei Kleinkindern sich nicht so grundlegend vom Lebensstil meiner Eltern und insbesondere meiner Mutter unterschied. Obwohl ein Teil in mir die liebevolle, fürsorgliche, zärtliche Mutter sein wollte, die sie meiner Schwester und mir gewesen war, fühlte ich mich bei der Vorstellung, ihr ähnlich zu werden, bedroht und niedergeschlagen.

Im Lauf der Jahre wurde mir allmählich klar, daß meine Rebellion gegen meine Mutter der Versuch gewesen war, aus der starken inneren Abhängigkeit von ihr auszubrechen, aus der symbiotischen Form von Liebe. Meine Mutter und ich sind jetzt, als Erwachsene, gute Freundinnen und tolerieren gegenseitig unsere unterschiedlichen Einstellungen. Am Beispiel unserer Mütter lernen wir zuerst, uns als Frauen zu definieren, zu beurteilen und unseren Platz in der Gesellschaft zu wählen. Die bloße Tatsache, daß wir selbst Mütter werden, scheint unsere Wahlfreiheit im Hinblick auf unsere Selbsteinschätzung als Frau beinahe über Nacht einzuengen; plötzlich sehen wir uns in ihrem Licht, als wären wir in ein geheimnisvolles Netz geraten, das uns fesselt und uns alle auf die Mutterimago reduziert.

Töchter müssen sich, das ist uns klar, von ihren Müttern trennen. Ein Mißlingen des Ablösungsprozesses wirkt sich hemmend auf die eigene Entwicklung aus. Unsere eigenen Töchter werden auch gegen uns rebellieren müssen, auch wenn wir uns jetzt vielleicht gern ausmalen, daß sie uns als strahlende, kämpferische Vorbilder sehen und uns akzeptieren werden, wie wir sind, ohne Ablehnung und ohne Rebellion. Der seelische Schmerz, der mit der Ablösung von der eigenen Mutter verbunden ist, trägt vermutlich oft zur Entwicklung von PND bei.

Im Konflikt mit der Mutterrolle

Die tiefergehenden Gefühle über den Verlust der eigenen Identität, der Unabhängigkeit und des alten Selbstwertgefühls sind vermutlich sehr eng mit dem neuen Selbstbild als Mutter verknüpft; wir befinden uns, wie die Psychoanalytiker sagen, im Konflikt mit der Mutterrolle. Mit der landläufigen konservativen psychologischen Interpretation dieses Konflikts bin ich allerdings nicht einverstanden.

Frederick Melges, seinerzeit am Institut für psychosomatische Medizin der University of Rochester School of Medicine, schrieb 1968 einen Artikel, der nun, da er beinahe zwanzig Jahre alt ist, in seinen Ansätzen archaisch erscheint.[40] Melges überließ sich völlig unkritisch der traditionellen männlichen Sichtweise der adäquaten Rolle oder Funktion der Frau in der Gesellschaft. Er stellte fest, daß von hundert befragten Patientinnen, an denen er das Vorkommen von PND untersucht hatte, 35 Prozent „nicht oder wenig mit Puppen gespielt hatten und nicht als Babysitter garbeitet hatten" (nach diesen Merkmalen wurde der ganzen folgenden Generation von sexuell und sozial emanzipierten jungen Mädchen und Frauen eine Anfälligkeit für PND attestiert). Melges' Versuchspersonen gaben an, lieber Männer sein zu wollen, engere Beziehungen zu ihren Vätern zu haben und als Heranwachsende jungenhaft gewesen zu sein. Vielleicht versuchten diese Frauen gegen Ende der sechziger Jahre den Psychologen etwas über ihre latente Unzufriedenheit mit der traditionellen weiblichen Rolle mitzuteilen, über eine Unzufriedenheit, die erst Jahre später von den Feministinnen formuliert und öffentlich geäußert wurde.

Von den konservativen Psychologen wurden zwei Haupttypen von Mutterpersönlichkeit ausgemacht, die in besonderem Maß Ablehnung auf sich zogen: die kontrollierende, abweisende Mutter und die passive, unterdrückte Mutter.

Als mir angesichts dieser Stereotypen klar wurde, daß mir die konventionellen psychologischen Meinungen nicht weiterhelfen würden, kehrte ich zu meinem eigenen Recherchenstil zurück. Ich fügte den Interviews, bei denen ich das Gefühl hatte, daß sie in die Tiefe gingen, die Frage nach der Beziehung der Frauen zu ihren Müttern hinzu. Ich hatte damit gerechnet, daß mir die Frauen vielleicht sagen würden, das ginge mich gar nichts an, oder, ihre Mütter seien ihnen lieb und teuer; um so überraschter war ich, daß jede Frau, die ich fragte, Erfahrungen mit der Zurückweisung der Mutter, dieser wichtigen Person im Leben einer Frau, mitzuteilen hatte.

Im weiteren Gespräch ging es dann meistens um die gemeinsame Erfahrung der Wut auf die Mutter und um die Gründe dafür. Die Antworten waren nicht leicht zu finden, und sie waren auch nicht immer angenehm. Jeanne N. zum Beispiel, eine 35jährige Lektorin, deren Mutter immer berufstätig gewesen war und die mit Kindermädchen aufwuchs, hatte ihre Erfahrungen auf einem ganz anderen Hintergrund gemacht als ich (meine Mutter war die „klassische" Hausfrau gewesen).

Die Erfahrungen unserer Mütter mit PND

Wir dürfen nicht vergessen, daß unsere Mütter vielleicht auch unter PND gelitten haben, diese Erfahrungen aber, da sie nicht wußten, worum es sich handelte, vermutlich verleugneten. Verleugnung ist auch heute noch eine weitverbreitete Reaktion. Für die Frauengenerationen der Vergangenheit muß es jedoch schwerer, wenn nicht unmöglich gewesen sein, die Mutterrolle abzulehnen, da sie die einzige Rolle war, die ihnen von der Gesellschaft überhaupt freiwillig zugestanden wurde. Sie konnten ihre Unzufriedenheit mit der Mutterschaft nicht äußern, da ihnen ohnehin nichts anderes gestattet war.

Von älteren Frauen hörte ich mehrfach Erinnerungen wie diese: „Ich werde nie das furchtbare Jahr nach der Geburt meines Sohnes vergessen, und das ist nun schon 21 Jahre her. Es war die einsamste Zeit meines Lebens, und ich wußte nicht, daß es PND war, oder daß es überhaupt etwas war, das man benennen konnte."

Nancy E.'s Mutter reagierte zunächst aggressiv, als sie mit der postnatalen Depression ihrer Tochter konfrontiert war. „Kümmere dich um deine beiden Kinder und reiß dich gefälligst zusammen", fuhr sie ihre Tochter an. Später, nachdem der Psychiater der Familie eine Broschüre über Depressionen zur Verfügung gestellt hatte, reagierte sie verständnisvoller. Nancy ist der Ansicht, daß auch ihre Mutter unter schwerer PND gelitten, sich das aber bis heute nicht wirklich eingestanden hat. „Als meine Schwester geboren wurde, starb meine Mutter beinahe an Blutvergiftung. Es war ihr zweites Kind in drei Jahren. Das ganze Jahr danach ging sie nie zu einem Arzt und sprach mit niemandem darüber, aber sie hatte Angst, verrückt zu werden. Sie war sehr deprimiert, hatte schwere Angstzustände und fragte sich oft, wenn sie mit Freunden zusammensaß und plauderte, ob die anderen wohl bemerkten, daß sie auf dem Weg in den Wahnsinn war. Im Lauf von sechs Jahren bekam sie drei Kinder; sie war nie berufstätig, kam nie viel aus dem Haus und beklagte sich nie. Ich glaube, das war der Grund, warum ich so sehr überzeugt war, Frauen müßten sich aufopfern, wenn sie Mütter würden."

Als Kathy S. versuchte, mit ihrer Mutter offen über ihre Gefühle zu sprechen, bekam sie die scharfe Antwort: „Wieso hast du dir überhaupt ein Kind angeschafft, wenn du es so schrecklich findest?" Kathys Mutter wies ihre Tochter zurück, wie sie es immer getan hatte. Als ich Kathy direkt auf die Beziehung zu ihrer Mutter ansprach, sagte sie traurig: „Wir haben uns nie nahegestanden; wir kamen nie gut miteinander aus. Sie war immer unglücklich und niedergeschlagen und klagte ständig – und weil mir dieses Bild immer noch vor Augen stand, war eine meiner ersten Reaktionen auf mein eigenes Kind: O nein, jetzt werde ich alt und festgefahren wie meine Mutter! Ich wollte nicht, daß Joe mich Mama nannte; ich haßte den bloßen Klang dieses Wortes.

Seit ich sieben Jahre alt war, bis zum Alter von neunzehn Jahren, als ich mein Elternhaus verließ und heiratete, wußte ich immer, daß meine Mutter unglücklich war. Sie erzählte mir von ihren Problemen und gab mir das Gefühl, daß ich mich um sie kümmern müßte. Ich bin bis heute die dominante Frau in der Familie, diejenige, die alles zusammenhält. Meine Mutter wohnt in derselben Straße, fährt nicht Auto, ist auf mich angewiesen und krittelt immer noch an mir herum. Ich war schon sechs Jahre mit Bill verheiratet, als ich schwanger wurde. Irgendwie hatte ich gehofft, das würde mich meiner Mutter näherbringen. Sie ist eine strenge Katholikin; seit ich zwölf Jahre alt war, hatte sie mir gedroht, mich hinauszuwerfen, falls ich je ein uneheliches Kind bekommen sollte. Da stand ich nun mit 25 Jahren, war seit sechs Jahren verheiratet und zitterte vor Nervosität, als ich zu ihr ging, um ihr zu sagen, daß ich schwanger war. Ich hatte Angst, sie könnte wütend werden. Sie war nicht begeistert oder erfreut, sondern nahm es achselzuckend hin."

Das Mutterbild, mit dem Kathy aufwuchs, war das einer passiven, unterdrückten Frau. „Wenn sie nur etwas eigenes Geld gehabt hätte, wäre sie vielleicht glücklicher gewesen; das wußte ich schon als Kind." Für Kathy hätte es also keine Überraschung sein dürfen, als sie nach der Geburt ihres Kindes den starken Wunsch hatte, wieder zu arbeiten. Sie äußerte offen ihre Angst, mit dem Kind ans Haus gefesselt zu sein. Dennoch wurden diese ganz realistischen Wünsche durch ihre inneren Konflikte überdeckt. Kathy wollte eine „richtige" Mutter sein – aber in ihrem Unbewußten war das mit Unglücklichsein verbunden.

Wenn eine Frau eine kühle, abweisende Mutter hatte, will sie ihrem eigenen Kind oft all die Liebe geben, die ihr selbst verweigert wurde. Sharon W., eine Frau mit zwei kleinen

Töchtern unter vier Jahren, hatte eine spezifische und besonders schreckliche Form der Ablehnung durch ihre Mutter erfahren. Ihr Stiefvater hatte sie jahrelang sexuell mißbraucht. Sharons Mutter wußte nichts davon oder gab vor, nichts zu wissen. „Sie hatte nie Zeit für mich. Meine Schwester wurde zehn Monate nach mir geboren, und das dritte Kind kam, bevor meine Mutter 21 war. Ich wurde hauptsächlich von meinen Großeltern erzogen." In ihrer Therapie begann Sharon, Klarheit über sich selbst und ihr Verhalten zu ihren Töchtern zu gewinnen. „Ich erkannte allmählich, daß ich versuchte, meiner ältesten Tochter den Willen zu brechen, so, wie meine Mutter es mit mir gemacht hatte." Sharon machte den Versuch, ihrer Mutter nach all den Jahren näherzukommen, und erzählte ihr am Telefon, was zwischen ihr und ihrem Stiefvater vorgefallen war. Aber das Aussprechen der Wahrheit zog eine noch heftigere Zurückweisung nach sich; die Mutter weigerte sich, Sharons Erzählung Glauben zu schenken.

Unglücklicherweise haben Frauen durch das Bedürfnis, ihre wahren Gefühle nach der Geburt eines Kindes zu verbergen oder zu verleugnen, Schuld auf sich geladen; sie haben PND von Generation zu Generation weitervererbt. Durch ihr Schweigen haben sie die Last an ihre Töchter weitergegeben. Mit Kommentaren wie „So ist das nun einmal im Leben – sieh zu, daß du erwachsen wirst und damit zurechtkommst" haben sie dazu beigetragen, die verlogenen Mutterschaftsklischees zu erhalten, statt die Realität offenzulegen und damit die echten und verständlichen Gefühle neuer Mütter von der Belastung durch Scham und Schuld zu befreien. Wenn wir fähig sind, offener zu sprechen, weniger mit Schuldgefühlen zu reagieren, Ambivalenz und negative Gefühle besser zu ertragen, werden wir vielleicht für unsere Töchter eine bessere Situation schaffen. Wir bemühen uns, offen über die Menstruation, die Sexualität, die sexuellen Bedürfnisse von Frauen zu sprechen; wir versuchen, liebevoll, menschlich und ehrlich über unsere eigenen Gefühle und die unserer Kinder zu reden. Vielleicht sollten wir uns darauf vorbereiten, mit unseren Töchtern und Söhnen auch über unsere Reaktionen auf die Mutterschaft zu sprechen – nicht, indem wir uns negativ darüber äußern, sondern ehrlich.

Ich glaube, daß ein Teil der Traurigkeit nach der Niederkunft unserem genetischen Erbe im weiteren Sinn angehört: Wir tragen das weibliche Elend der Vergangenheit in uns, die Verzweiflung über das Gefangensein, die unsere Mütter und Großmütter vermutlich empfunden haben. Kulturell assoziieren wir das Mutterwerden mit der Wandlung vom autonomen unabhängigen Menschen – ein Sieg, der erst vor so kurzer Zeit errungen wurde – zum passiven, unterdrückten, überlasteten und mißachteten Wesen, das sich kaum noch als Mensch fühlt.

Obwohl wir vor der Empfängnis und während der Schwangerschaft mit dem größten Optimismus erfüllt waren, daß wir es bestimmt anders machen würden, verstehen und akzeptieren wir unsere Ahninnen besser als je zuvor, sobald wir das Kind haben, ja, wir identifizieren uns sogar leicht allzusehr mit ihnen. Viele Frauen sagten, daß sie erst, als sie selbst Mutter wurden, wirkliches Mitgefühl mit ihren eigenen Müttern entwickeln konnten. Eine meiner Briefpartnerinnen schrieb: „Die Schuldgefühle sind das universelle Band zwischen allen Müttern."

Muttersehnsucht

Therese Benedek zeigt eine der tiefergehenden psychischen Ursachen von PND auf: Durch die Geburt eines Kindes erleben wir eine Regression auf die orale Phase, die für die Genese von Depressionen von ausschlaggebender Bedeutung ist. Die „Identifikation des weiblichen Kindes mit seiner Mutter" spielt dabei eine wesentliche Rolle.[41] Wenn wir ein Kind gebären, werden unsere eigenen infantilen Bedürfnisse und Reaktionen wieder zum Leben erweckt. Für manche Frauen kann das bedeuten, daß sie die frühkindlichen Ambivalenzgefühle der Mutter gegenüber wiedererleben: das Bedürfnis, von ihr unabhängig zu sein, einerseits, und den Wunsch, mit ihr zu verschmelzen, andererseits. Wenn wir unser Kind schreien hören, weckt das vielleicht Gefühle in uns, die wir selbst als

Säuglinge hatten: den Wunsch, geliebt, genährt und versorgt zu werden. Die meisten von uns empfinden während der Schwangerschaft und nach der Geburt das starke Bedürfnis, bemuttert zu werden – ein Ausdruck der verwirrenden Empfindungen, die aus den Tiefen unseres Unbewußten aufsteigen.

In einem langen Artikel, der die Lebensgeschichte einer Frau rekonstruiert, die unter schwerer PND litt, schreibt der Psychoanalytiker Harold Blum: „Wie konnte sie die Mutter eines eigenständigen, lebendigen, individuellen Geschöpfes sein, da sie sich doch nach der Vereinigung mit ihrer eigenen Mutter sehnte und verzehrte, nach dem Wechsel von Loslassen und Festhalten, nach der regressiven, passiven Nahrungsaufnahme – und nicht danach, ihren eigenen Säugling zu nähren und zu versorgen."[42]

Die 30jährige Dianne McL. erlebte genau diesen Typus wiederkehrender frühkindlicher Emotionen, als sie in den ersten Tagen nach der Geburt ihres Kindes unaufhörlich weinte. „Ich stieß selbst auf die Ursache dafür. Obwohl ich jahrelang in Therapie gewesen bin, hatte ich diesen Punkt noch nie berührt. Ich durchlebte noch einmal den Schmerz der Trennung von meiner eigenen Mutter; deshalb hatte ich mir so sehr ein Kind gewünscht, um die symbiotische Bindung wiederzuerleben, bei der ich zu kurz gekommen war."

Dianne gab offen zu, daß sie Alkoholikerin war und auch andere Drogenprobleme gehabt hatte; seit drei Jahren war sie Mitglied bei den Anonymen Alkoholikern und seit zwei Jahren „trocken". Das Alkoholproblem stand mit ihren unerfüllten frühkindlichen oralen Bedürfnissen in Zusammenhang – und obwohl sie Jahre intensiver Psychotherapie und AA-Gruppensitzungen hinter sich hatte, war diese frühe Störung nie zur Sprache gekommen. Dianne und ihr Bruder wurden von einer Tante und deren Mann adoptiert, als sie achtzehn Monate alt war. Ihre Mutter, die als unfähig angesehen wurde, für ihre Kinder zu sorgen, brachte man kurz darauf in eine psychiatrische Klinik. Es war ihr Unglück, daß sich niemand für die Ursachen ihrer psychischen Störung interessierte. Dianne meinte: „Wenn sie noch nicht verrückt war, als man sie dorthin brachte, ist sie es im Lauf der 25 Jahre, die sie in der Klinik verbracht hat, mit Sicherheit geworden."

Dianne hatte etwas sehr Wichtiges gesagt, das in mir nachklang; sie hatte um die Liebe geweint, um die Liebe, von der sie nie genug bekommen hatte, um die symbiotische Bindung, nach der sie sich sehnte und die unerfüllt geblieben war. Sie weinte um das traurige Schicksal ihrer Mutter, mit dem sie sich jetzt zwangsläufig identifizieren mußte. Dianne hatte zeit ihres Lebens nicht viel über die Frau in der psychiatrischen Klinik nachgedacht; sie kannte nur ihre Adoptivmutter, und die dynamische und oft schwierige Beziehung zu ihr hatte ihre Aufmerksamkeit mehr gefordert.

Die Strukturen der Mutter-Tochter-Beziehung sind äußerst komplex; es ist ungerechtfertigt, unsere Reaktionen darauf als „Probleme mit der weiblichen Rolle" oder „Konflikte mit der Mutterrolle" obenhin abzutun.

Das zweite oder dritte Kind

Ein interessanter anderer Aspekt der Mutterablehnung erklärt, warum wir vielleicht nicht nach dem ersten, aber nach dem zweiten oder dritten Kind unter PND leiden. Wenn die eigene Mutter mehrere Kinder hatte, konnten wir vielleicht erfolgreich vermeiden, uns mit ihr zu identifizieren, solange wir uns nicht mit derselben Zahl von Kindern vorfanden. Judith Klein erläutert dazu: „Das weibliche Kind wendet sich in der ödipalen Phase von der Mutter ab und entwickelt starke sexuelle Gefühle für den gegengeschlechtlichen Elternteil. Durch die Ablehnung der Mutter und das verbotene Verlangen, mit dem Vater sexuell vereinigt zu sein und sein Kind zu gebären, wird die Angst vor der mütterlichen Rache und Vergeltung heraufbeschworen, die zu den Ängsten und Schuldgefühlen des Kindes führt. Ödipale Probleme können verstärkt worden und ungelöst geblieben sein, wenn der Vater eine besonders enge Beziehung zu dem Mädchen hatte und – bis zu einem bestimmten Grad – eine verführerische Haltung einnahm. Ich spreche hier nicht von Inzest oder sexuellem Mißbrauch, sondern von einem gutaussehenden, besonders liebevollen Vater, der die ödipalen Phantasien seiner Tochter bestärkt und sie verführt, diese Phantasien über das normale Stadium hinaus aufrechtzuerhalten.

Eine Form, in der eine junge Frau reagieren kann, um unbewußte ödipale Ängste im Zaum zu halten, ist die Vermeidung der Mutterschaft oder der Ehe. Wenn sie heiratet, hat sie vielleicht Affären, versucht, die Ehe zu zerstören, oder weigert sich, die traditionelle weibliche Rolle anzunehmen. Eine andere Art der Vermeidung ist es, ein Kind weniger als die Mutter zu haben. Solange die Frau ein Kind weniger als die Mutter hat, ist sie sich bewußt, daß sie sich von ihrer Mutter unterscheidet, und steht nicht in unmittelbarer Konkurrenz mit ihr."

PND nach der Geburt eines zweiten oder dritten Kindes kann das Resultat eines unaufgelösten ödipalen Konflikts sein; frühe Ängste, Depressionen und Schuldgefühle werden reaktiviert und bringen Konkurrenzgefühle oder Verachtung der Mutter gegenüber („Vater mag mich lieber als dich") an die Oberfläche. Gleichzeitig steigt die Angst auf, sich mit der Mutter identifizieren zu müssen.

Das bringt mich zu meiner Generationentheorie zurück. Wenn eine Frau unserer Generation den Lebensstil ihrer Mutter mehr oder minder heftig ablehnte, wenn sie die Zufriedenheit der Mutter mit der häuslichen Rolle verachtete, wenn sie ihre Mutter bemitleidete, weil diese in finanzieller und sozialer Abhängigkeit lebte, in der Außenwelt keine Rolle spielte und sexuell unfrei war – ist diese Frau dann anfälliger für die psychischen Auslöser von PND? Ich kann diese Frage nicht beantworten. Aber wir leben in einer Übergangszeit, und es ist unwahrscheinlich, daß wir aus unseren Orientierungskrisen unversehrt und ohne Blessuren hervorgehen werden.

Die „gut angepaßte" Frau

Nach einer verbreiteten populären Vorstellung leidet die gesellschaftlich „gut angepaßte" Frau nicht unter PND; von bestimmten Persönlichkeitstypen wird angenommen, daß sie gute Mütter werden und daß sie sich leicht an die Mutterrolle gewöhnen. Nach derselben Anschauung sind andere Frauentypen von vornherein auf Katastrophenkurs, schon ehe sie schwanger geworden sind.

Es gibt eine Vielfalt von Vorurteilen darüber, welche Frauen für PND anfällig sind: die narzißtischen, die obsessiven, die unterwürfigen, die konformistischen Charaktere; die überempfindlichen Frauen, Frauen mit einer Abwehr gegen das „Primitive", Frauen, die mit einem passiven/dominanten Mann verheiratet sind oder die in einer Ehe leben, in der die Partner wechselseitig voneinander abhängig sind. Bestimmte Charakterzüge werden als Beweis gewertet, daß die Frau, bevor sie Mutter wurde, schon eine defekte Persönlichkeitsstruktur hatte. Da der Fehler unmöglich in der Mutterschaft selbst liegen kann, muß er bei diesen verrückten Weibern liegen.

Man nimmt an, bestimmte Frauen seien durch neurotische Tendenzen für PND prädisponiert; sicher haben sie als Kind an den Nägeln gekaut, sich exzessiv vor der Dunkelheit gefürchtet, an Gehemmtheit, Alpträumen, Schlafwandeln, Wutanfällen, Stottern gelitten.[43] Bei Frauen, die PND haben, wird gewöhnlich vermutet, daß sie übermäßig von ihren Männern abhängig sind oder in ihren Partnern Mütter suchen. Es wurde sogar geäußert, daß eine Frau, deren Mann Hausarbeit macht, eine defekte Persönlichkeit haben müsse, vermutlich, weil sie zuläßt, daß er diese „typisch weibliche" Arbeit übernimmt.[44] Allerdings wurden diese Theorien vor zwanzig oder dreißig Jahren vorgetragen; wer hätte zu diesem Zeitpunkt auch geglaubt, daß Männer, die Hausarbeit machen, zu einer ganz normalen Erscheinung werden würden. Der Psychiater Gregory Zilboorg schrieb 1957, daß Frauen, die den ganzen Tag über ihren eigenen Zielen und Verpflichtungen nachgehen und Gouvernanten oder Kindermädchen einstellen, ihre Kinder ablehnten, eine grundlegend feindselige Einstellung der Mutterschaft gegenüber hätten und klassische Kandidatinnen für PND seien.[45] Von solchen Aussagen dürfen wir wohl keine Aufklärung über unsere Probleme erwarten!

Ich bezweifle, daß es einen Persönlichkeitstypus gibt, der für PND prädisponiert ist. Wir sind alle denselben hormonellen

Veränderungen unterworfen. Manchmal tragen Streßsituationen – ob sie nun durch berufliche Verpflichtungen, Beziehungsprobleme, Rollenkonflikte, Identitätsverlust, die Veränderung des Selbstbildes als Frau und nun als Mutter ausgelöst sind – zur Überlastung des Hypothalamus-Hypophysen-Systems bei, lösen Störungen in der Funktion der Neurohormone und in der Folge PND-Symptome aus. Die heitere, idealistische, optimistische Frau, die sich selbst als Kraftzentrum der Familie sieht, ist mit derselben Wahrscheinlichkeit von PND betroffen wie die traurige, neurotische Frau.

„Ich bin nicht schizophren, ich bin normal und widerstandsfähig", sagte Kathy S. weinend, als sie zum ersten Mal hörte, daß ihre PND-Symptome als „Schizophrenie" diagnostiziert wurden. Inzwischen hat sie mehr Klarheit und Einsicht gewonnen und kann sich eingestehen, daß es in ihrem Leben durchaus psychische Ursachen für ihren PND-Zustand gegeben hat – wenn auch nicht gleich eine latente Psychose. „Die Geburt meines Sohnes ist die bedeutendste und erschütterndste Erfahrung meines Lebens gewesen. Meine Heirat oder die Wiederaufnahme meines Studiums haben bei weitem nicht solche Auswirkungen gehabt wie die Mutterschaft."

Laura S. erklärte: „Wenn man in einem erfolgreichen Berufsleben steht, erscheint die Vorstellung, man könnte Depressionen bekommen, einfach lächerlich. Ich wußte immer, was ich wollte, verfolgte meine Ziele konsequent und hatte Erfolg. Aber als mein Kind da war, wußte ich nie genau, woran ich war; ich konnte weder meinen Sohn noch die Mutterschaft in irgendeine Kategorie einordnen. Nichts, was ich vorher getan oder gelesen hatte, paßte darauf."

Die neue Elternrolle bringt manchmal Schocks und Überraschungen mit sich, wenn verdrängte, frühkindliche Wutgefühle bestimmten Menschen oder Situationen gegenüber wieder wach werden. Konflikte mit Mutter oder Vater, Geschwistern oder Autoritätspersonen, Depressionsgefühle aus der Vergangenheit, Trennungsangst, Angst vor dem Verschlungen- oder Vereinnahmtwerden und Gefühle der Einengung können bedrohlich nahe an die Oberfläche kommen, nachdem sie lange tief im Unbewußten verborgen waren.

Das Säuglingsalter meiner Kinder brachte bei mir keine solchen Erinnerungen zurück, aber später, als sie im Vorschulalter waren, erlebte ich die Wiederkehr von depressiven Gefühlen, die ich als Kind und als junges Mädchen gehabt hatte: Gefühle der Unfreiheit und der Langeweile, die Angst, daß ich in meinem Leben nie etwas erreichen würde oder etwas Bedeutungsvolles tun könnte. Die alte Wut auf die Macht meiner Eltern über mich verwandelte sich in unterdrückte Wut auf meine Kinder, auf die Macht und den Einfluß, den sie auf mein Leben ausübten.

Als ich zum ersten Mal schwanger und furchtbar stolz darauf war, traf ich mich mit einem Lektor, mit dem ich einen späteren Erscheinungstermin für mein erstes Buch ausgemacht hatte. Ich war von Triumph erfüllt, denn in demselben Jahr sollte mein erstes Buch erscheinen und mein erstes Kind geboren werden; das bedeutete für mich so etwas wie eine doppelte Geburt. Da ich die üblichen Glückwunschfloskeln erwartete, die schwangeren Frauen im allgemeinen entgegengebracht werden, war ich erschlagen, als ich den mürrischen Kommentar hörte: „Wozu um alles in der Welt schaffst du dir ein Kind an? Was ist mit deinem jetzigen Leben nicht in Ordnung?" Er ist selbst Vater; ich konnte seine Bemerkung also nicht völlig jener Haltung egozentrischer Männer zuschreiben, die sich ihr Leben nicht von Kindern durcheinanderbringen lassen wollen.

Ich wehrte die Frage damals mit einem Lachen ab, aber sie blieb mir im Gedächtnis und wartete darauf, wieder an die Oberfläche zu kommen, als ich dieses Buch schrieb. Eigentlich ist es eine interessante Frage. Der zweite Teil gefällt mir am besten: „Was ist mit deinem jetzigen Leben nicht in Ordnung?" Damals dachte ich ärgerlich: „Alles ist in Ordnung; was sollte denn nicht in Ordnung sein? Das Kind wird mein Leben mit meinem Mann bereichern und nicht einengen." Ach, diese romantischen Phantasien, dieser Idealismus, dieser Trieb oder Drang, uns zu reproduzieren, diese Bilder, die wir von uns selbst als Mütter oder Väter haben! Die Frage hatte durchaus einen Sinn. Ein Kind wird das Leben, das wir vorher führten, unweigerlich verändern, ob wir diese Bürde nun akzeptieren oder verleugnen. Wir sollten uns dieser Veränderung bewußt

179

sein und uns darauf vorbereiten. Wir brauchen für unseren Kinderwunsch keine anderen Gründe als die tiefe Sehnsucht nach dem Kind, die Liebe zu unseren Partnern und den Wunsch, uns fortzupflanzen. Bewußt oder unbewußt werden wir jedoch gezwungen sein, unser Leben neu zu überdenken, Gewohnheiten zu ändern, neue Verhaltensweisen und neue seelische Überlebensstrategien zu entwickeln, ehe wir uns mit der Elternrolle zurechtfinden. In der postnatalen Depression drückt sich auch Trauer aus – wir sagen unserer kinderlosen Freiheit und Identität Lebewohl. Und wir begrüßen... ja, was? Das ist nicht von vornherein klar.

Teil III:
Berufstätige
Mütter

Die Qual, Entscheidungen zu treffen

W enn wir die Lebenssituation von Müttern betrachten, die ganz- oder halbtags außer Haus, an ihren Arbeitsplätzen sind oder freiberuflich zu Hause arbeiten – und von Müttern, die ihren Beruf aufgegeben haben, um sich ausschließlich ihren Kindern zu widmen, berühren wir ein äußerst komplexes Thema, bei dem es um das Selbstbild von Frauen, um Identität, Rollenerwartungen und um den individuellen Energiehaushalt geht. Im folgenden Teil des Buches sollen diese Probleme und Fragen eingehend behandelt werden. Ich wurde immer wieder von Frauen gebeten, auf die Problematik der berufstätigen Mütter ernsthaft einzugehen; die Probleme der nicht-berufstätigen Mütter sollen jedoch keinesfalls übergangen werden. In beiden Fällen verbinden sich für die Frau mit der Mutterschaft bestimmte Hoffnungen, Wünsche und Phantasien und die Erwartung, daß der eingeschlagene Weg zu einem glücklichen Leben führt. Das gesamte Problemfeld der Berufstätigkeit trägt nicht minder zu den Belastungs- und Streßsituationen bei, die für PND charakteristisch sind, als die im letzten Teil angesprochenen Probleme. Die Frage „Warum geht es mir so schlecht – wo ich doch eigentlich so glücklich sein sollte?" ist die weitverbreitete Klage von Frauen, die man glauben machte, sie hätten die Freiheit der Wahl, die eine Wahl getroffen haben und nun erwarten, daß ihr Weg mit Rosen bestreut sei.

Wie bei jeder anderen Form von Streß und psychischen Belastungen können die biochemischen Störungen sich beträchtlich verstärken, wenn eine Frau sich nicht nur mit der neuen Mutterrolle auseinandersetzen muß, sondern auch mit dem verwirrenden Durcheinander in ihrem Selbstbild, mit ihrer Weiblichkeit, ihrer Berufsidentität und ihrem Bild von Mutterschaft. Denken wir an die Träume, die wir als kleine Mädchen, als Teenager und als junge Frauen hatten, die Vorstellungen darüber, wie wir als Mutter sein würden. Zweifellos hatten die meisten von uns die naive Vorstellung, wir würden unseren Beruf aufgeben – falls der Beruf in unseren Träumen überhaupt eine Rolle spielte –, zu Hause bleiben und perfekte Mütter sein. Denken wir an die Erwartungen, die unsere Mütter, Ehemänner, Schwiegermütter, Freunde und Kollegen bewußt oder unbewußt an uns herantragen, daß eine „richtige" Mutter nicht berufstätig sein kann. Stellen wir diesen Bildern unsere eigene ambivalente Selbsteinschätzung gegenüber: Einerseits finden wir unsere Berufe interessant und bauen vielleicht mit viel Engagement eine Karriere auf; an den Kontakten im Beruf liegt uns viel, und wir wissen die finanzielle Unabhängigkeit und das zusätzliche Einkommen für die Familie zu schätzen. Andererseits sind wir nicht sicher, ob diese Faktoren die Fortsetzung der Berufstätigkeit nach der Geburt eines Kindes wirklich rechtfertigen. Wir fürchten die Werturteile der Gesellschaft, die uns als selbstsüchtige, kalte, zurückweisende Mütter verdammen; wir fürchten unser Versagen in der weiblichen – insbesondere in der mütterlichen Rolle.

Nehmen wir dieses Gebräu von Ängsten und Ambivalenz, fügen wir die Schwierigkeiten, die Befürchtungen, den Mangel an guten Angeboten und die Kosten bei der Betreuung des Kindes hinzu; dann noch eine Prise Kritik von Verwandten, Freunden und Kollegen – und schon haben wir einen brodelnden Topf voller latenter Konflikte, die nur allzuleicht zu PND führen können.

Wir haben es hier mit einer geschlechtsspezifischen Problematik zu tun. Nur wenige Männer werden je mit der Frage konfrontiert, ob ihre Vaterschaft den Verlust ihres Berufslebens bedeuten könnte. Wie treffen Frauen ihre Entscheidungen? Unglücklicherweise kommen bei den meisten von uns Entscheidungen nur zögernd und schwankend und oft genug durch Zufall zustande. Ein Grund für die chronische Entscheidungsunfähigkeit ist unsere falsche und oft zu negative Selbsteinschätzung. Wir sind keine festumrissenen, schnurgeraden Charaktere, die konsequent und rigide auf ein einziges Glaubens- und Ideensystem ausgerichtet sind. Freud stellte die Frage „Was wollen die Frauen wirklich?" – und niemand fand eine Antwort darauf. Wir sind ein buntes Gemisch von Möglichkeiten, Begrenzungen, genetischen Anlagen, fördernden und hemmenden Umwelteinflüssen. Ich weiß von mir, daß ich mich mit einer Seite meines Wesens als intellektuelle Bohemienne sehe, als Vita-Sackville-West-Typ, von Hause aus reich und distinguiert genug, um in der Literatur und dem großen Leben zu schwelgen und die alltäglichen, weltlichen, trivialen Pflichten, einschließlich der Mutterpflichten, anderen zu überlassen. Eine andere Seite von mir sehnt sich danach, eine Mutter zu sein, wie meine eigene Mutter es war: hingebungsvoll, fürsorglich, aufmerksam, liebevoll, immer zur Stelle; allem Anschein nach zufrieden damit, das begrenzte Leben mit Mann, Haushalt und Kindern zu führen. Wieder ein anderer Teil in mir möchte irgendwo an einem exotischen Ort leben, mit einem Mann, der nicht den ganzen Tag arbeiten muß, von einer großen Kinderschar umgeben; eine sorglose Gemeinschaftsexistenz, in der man alle alltäglichen Probleme vergessen könnte.

Wir haben nicht alle dieselben Sehnsüchte und Bedürfnisse, nur weil wir Mütter geworden sind. Manche Frauen leiden unter Schuldgefühlen, wenn sie in ihren Beruf zurückgekehrt sind, weil sie insgeheim ihre Arbeit den Mutterpflichten vorziehen. Andere leiden unter ihrer Berufstätigkeit, weil sie insgeheim lieber ganz in der Mutterschaft aufgehen möchten. Wieder andere sind verwirrt und aufgespalten, weil sie nicht in der Lage sind, zu entscheiden, was sie lieber möchten und wobei sie am glücklichsten wären. Manche Frauen sind unzufrieden, weil sie arbeiten müssen, um das Einkommen der Familie zu verbessern, und weil sie tief in ihrem Innern der Meinung sind, ihre Männer sollten in der Lage sein, die Familie zu versorgen. Andere ärgern sich über die Unterstellung, sie seien egoistisch, nur weil sie arbeiten wollen. Die Konflikte zwischen dem, was wir meinen, tun zu müssen, und dem, was wir am liebsten tun möchten, können leicht zu Auslösern für PND werden.

Rückkehr in den Beruf mit ambivalenten Gefühlen

Während der Schwangerschaft können wir nicht ahnen, wie wir uns fühlen werden, wenn das Kind geboren ist. Viele Frauen entscheiden während der Schwangerschaft, daß sie in ihren

Beruf zurückkehren werden, wenn das Baby da ist, in dem vollen Bewußtsein, daß sie ihren Beruf lieben, das Geld brauchen und mit einem reinen Hausfrauendasein nicht glücklich wären. Aber wenn wir das Kind dann wirklich in den Armen haben, verändert sich unsere Einstellung. Viele Frauen finden es sehr hart, den Säugling in den ersten Lebenswochen oder -monaten je allein zu lassen, selbst wenn sich der Mann, die Mutter oder eine vertrauenswürdige Tagesmutter um ihn kümmert. Der Gedanke an die Rückkehr in den Beruf beginnt zu einer nagenden, übermäßigen Bedrohung zu werden. Wir geraten in Panik, Ängste und Schuldgefühle überfallen uns – und dann setzt die Depression ein.

Zwei Frauen, die beruflich an den entgegengesetzten Polen des Karrierespektrums standen, machten die Erfahrung, wie überraschend und unerwartet diese mütterlichen Gefühle auftreten können. Die 25jährige Jennifer C. arbeitete als Sekretärin bei einer Versicherungsgesellschaft in ihrer Heimatstadt; sie war erst seit einem Jahr verheiratet, als ihr Sohn geboren wurde. Jennifer hatte immer vorgehabt, in ihren Beruf zurückzukehren. Als die Gesellschaft ihr anbot, den Job sechs Wochen lang für sie offenzuhalten, mußte sie sich auf diesen kurzen Zeitraum für ihren Mutterschaftsurlaub einrichten. Sie fürchtete, daß eine längere Abwesenheit sie ihren Job kosten würde. Aber die Anstrengungen und die Fremdheit der neuen Mutterrolle, die zusätzliche Sorge um das Geld und um den Verlust des Arbeitsplatzes und die Angst, das Kind allein zu lassen, versetzten sie in einen so schlimmen Depressionszustand mit Phasen unkontrollierbaren Weinens, daß sie nach Ablauf der sechs Wochen nicht in der Verfassung war, wieder zu arbeiten.

Jennifer reagierte mit phobischen Ängsten, wenn sie das Kind bei anderen lassen mußte, selbst wenn ihre eigene Mutter es betreute. Sie ging nie mehr mit ihrem Mann aus, und die Beziehung verschlechterte sich zusehends. „Ich verstand selbst nicht, warum ich diese Gefühle hatte. Meinem Mann gegenüber war ich feindselig und aggressiv, und gleichzeitig litt ich unter Depressionen. Ich wußte nur, daß ich eine widerwärtige Person war, die sich jahrelang gewünscht hatte, Kinder zu haben und zur Ruhe zu kommen. Und nun konnte ich nur noch weinen und mich scheußlich aufführen."

Jennifer dehnte ihren Mutterschaftsurlaub auf zweieinhalb Monate aus. Als schließlich der Tag kam, an dem sie wieder ins Büro mußte, war sie verzweifelt und von Ängsten, Sorgen und Schuldgefühlen erfüllt. Ihre Depression erlebte sie so, „als wäre eine Verschwörung gegen mich im Gang, mich von meinem Kind zu trennen. Ich war wütend auf meine Kollegen im Büro, als wäre es ihre Schuld". Jennifers Verfolgungsphantasien waren ein Symptom schwerer PND. Da sie nichts darüber wußte, schlug sie sich weiter mit ihrer Arbeit und ihren widerstreitenden Gefühlen herum. Was die Sache noch schlimmer machte: Sie war mit einem neuen Chef konfrontiert, der eine generell frauenfeindliche Einstellung hatte. „In seiner Sicht waren Frauen im Berufsleben nur eine Belastung. Wenn sie nicht gerade Kinder bekamen, hatten sie Hysterektomien, und er war zu allem bereit, um sie loszuwerden. Er übertrug mir ein neues Aufgabengebiet, das ich nicht ausstehen konnte, und ich bin sicher, er glaubte, daß ich kündigen würde." Jennifer brach immer noch oft in unkontrollierbares Weinen aus; sie versteckte sich auf der Toilette, um niemandem ihre Schwäche zu zeigen. Als sie sich allmählich damit abfand, eine berufstätige Mutter zu sein, kam ihre Persönlichkeit wieder ins Gleichgewicht; im gleichen Maß, wie ihr seelischer Zustand ausgeglichener wurde, kam auch ihr Hormonsystem wieder in Ordnung.

Martha H., eine Fernsehproduzentin, hatte ebenfalls von Anfang an geplant, ihren Beruf wiederaufzunehmen, denn sie hatte jahrelang gekämpft, um ihre berufliche Position zu erreichen. Ihr erstes Kind, das sie mit 35 Jahren bekam, schien ihr kein Grund, ihre gesamte Karriere aufzugeben. Das Geld, das sie und ihr Mann Bob verdienten, ermöglichte ihnen einen großzügigen Lebensstil, mit einer Haushaltshilfe; beide waren daran gewöhnt und hätten diese Art zu leben nur ungern aufgegeben. Nach der Geburt von Jason war die selbstbewußte Martha jedoch nicht einmal mehr sicher, ob sie ihren Beruf überhaupt mochte und ob sie damit weitermachen sollte. „Mit Kind berufstätig sein ist für Frauen absolut nicht einfach.

Zuerst arbeitete ich wieder ganztags, aber das konnte ich nicht durchhalten, und ich mußte mich auf eine niedrigere Position und ein geringeres Gehalt einlassen, um es überhaupt zu schaffen. Ich dachte die ganze Zeit an Jason; das Kind ging mir ständig im Kopf herum. Ich war zur Arbeit nicht zu gebrauchen."

Schließlich entschied sie sich, drei Tage in der Woche zu arbeiten mit einem Verdienst, der drei Viertel ihres früheren Gehalts ausmachte. „Und dann", sagte Martha ironisch, „gab ich mir große Mühe, einen Job zu bekommen, der noch langweiliger war, damit ich nur jede zweite Woche zu arbeiten brauchte."

Martha erlebte einen Abstieg von der anspruchsvollen Position der Produzentin zu dem, was sie einen „Idiotenjob" nannte, den sie auch mit halber Aufmerksamkeit erledigen konnte. Sie hatte Glück, daß sie in der Lage war, ihre Entscheidungen so frei treffen zu können. Schon bevor sie in ihren Beruf zurückkehrte, litt Martha unter einer schweren Form von PND. Sie nahm den Kompromiß einer niedrigeren beruflichen Position mit geringerem Einkommen bereitwillig in Kauf, weil sie dadurch mehr Zeit für ihr Kind hatte. Martha hatte herausgefunden, daß sie lieber auf die zeitintensive Berufskarriere verzichtete, wenn das bedeutete, die Mutterrolle nicht richtig leben zu können.

Vielen Frauen scheint die PND-Erfahrung tatsächlich Gelegenheit zu geben, ihre Wertvorstellungen und Lebensziele neu zu formulieren. Die Krise, die durch unkontrollierbare Emotionen und seelische Kämpfe ausgelöst wird, zwingt zu neuen Theorien und Maßstäben, die, auch wenn vorerst nur darüber diskutiert wird, offen ausgesprochen werden.

Die Schwierigkeit, den Beruf aufzugeben

„Ich war gewöhnt, mich aktiv, nützlich und unabhängig zu fühlen – und dann veränderte sich plötzlich alles", schrieb Pamela B. über ihre Erfahrungen nach der Geburt ihres ersten Kindes. Pamela war 32 Jahre alt und hatte in einer Werbeagentur gearbeitet; sie gab ihren Beruf auf, ohne feste Verpflichtungen über eine Rückkehr einzugehen. Sie stellte es sich schön vor, mit ihrem Kind zu Hause zu bleiben. Fünf Monate später wußte Pamela, daß sie ihren Beruf wiederaufnehmen mußte, um nicht den Verstand zu verlieren. Das Leben zu Hause mit dem Kind entsprach in keiner Weise ihren Wunschvorstellungen.

Pamelas Problematik ist vermutlich für viele Frauen heute typisch. Sie war aktiv und energisch, im Beruf nicht unbedingt strebsam oder karriereorientiert, aber entschlossen, ein ausgefülltes, interessantes, gutes Leben zu führen. Ehe sie Mutter wurde, war sie voll berufstätig gewesen, hatte Körpertraining, Karate und Aerobic gemacht, Musikunterricht genommen, war gereist, hatte genug geschlafen und genug Zeit für ihren Mann und für Geselligkeit gefunden. Pamela behielt ihren geschäftigen Lebensstil bis zum Tag der Entbindung bei. Und danach? Sie litt vier Monate lang unter PND, fühlte sich ausgelaugt, apathisch, gefangen durch die tägliche Routine, für einen Säugling zu sorgen. Sie hatte bis zur neunten Woche nach der Geburt Blut verloren, was ihr Erschöpfungsgefühl noch verstärkte. Sie beneidete ihren Mann um seine Freiheit und machte sich Sorgen ums Geld. „Während meiner ganzen Schwangerschaft hatte ich alle erdenkliche Unterstützung und freute mich darauf, Mutter zu sein. Aber was dann kam, war, als stände ich draußen in der Kälte und müßte mich allein durchschlagen in dieser kritischen Zeit."

Bei Pamela hatten die Depressionen etwa einen Monat nach der Geburt des Kindes begonnen, als sie noch Zeit und Energie genug hatte, um zu erkennen, daß ihr Phantasiebild von selbstgenügsamer Mutterschaft sich nicht erfüllen würde. Pamela machte die ganze Skala typischer PND-Empfindungen durch. Schwere Erschöpfung, Lethargie und das Gefühl des Eingesperrtseins wurden weiter oben als charakteristische Merkmale der spät einsetzenden Form von PND beschrieben (im Unterschied zu der mit Angst, Erregung und oft mit Halluzinationen einhergehenden frühen Form von PND, die in den ersten zwei Wochen nach der Entbindung auftritt). Pamelas Fall war nicht so schwerwiegend, daß sie ärztliche Behandlung gebraucht hätte. Aber sie ging in ihren Beruf zurück, und sie zwang sich dazu, wieder regelmäßig Körpertraining zu machen. Ihr Hormonhaushalt normalisierte sich allmählich, und ihr altes Selbstbild kehrte langsam zurück.

Sehnsucht nach der Rückkehr in den Beruf

Kathy S. sah sehr bald ein, daß sie sich mit der Rückkehr in den Beruf am wohlsten fühlte. „Ich war so froh, wieder dort zu sein! Ich konnte es nicht abwarten, endlich aus dem Haus zu kommen", sagte sie. Kathy wußte, daß sie sich eingesperrt, finanziell abhängig und unglücklich fühlen würde wie ihre Mutter, wenn sie den ganzen Tag zu Hause wäre. Die Rolle der berufstätigen Mutter konnte sie leichter akzeptieren als die reine Hausfrau-und-Mutter-Rolle. Sie bekam allerdings viel Kritik zu hören. Andere Frauen am Arbeitsplatz gaben unüberhörbar ihre Kommentare ab: „Ihr Kind leidet darunter, und Sie brauchen das zweite Gehalt doch nicht!" Aber Kathy war fest davon überzeugt, daß es weder für ihr Kind noch für sie die bessere Lösung wäre, wenn sie daheim bliebe.

Wie wir schon vorher an Kathys Geschichte gesehen haben, bedeutete ihr Entschluß, in den Beruf zurückzugehen und aus dem Hausfrauen-Dasein herauszukommen, auch das offene Eingeständnis, daß die ausschließliche Konzentration auf die Mutterschaft ihr unerträglich war. Als Kathy nach ihrem Kaiserschnitt aus der Narkose erwacht war, hatte sie den Wunsch verspürt, das Krankenhaus allein zu verlassen. Sie wollte nicht, daß ihr Sohn sie einmal Mama nannte. Warum traten bei ihr die PND-Symptome sofort auf? Nach der Ansicht der Mediziner können sich PND-Symptome nicht vor dem dritten Tag nach der Entbindung zeigen, da erst dann die hormonellen Veränderungen eingetreten sind, die Stimmungsschwankungen verursachen. In Kathys Fall waren die psychischen Probleme schon in dem Augenblick präsent, als sie niederkam. Die negativen Bilder und die Verzweiflung waren schon vor der hormonellen Umstellung aus ihrem Unbewußten aufgestiegen. Kathy schilderte, daß sie mindestens sechs Monate lang unfähig war, die Mutterrolle auszufüllen, nachdem sie mit dem kleinen Joe aus dem Krankenhaus gekommen war. Kathy nahm keine äußere Hilfe in Anspruch; als das Kind sich gut entwickelte und als sie ihren Beruf und ihre alten Interessen wiederaufnahm, kam auch ihr Körper allmählich wieder ins Gleichgewicht, und sie konnte Joe als ihren Sohn und sich als seine Mutter wahrnehmen und akzeptieren.

Entscheidungsschwierigkeiten

Manche Frauen plagen sich mit einem Zustand quälender Unentschiedenheit ab. Aileen B. war ein solcher Fall. Sie war 25 Jahre alt, als sie ihre Tochter bekam, und hatte bis zu diesem Zeitpunkt als Lehrerin gearbeitet. Aileen und ihr Ehemann John hatten das Kind nicht geplant, denn Aileen war ein Eierstock entfernt worden, und die Ärzte hatten ihr mehrfach gesagt, daß sie nicht mehr schwanger werden könne. Das Töchterchen Jennifer war daher eine große Freude. Da das Ehepaar hohe Schulden abzutragen hatte, nahm Aileen kurz nach der Geburt des Kindes die Arbeit als Lehrerin wieder auf. Sie erzählte, daß die düstere Phase nach ihrer Rückkehr in den Beruf die schwierigste und konfliktreichste Zeit ihres Lebens war, denn es widersprach ihren innersten Bedürfnissen und Wünschen, eine berufstätige Mutter zu sein.

„Alle Welt war der Ansicht, daß es meine Pflicht sei, bei dem Kind zu Hause zu bleiben, und ich tendierte auch zu dieser Meinung. Schließlich gab ich dem allgemeinen Drängen nach und fand einen Kompromiß: Ich bekam einen Teilzeitjob und unterrichtete abends. Mein Mann arbeitete tagsüber, und wir waren überzeugt, die beste Lösung gefunden zu haben, weil rund um die Uhr immer einer von uns bei dem Kind sein konnte." Aber die Situation verschlechterte sich. Ein Problem war, daß sie nicht genügend Geld hatten, und das löste bei Aileen Ängste und Gefühle der Unfreiheit aus. Sie und ihr Mann hatten keine Zeit mehr füreinander; sie kümmerten sich nur noch abwechselnd um das Baby. Aileen fühlte sich völlig unfähig, die Mutterrolle auszufüllen, und dies Gefühl der

Inkompetenz verschlimmerte sich noch, weil ihr jeder sagte, sie solle sich zusammennehmen und sich wie eine Ehefrau und Mutter verhalten.

„Die Depression ließ schließlich nach, als ich selbst meine Entscheidung traf und zur Ganztagsarbeit zurückkehrte", sagte sie. Die Ehe hielt den Belastungen auch stand; dadurch, daß Aileen ein paar Jahre lang mitarbeitete, konnten sie ihr finanzielles Chaos in den Griff bekommen. Dann gab Aileen den Beruf wieder auf. „Ich hatte das Gefühl, daß die Mutterschaft mein eigentlicher Beruf war, bei dem ich mich am wohlsten fühlte", begründete sie ihre letzte Entscheidung.

Das Pro und Kontra bringt viele Frauen in Verwirrung und Konflikte. Eine 27jährige Mutter, die ihre Rückkkehr in den Beruf als Zwang empfand, stellte nach zwei oder drei Monaten fest, daß sie eigentlich große Erleichterung empfand – und gleichzeitig Schuldgefühle, nicht bei ihrem Kind zu Hause zu sein. Als sie eines Tages einer Freundin und Kollegin gestand: „Eigentlich ist es doch ein gutes Gefühl, wieder zu arbeiten", antwortete diese ironisch: „Das heißt wohl, du hast beinahe ein schlechtes Gefühl, weil du dich so gut fühlst."

In Fällen chronischer Unentschiedenheit löst sich ein PND-Zustand erst auf, wenn die Frau erkennt, daß widerstreitende Kräfte in ihrem eigenen Inneren am Werk sind, und wenn sie einen Kompromiß findet, der für sie richtig ist, auch wenn er nicht den gesellschaftlichen Klischeevorstellungen entspricht.

Kompromisse

Viele Frauen finden Kompromisse, indem sie auf halbe Stellen gehen, drei oder vier Tage in der Woche arbeiten oder die tägliche Arbeitszeit abkürzen, um so zu verhindern, daß ihr Kind ständig von anderen Menschen versorgt werden muß. Kürzere Arbeitszeit ist allerdings kein Wundermittel, das die Erschöpfung und die Konflikte, die aus der Doppelbelastung resultieren, über Nacht beseitigt. Jeanne N., die 35jährige Lektorin, war mit einem erfolgreichen Geschäftsmann verheiratet. Sie hatte bereits einen relativ hohen beruflichen Status erreicht, bevor sie ihre beiden Kinder bekam. Sie hatte eine Kinderfrau, die im Haus wohnte und sich drei Tage in der Woche und jedes zweite Wochenende um die Kinder kümmerte. Man könnte also annehmen, daß es ihr in dieser privilegierten Situation leichtgefallen wäre, Mutterschaft und Karriere zu vereinbaren. Jeanne wollte ihre berufliche Entwicklung nicht wirklich unterbrechen, aber sie wollte auch genug Zeit für ihre Kinder haben. Sie ging also auf eine Dreiviertelstelle, wobei sie drei Tage in der Woche im Verlag war und den Rest der Arbeit zu Hause erledigte. Unvorstellbar, daß jemand wie Jeanne von PND betroffen sein könnte!

Für ihren Arbeitgeber erwies sich das Arrangement als günstig, für Jeanne allerdings nicht so sehr. Sie war, wie sie selbst sagte, unter ständigem Arbeitsdruck; sie hetzte sich ab, um abends um halb sieben daheim zu sein, brachte gegen acht Uhr die Kinder zu Bett und ging dann wieder an ihre Arbeit. „Mein Mann war viel auf Reisen, und oft arbeitete er auch abends noch, so daß ich bis zehn oder elf Uhr am Schreibtisch sitzen konnte, aber es ging an die Substanz", sagte sie. „Ich hätte für die Kinder und den Haushalt wirklich eine Ganztagshilfe gebraucht. Ich glaube jetzt nicht mehr daran, daß eine Mutter mit Teilzeithilfe auch nur Teilzeitarbeit machen kann. Wie kann man mit einem schreienden Kleinkind und einem Vierjährigen, der es haßt, die Mutter arbeiten zu sehen, konzentriert ein Manuskript bearbeiten oder ein Gespräch mit einem anderen Verleger führen? Ich hatte es so arrangiert, daß die Kinderfrau während meiner Abwesenheit da war; das heißt, an den Tagen, die ich nicht im Büro verbrachte, mußte ich mich auch um die Kinder kümmern und sie versorgen.

Meine eigene Mutter war erstaunt über die Wahl, die ich getroffen hatte, denn als ich klein war, hatte ich ihre Berufstätigkeit gehaßt. Als sie mich einmal fragte, was ich mir zu Weihnachten wünschte, antwortete ich: ‚Eine Mama, die zu Hause bleibt!‘ Mein Sohn reagiert genauso. Manchmal kommt er mir vor wie ein Waisenkind. Oft erwischt er mich morgens, wenn ich mich gerade fertigmache, um zur Arbeit zu gehen, und heult: ‚Wer soll denn heute bei mir bleiben?‘ Wenn ich tatsächlich zu Hause bleibe, ist er vor Freude so aufgeregt, daß es mir wirklich nahegeht. Es ist nicht leicht, nicht wahr?"

Jeanne hatte versucht, beide Bereiche, Beruf und Mutterschaft, gleichermaßen gut auszufüllen. Sie sprach über ihre nagenden Gefühle, in beidem versagt zu haben. „Ich versuche, einen kompetenten Eindruck zu machen – sagen wir, einem Autor gegenüber –, als berufstätige Frau und als Mutter. Dann, wenn der Autor anruft, schreit das Kind gerade, und ich habe das Gefühl, eine schlechte Mutter zu sein, weil ich es nicht beachte; oder ich verliere mein Gesicht als Lektorin, wenn ich dem Autor sage: ‚Tut mir leid, es geht jetzt gerade nicht, mein Sohn hat mich den ganzen Tag nicht gesehen.'"

Jeanne sprach auch über die Art von PND, die zu einer festen Einrichtung in unserem Leben wird: Ihre Elemente sind die Erschöpfung, die Frauen überfällt, wenn sie mit zwei oder mehr Rollen jonglieren müssen, die Ängste, Spannungen und Belastungen, die damit verbunden sind, beiden Bereichen gerecht zu werden, unterschiedlichen Leuten zu gefallen und, sehr häufig, die Konsequenz, keine Kraft und keine Zeit mehr für sich selbst zu haben. Jeanne, die Frau, die alles hatte, was man nur wünschen kann, hatte auch eine konstante, unterschwellige, nagende Depression – nichts war so, wie es sein sollte.

Die dreifache Zwickmühle

Frauen in sozialen oder Dienstleistungsberufen, Sekretärinnen, Krankenschwestern, Lehrerinnen zum Beispiel, haben oft das Problem, daß sie bei ihren Vorgesetzten oder Dienststellen kein Verständnis für ihre Bedürfnisse als Mutter finden. Drei- oder Vier-Tage-Wochen, flexible Arbeitszeiten oder früherer Dienstschluß sind für sie oft nicht möglich. Die Arbeitgeber tendieren zu einer mißtrauischen Haltung Müttern gegenüber; sie befürchten, „ausgebeutet" zu werden, zum Beispiel dadurch, daß die Frau sich häufiger krank meldet, weil sie sich um ihr Kind kümmern muß. Frauen in solchen Berufen stehen oft unter Druck, ihre Arbeit früher wiederaufzunehmen als

Frauen in flexibleren Berufen; sie befürchten Gehaltskürzungen, den Verlust ihres Arbeitsplatzes oder die Kritik der Kollegen.

Alle berufstätigen Mütter stecken in einer dreifachen Zwickmühle; sie sind von den widerstreitenden Loyalitätsgefühlen dem Kind, dem Partner und dem Beruf gegenüber zerrissen. Sie fühlen sich schuldig, weil sie keinem Teil der Triade genügend Zeit und Energie widmen können, und sie sind erschöpft von ihrem ständigen Bemühen, allen Anforderungen gerecht zu werden. Im Idealfall sollte keine Frau früher als drei Monate, besser noch fünf Monate nach der Geburt ihres Kindes in den Beruf zurückgehen müssen. Um den fünften Monat wird das Kind im allgemeinen nachts länger durchschlafen, so daß auch die Mutter genügend Schlaf bekommt, um den Arbeitstag zu bewältigen. Das fünf Monate alte Kind wird auch bereits erste Zeichen von Unabhängigkeit zeigen; die Trennungserfahrung ist dadurch für Mutter und Kind weniger schmerzhaft. Wenn die ohnehin gestreßte Frau auch nach ihrem Arbeitstag noch keine Freizeit hat, das heißt, wenn sie in aller Eile das Abendessen richten, das Fläschchen zurechtmachen, das Kind zu Bett bringen, die Wohnung saubermachen muß und dann vor Müdigkeit umfällt, ist die Depression wahrscheinlich nicht fern. Julia F. litt unter schweren Depressionen; sie hatte acht Wochen nach ihrer Kaiserschnitt-Entbindung ihre Arbeit in einem großen Warenhaus wiederaufgenommen und war buchstäblich halb tot vor Erschöpfung. Der Arzt schlug ihr eine Behandlung mit Antidepressiva vor, aber er hatte kein Verständnis für ihren Zustand und weigerte sich, sie krank zu schreiben. Julia beschrieb das Gefühl, nicht mehr aus der Tretmühle herauszukommen mit den Worten: „Es war nichts zu machen, es war einfach nichts mehr von mir übrig."

Jede Frau, die ein Kind geboren hat, kennt Erschöpfungszustände; in besonders akuter Form treten sie bei Frauen auf, die sehr früh wieder arbeiten und die versuchen, allzuviel in einen einzigen Tag hineinzupacken.

Erschöpfung als Warnsignal

Erschöpfung, Übermüdung oder wie man es auch nennen will, muß als wichtigstes Warnsignal für den potentiellen Zusammenbruch des hormonellen Systems erkannt werden. Wenn wir versuchen, alles zu schaffen, oder annehmen, wir könnten alle Rollen gleichzeitig und gleich gut ausfüllen, bringt uns das leicht auf den Weg zum Zusammenbruch. Dr. Elizabeth Herz erklärt dazu: „Die moderne Frau meint, daß sie alles gleichzeitig haben kann – und das finde ich auch ganz verständlich. Sie will beides, Karriere und Mutterschaft – und warum auch nicht? Aber oft begreift sie nicht, daß sie an irgendeinem Punkt Kompromisse machen muß. Sie kann alles versuchen, aber sie kann unmöglich in allem perfekt sein." Wenn das Gefühl der Übermüdung und Überlastung einfach nicht mehr weicht, muß irgendwo etwas reduziert werden. Es kann die Arbeit sein, der Aufwand im Haushalt nach der Arbeit, die Zeit, die wir dem Baby (und den anderen Kindern) oder dem Partner widmen können. Wenn nicht irgendwo ein Anspruch reduziert wird, werden die Kräfte der Frau reduziert.

Die 33jährige Liz H. nahm sechs Wochen nach der Geburt ihres dritten Kindes ihre Arbeit als Verwaltungsangestellte an einem örtlichen College wieder auf. Sie hatte nicht gearbeitet, als die beiden anderen Kinder noch klein waren, und sehnte sich nach dem Umgang mit Erwachsenen und nach Abwechslung vom Hausfrau-und-Mutter-Dasein. Durch das Ende der Sommerpause und den Wiederbeginn des Lehrbetriebs fiel in den ersten Wochen enorm viel Arbeit an, und Liz arbeitete einen Monat lang täglich, einschließlich samstags. zehn bis zwölf Stunden. „Ich war körperlich und seelisch so erschöpft, daß ich zu Hause meine älteren Töchter anbrüllte und für meinen Mann nicht ansprechbar war. Ich wußte nicht, was mit mir passierte, aber mir war klar, daß ich nahe am Durchdrehen war. Ich dachte sogar ernsthaft an Selbstmord, was mir jetzt, aus dem Abstand heraus, zeigt, wie gefährlich diese Situation für mich war. Ich wußte nicht einmal, daß ich Depressionen hatte, bis mein Arzt mich an einen Psychiater überwies, der mir das erklärte. Ich hatte keins der Warnsignale erkannt, weil ich nie zuvor unter schweren Depressionen gelitten hatte. Alles, was ich noch weiß, ist, daß mich nichts mehr wirklich berührte. Ich weinte oft, fühlte mich hundeelend und war überzeugt, daß ich einfach eine widerwärtige Person sei. Ich wünschte wirklich, es wäre mehr über PND bekannt. Das Bewußtsein, daß man nicht als einzige durch solche Erfahrungen geht, würde schon alles viel leichter machen. Der Witz ist, daß ich noch einmal zu meinem Gynäkologen ging und ihm sagte, daß ich vermutlich unter PND gelitten hätte. Aber er war anderer Meinung!"

Liz hatte nie unter Depressionen gelitten, wußte nichts über PND und überging die körperlichen und seelischen Warnsignale. Durch die übermäßige Arbeitsbelastung hatte sie ihrem Körper- und Kräftehaushalt keine Zeit gegeben, wieder ins Gleichgewicht zu kommen. Darüber hinaus hatte sie nicht gearbeitet, als ihre beiden anderen Töchter Kleinkinder waren, und die Rolle der berufstätigen Mutter war neu und verwirrend für sie. Die körperliche und seelische Überbeanspruchung war offensichtlich.

Zeitquantität – Zeitqualität

„Qualitative Zeit" ist an der Kampffront der Fraktion geplagter, berufstätiger Mütter zum Schlüsselwort geworden. Die in den meisten Groß- und Mittelstädten existierende Fülle von Kinder- und Babygruppen, von Kindergarten- und Tagesstättenaktivitäten, die sogar für Kinder nicht-berufstätiger Mütter angeboten werden, ist ein Zeichen dafür, daß sich die gesellschaftlichen Vorstellungen den veränderten Verhältnissen angepaßt haben. Heute sind viele Mütter bereit, zu akzeptieren, daß es vielleicht auch für Kleinkinder besser ist, nicht ihre gesamte Zeit mit der Mutter zu verbringen. Selbst konservative Experten wie Dr. Spock gaben widerwillig zu, daß es für Mütter gut ist, Zeit für sich selbst zu haben, und daß der Kontakt mit anderen gleichaltrigen Kindern für Babys und Kleinkinder förderlich ist.[46]

Qualitative Zeit (gemeint ist die Zeit, die eine Mutter in direkter Interaktion mit ihrem Kind verbringt und nicht im bloßen Anwesend-Sein, A.d.Ü.) sollte, wie Dr. Herz erklärt, jedoch von berufstätigen Müttern nicht als Rechtfertigung dafür benutzt werden, daß sie zuwenig Zeit mit ihren Kindern verbringen. Ein Kleinkind braucht viel von der Zeit der Eltern; Quantität ist zunächst einmal die Voraussetzung dafür, daß Zeit in Qualität umschlagen kann. Nicht alle unsere Interaktionen mit unseren Kindern müssen voller Glück, Wärme und Abenteuer sein. In unserem Leben gibt es auch Streit, Ärger und Langeweile – und auch dafür muß Raum sein. Ein Kind, das damit aufwächst, auch diese Gefühle bei seinen Eltern als normal zu empfinden und nicht zu fürchten, wird die Konfrontation mit der Außenwelt später als weniger problematisch erleben.

Eine Mutter, die durch ihren Beruf sehr beansprucht, den größten Teil des Tages nicht zu Hause ist und die zusätzliche Zeit für die Fahrt zum Arbeitsplatz und zurück und für andere Belange nach der Arbeit braucht, wird vermutlich nicht jeden Tag Zeit und Muße für ihr Kind finden; sie leidet vielleicht unter Schuldgefühlen, weil sie dem Kind die fundamentale Wärme und Nähe vorenthält, die eine Mutter geben sollte. Und vielleicht sind diese Schuldgefühle auch gerechtfertigt. Wie ist einer Mutter zumute, die nicht einmal regelmäßig morgens und abends mit ihrem Kind zusammensein kann; was ist, wenn ganze Tage vergehen, ohne daß ihr Kind sie zu Gesicht bekommt – nicht in ihrem eleganten Geschäftskostüm und nicht einmal im Nachthemd?

Schuld ist eines der stärksten Gefühle neuer Mütter. Mit der Mutterschaft assoziieren wir Liebe, Wärme, Nähe, Glück – aber den meisten Frauen sind Schuldgefühle wahrscheinlich viel vertrauter als Wärme, Glück und Nähe. Mütter, die ein hektisches, zeitintensives Berufsleben haben, finden häufig irgendeine Form von Kompromiß mit ihren Partnern, die einen Teil der Fürsorge für das Kind übernehmen. Vielleicht sind auch nahe Verwandte da, die sich über längere Zeitstrecken um das Kind kümmern. Die konstante Nähe einer Großmutter oder eines Großvaters zum Beispiel kann einem Kind sehr guttun.

Ehe wir eine berufstätige Mutter, die nicht viel Zeit für ihr Kind hat, verurteilen, sollten wir uns vor Augen halten, daß es in großbürgerlichen, wohlhabenden Familien seit jeher Tradition war, Außenstehende für den Umgang mit den Kindern heranzuziehen – Gouvernanten, Kinderfrauen, Kindermädchen –, und daß die Mütter und Väter, was die alltägliche Routine der Kindererziehung anging, durch Abwesenheit glänzten. Wenn wir noch weiter in der Geschichte zurückgehen – es war in früheren Jahrhunderten üblich, daß Frauen der höheren Stände ihre neugeborenen Kinder Ammen übergaben; diese Mütter hatten vermutlich wenig Kontakt mit ihren Kindern, zumindest, bis sie laufen und sprechen konnten und in der Lage waren, ihre Mütter mit Artigkeiten zu begrüßen.

Die heutige Normvorstellung der Gesellschaft – und der Frauen selbst –, daß die Mutter ständig bei ihrem Kind sein müsse (bis zu dem Alter, das die jeweils gültige Expertenmeinung für richtig hält) oder daß nur die Mutter die Bedürfnisse des Kindes erfüllen könne, ist noch sehr jung; sie entstand erst im 20. Jahrhundert. Ich weigere mich, zu glauben, daß all die Kinder vergangener Jahrhunderte in emotionaler Verwahrlosung aufwuchsen, weil ihre Mütter ihnen während ihrer frühen Kindheit nicht ihre ungeteilte Aufmerksamkeit zukommen ließen.

In einem kürzlich erschienenen Artikel zu dem Thema mit dem Titel „Die berufstätige Mutter als Rollenmodell" berichtet die amerikanische Schriftstellerin Anita Shreve, daß die gegenwärtige Zunahme ganztägiger Berufstätigkeit bei Müttern nach der Ansicht von Psychologen viele positive Nebeneffekte habe. Dr. Samuel Ritvo und Dr. Kyle Pruett, beide von der Yale University, wiesen nach, daß es sich auf die Entwicklung von Kindern beider Geschlechter positiv auswirkt, wenn sie beide Elternteile in beiden Rollen erleben: in der Berufs- und Versorgerrolle und in der Rolle der nähespendenden Bezugsperson. Anita Shreve schreibt: „Kinderpsychologen und Sozialwissenschaftler sind der Ansicht, daß die nächste Frauengeneration vermutlich weniger Schwierigkeiten damit haben wird, sowohl ‚männliche' als auch ‚weibliche' Rollenziele zu verfolgen. Frauen werden vielleicht in Zukunft Berufskarriere und Familienleben leichter miteinander vereinbaren können, während sich dieser Jonglierakt auf die heutige Frauengeneration oft lähmend auswirkt und zu Streß, Inkompetenz- und Schuldgefühlen führt."[47]

Anita Shreve zitiert eine Äußerung von Betty Friedan: „Die Töchter heutiger Frauen sind selbstsicherer und haben eine klarere Selbsteinschätzung. Sie werden sowohl ihre Karrieren als auch ihre Kinder bekommen – ohne Schuldgefühle." Auch Jungen haben Vorteile davon, mit berufstätigen Müttern aufzuwachsen; sie werden vielleicht zu Männern heranwachsen, die für die Bedürfnisse von Frauen sensibler sind. „Die nächste Generation von Gesetzgebern, Männer und Frauen, wird mit berufstätigen Müttern aufgewachsen sein", sagt Betty Friedan.

Von den Frauen, mit denen ich in Kontakt kam, weiß ich, daß berufstätige Mütter, die durch ihre Arbeit sehr beansprucht sind oder ungewöhnliche Arbeitszeiten haben, sich außerordentliche Mühe geben, ihren Kindern Zeit zu widmen – oft auf Kosten ihrer persönlichen Bedürfnisse und Interessen. Ein Kind haben bedeutet, Zeit von unserem eigenen Leben abzuziehen. Ein Kind saugt einen Teil von uns, von unserem früheren Ich auf. Keine Beziehung kann sich entwickeln, wenn man nicht genügend Zeit miteinander verbringt. Die Beziehung zwischen Ehepartnern geht zugrunde, wenn sie zu selten zusammen sind. Aber für Kinder ist mütterliche Nähe und Wärme auch durch das Interesse und durch die Einstellung der Mutter spürbar, durch ein freundliches, sicheres und interessantes Zuhause, und nicht nur durch ihre tägliche körperliche Präsenz und durch ihre Fähigkeit, Kuchen zu backen.

Natürlich hat es immer Eltern gegeben, die ihre Kinder vernachlässigt haben, durch ihre Abwesenheit oder durch den Mangel an Liebe und Lebendigkeit im gemeinsamen Alltagsleben. Eine Mutter, Mary S., war sich dieser Art von Vernachlässigung durchaus bewußt. Trotzdem verstrickte sie sich zeitweilig in eine Art zu leben, durch die sie in Gefahr kam, die Sünden ihrer eigenen Mutter an ihrem Kind fortzusetzen.

Mary: In der Tretmühle

Die Zeitungsreporterin Mary S. hatte sich in gewisser Weise ihre Überlastung selbst programmiert; sie hatte das Kindermädchen, das sich um den fünfzehn Monate alten Noel kümmerte, nur für die Zeit angestellt, in der sie und ihr Mann Bruce außer Haus waren. Das bedeutete, daß Mary keine Zeit für sich selbst hatte. Im gesamten Tagesablauf gab es, wie sie sagte, nicht einen Augenblick, der nicht für irgendwelche Pflichten verplant war. Wenn Mary oder Bruce von der Arbeit kamen, ging das Kindermädchen weg. Für kreative Arbeit blieb Mary keine Zeit; sie hatte nicht einmal genug Zeit, um ihre Wintersachen wegzupacken oder Rechnungen zu bezahlen. Schließlich sah Mary ein, daß sie ihr Leben im Interesse aller Beteiligten anders organisieren mußte. Eine ihrer Entscheidungen war, ihre tägliche Arbeitszeit bei der Zeitung zu reduzieren und mehr mit Noel zusammenzusein. Indem sie dem Kind mehr Zeit widmete, fühlte sie sich auch weniger ihrer eigenen Zeit beraubt. Statt mittags essen zu gehen, ging sie zum Beispiel manchmal mit Noel zu einem Kindergeburtstag. Einmal in der Woche ging sie später in die Redaktion, um Noel morgens selbst zu einer Spielgruppe mit anderen Kindern und Müttern zu bringen.

Vielleicht waren Mary durch ihre eigenen Kindheitserlebnisse die Gefahren bewußt, die mit der zu häufigen Abwesenheit einer Mutter verbunden sind. Ihre eigene Mutter war nie berufstätig gewesen; dennoch wurden sie und ihr Bruder von Kindermädchen aufgezogen (ihr Vater war gestorben, als sie zwei Jahre alt war). „Ich kann mich nicht einmal an gemeinsame Ferien mit meiner Mutter erinnern; mein Bruder und ich hatten wirklich eine unglückliche Kindheit. Ich war immer von meiner Mutter getrennt; vielleicht war es deshalb so traumatisch für mich, Noel allein zu lassen. Ich habe versucht, einen klaren Tagesablauf zu etablieren. Ich gehe nicht vor elf Uhr morgens zur Arbeit, und gegen sechs Uhr abends ist immer einer von uns zu Hause. Wir sind dann mit Noel zusammen, und gegen acht Uhr geht er ganz glücklich zu Bett. Er scheint wirklich ganz zufrieden zu sein; darum habe ich die Hoffnung, daß wir es richtig machen."

Von Mary war bereits im Kapitel über ältere Mütter die Rede. Sie war gerade 40 geworden und bemühte sich, ihre Arbeit bei der Zeitung, ihre eigene kreative Arbeit (sie schrieb Bücher über kunsthistorische Themen), das Zusammenleben mit ihrem Mann und die Mutterrolle miteinander zu vereinbaren. Es war, wie sie sagte, eher die seelische als die körperliche Erschöpfung, die ihr so zusetzte, daß sie geistesabwesend, nervös und von Ängsten geschüttelt war. Sie war in einer ständigen Hektik, Dinge zu erledigen und angefangene Projekte zu beenden, und hatte dauernd das Gefühl, zu versagen. Mary litt unter einer gemäßigten Form von PND, die sich in einen chronischen Zustand verwandeln und manchmal jahrelang andauern kann; unter Umständen setzt sie sich nach der Geburt des nächsten Kindes fort. Die Übermüdung, die Unsicherheit, das Jonglieren mit den unterschiedlichen Rollen, die Schuldgefühle, die mit den eigenen Kindheitserinnerungen zusammenhingen, und die Angst, daß sie Noel vielleicht keine gute Mutter sein würde, hatten dazu beigetragen, daß sie sich ständig am Rande des Zusammenbruchs bewegte, wie es heute bei so vielen berufstätigen Müttern der Fall ist.

Leben mit Kindern ohne Schuldgefühle

Gute Kinderbetreuung, die sowohl der Mutter als auch dem Kind hilft, ist einer der wichtigsten Faktoren in unserem Leben als berufstätige Mütter. Trotz gelegentlicher Schreckensmeldungen über die Unzuverlässigkeit von Tagesmüttern, die Unzulänglichkeit von Kindertagesstätten und die mangelnde Qualifikation von Erziehern, handeln die weitaus meisten Menschen und Institutionen, die sich mit Kindern befassen, durchaus verantwortungsbewußt. Obwohl es regional unterschiedliche amtliche Richtlinien gibt, müssen die Eltern selbst beurteilen, ob die Institution in Ordnung ist, ob die Kosten angemessen sind, ob die Kinder gut versorgt werden und sich mit den Erziehern wohl fühlen.

Die Horrorgeschichten, die wir manchmal lesen, über schlecht geführte Einrichtungen oder solche, wo Kinder mißhandelt werden, geben der konservativen Fraktion, die gegen die Berufstätigkeit von Müttern argumentiert, stets neue Munition. Wenn wir aber annehmen, daß Frauen aus verständlichen und vernünftigen Gründen berufstätig sind, daß die Kinder nicht notwendigerweise glücklicher wären, wenn wir alle den ganzen Tag zu Hause blieben, müssen wir, nachdem wir die entsprechenden Institutionen geprüft haben, auch darauf achten, wie wir selbst mit der gewählten Form der Kinderbetreuung zurechtkommen. Eine Betreuungssituation, die zusätzlichen Streß mit sich bringt, wird einen bestehenden PND-Zustand nur noch verschlimmern.

Für die Betreuung eines Säuglings wäre die Großmutter des Kindes oder eine Tante oder andere nahe Verwandte die ideale Person. Viele Mütter bringen ihre Kinder in Tagesstätten unter oder bezahlen zu zweit oder dritt eine Tagesmutter. Wenn wir es uns leisten können, ist ein Babysitter oder ein Kindermädchen, das ins Haus kommt und nur für das Kind da ist, wahrscheinlich die beste Lösung. Wir müssen darauf vertrauen können, daß die Kinderfrau das Kind nicht nur im pragmatischen Sinn versorgt, sondern ihm auch Liebe und Zärtlichkeit entgegenbringt; andererseits müssen wir uns auch darauf verlassen können, daß sie die Liebe und die Zuneigung des Kindes nicht völlig usurpiert. Judith Klein wies darauf hin, daß Mütter nicht selten mit Eifersucht auf die liebevolle Beziehung reagieren, die sich zwischen ihrem Kind und der Tagesmutter oder Kinderfrau entwickelt. Für diesen Fall gibt es ein mögliches Gegenmittel: Man könnte die Kinderfrau bitten, mit dem Kind in eine Spielgruppe zu gehen; auf diese Weise wäre ihre Beziehung zu dem Kind nicht so exklusiv. Wichtig ist auch, welchen Frauentyp wir als Tagesmutter oder Ganztagsbetreuerin für das Kind wählen; die Frau muß nicht nur zu dem Kind, sondern auch zu der Mutter passen. Manche Frauen ziehen den großmütterlichen Typ vor, eine Frau, bei der sie das Gefühl haben, daß sie das Kind gern hat, aber doch der Mutter keine Konkurrenz macht. Andere Frauen wählen lieber eine mütterliche Frau, die auch die berufstätige Frau selbst unterstützt und bemuttert. Manche nehmen lieber ein junges Mädchen, bei dem sie das Gefühl haben, daß ihnen die Dinge nicht aus der Hand gleiten.

Martha H. stellte ein junges Mädchen als Betreuerin für ihr Kind ein, eine ausgebildete Kinderkrankenschwester, die wußte, daß die Betreuung des Kindes ihr Job war. „Sie ist kein Ersatz für mich. Ich sagte ihr von Anfang an, daß ich nicht etwa deshalb arbeite, weil ich nicht mit Jason zusammensein will, sondern aus anderen Gründen, und daß sie sich auf meinen Tagesablauf und meine Wünsche einstellen müsse. Sie spricht den Tag über viel mit Jason über mich, und wenn ich mit dem Auto ankomme, stehen sie am Fenster. Ich fühle mich mit dieser Lösung ganz wohl."

Ob wir das Kind zu Hause oder außer Haus betreuen lassen, hängt von unseren finanziellen Möglichkeiten, von der Größe unserer Wohnung und von unserem eigenen Tagesablauf ab. Kinderbetreuung außerhalb der eigenen Wohnung setzt feste Arbeitszeiten und gute Verkehrsverbindungen voraus. Wenn die Kinderbetreuung mit zuviel Streß verbunden ist, sind wir in ständiger Hetze: Wir schauen dauernd auf die Uhr, rasen nach Arbeitsschluß los, haben Angst, uns mit Bus oder U-Bahn zu verspäten, sind erschöpft, wenn wir mit dem Baby oder Kleinkind nach Hause trotten, mit der Aussicht, Abendessen zu machen und das Kind zu Bett zu bringen, bevor wir selbst zusammenklappen. Wir machen uns dadurch anfällig für PND.

Wir sollten auch auf Signale oder Äußerungen des Kindes achten, die anzeigen, daß die Situation verändert werden müßte. Mit achtzehn Monaten oder zwei Jahren kann ein Kind, das von einer Kinderfrau oder Tagesmutter betreut wird, sich langweilen und Gesellschaft brauchen. Die Kinderfrau geht vielleicht nicht so viel mit dem Kind aus, wie wir es tun würden, setzt sich nicht in den Park und sucht nicht von sich aus nach Spielgruppen und stimulierenden Aktivitäten. Wenn wir das Gefühl haben, daß ein Kleinkind sich langweilt, wird es Zeit für einen Wechsel. Mit der Kinderfrau können dann andere Zeiten und Abläufe vereinbart werden. Eine Spielgruppe oder, wenn das Kind zweieinhalb bis drei Jahre alt ist, ein Kindergarten am Vormittag kann die Langeweile auflösen und die Routine unterbrechen; die Kinderfrau holt das Kind dann für den Nachmittag ab.

Das Schreien und Weinen eines Kindes kann mehr sein als

manipulierendes Verhalten mit dem Ziel, bei der berufstätigen Mutter noch mehr Schuldgefühle auszulösen. Es kann auch das Signal sein, daß es der bisherigen Situation entwachsen ist und daß es den Streß fühlt, unter dem wir stehen. Vielleicht hat das Kind nicht genügend Anregungen oder ist übermüdet, bekommt nicht genügend Aufmerksamkeit oder fühlt sich einsam und zurückgewiesen. Wir brauchen deshalb nicht den Beruf aufzugeben, aber wir müssen die Abläufe neu überdenken und verändern.

Wir werden uns schuldig fühlen, wenn wir unsere Kinder anderen Menschen überlassen, das versteht sich von selbst, aber wir können uns versichern – und doppelt versichern –, daß für das Kind das Beste getan wird. Die Betreuung des Kindes kann uns die Hälfte unseres Einkommens kosten (wenn nicht noch mehr). Dennoch ist es besser, lieber etwas mehr als zuwenig auszugeben. Wenn es uns entlastet und dem Kind guttut, wird sich das schließlich auszahlen.

Karrierefrauen

Haben erfolgreiche Frauen keinen Grund, unter PND zu leiden? Vielleicht glauben Sie – und viele der fraglichen Frauen glauben es selbst, bevor sie Mütter werden –, daß die sogenannten Karrierefrauen alle Voraussetzungen der neuen Superfrau der Gesellschaft erfüllen. Sie sind daran gewöhnt, zu erreichen, was sie wollen, zu organisieren und mit Menschen und Situationen umzugehen. Sie haben in der Berufswelt einen hohen Status erreicht, können vermutlich Freizeit oder günstigere Arbeitszeiten leichter arrangieren und durchsetzen als Frauen in weniger flexiblen Berufen, und mehr noch, sie haben Geld, können sich gute Kinderbetreuung leisten und dadurch ihre Schuldgefühle mildern. Eigentlich könnten sie keinen Grund zum Klagen haben.

„Wir glauben, daß wir mit allem fertig werden, weil wir älter sind und unsere Karrieren gemacht haben. Und trotzdem – wenn wir mit einem winzigen Säugling nach Hause kommen und erkennen, daß er in allen Dingen völlig von uns abhängig ist, sind wir einfach überwältigt", sagte Suzanne S., die mit 36 Jahren eine steile Karriere im Bankgeschäft gemacht hatte und inzwischen Mutter zweier kleiner Töchter ist. Suzanne war seit acht Jahren verheiratet, als sie ihr erstes Kind bekam, und glaubte, zu allem bereit und auf alles vorbereitet zu sein. „Aber das war ein großer Irrtum."

Genau die oben erwähnten Qualitäten, die erfolgreiche Frauen auszeichnen, können den Übergang von der Karrierefrau oder erfolgreichen Geschäftsfrau zur berufstätigen Mutter viel schwerer machen, als man sich gemeinhin vorstellt. Dr. Elizabeth Herz hat in ihrer Praxis viele hochqualifizierte Frauen behandelt. Wie Suzanne entwaffnend offen zugab, finden Karrierefrauen den Weg der Integration von Mutterschaft und Karriere nicht immer so einfach und von Rosen bestreut, wie sie es sich ausgemalt hatten. Dr. Herz sieht es so, daß hochqualifizierte Frauen viel von der traditionellen Frauenrolle abgelegt haben, um dahin zu kommen, wo sie sind. Die

Mutterschaft bringt sie stärker in das traditionelle Rollenmuster zurück. „Sie haben gelernt, sich selbst als eine andere Art von Frauen zu sehen, aber wenn sie einmal schwanger gewesen sind, geboren und ein Kind gestillt haben, wissen sie, daß sie genauso sind wie andere Frauen auch – und doch sind sie anders. Die Karrierefrau hat oft für ihre Art von Berufstätigkeit kein Rollenmodell gehabt – für die lange Arbeitszeit, das völlige Aufgehen im Beruf und die Loyalität, die ihr Arbeitgeber und ihre Stellung ihr abverlangen. Für ihre neue Art von Mutterschaft hat sie ebenfalls kein Rollenmodell. Daraus kann ein Zwiespalt resultieren, das Zerrissensein zwischen einander entgegengesetzten Ansprüchen."

Das Gefühl der Inkompetenz, das viele neue Mütter empfinden, kann die erfolgreiche, gut organisierte Karrierefrau besonders hart treffen. Sie ist gewohnt, die Dinge im Griff zu haben, Termine einzuhalten, unter Hochdruck zu arbeiten und ihrem Arbeitgeber zu gefallen, aber sie ist nicht daran gewöhnt, mit einem Baby umzugehen, das einfach nicht einschläft und nicht zufriedenzustellen ist, oder sich mit den bedrohlichen Gefühlen des Identitätsverlusts oder der Angst um ihre geistige Gesundheit auseinanderzusetzen. Sie ist von anderen Frauen isoliert und scheint weder eine richtige Professionelle noch eine richtige Mutter zu sein.

Judith Klein erklärt dazu: „Karrierefrauen beziehen über lange Zeiträume den größten Teil ihrer Selbstbestätigung aus dem Beruf. Wenn sie Mütter geworden sind, ziehen sie nicht mehr dieselbe Befriedigung aus ihrer Arbeit; etwas anderes zerrt an ihrer Aufmerksamkeit. Außerdem finden sie in der Fürsorge für ein Kind nicht leicht dasselbe Maß an Bestätigung, das sie aus ihrem Beruf gewohnt sind. Hier gibt es kein ‚Danke', keine positiven Berichte, keine Gehaltserhöhungen und keinen Chef, der den Kopf zur Tür hereinstreckt und sagt: ‚Bravo, gut gemacht.'"

Laura: Karrierefrau, Mutter, oder keins von beiden?

Die 33jährige Laura S. war so sehr an ihr erfolgreiches Berufsleben im Management eines großen Industriekonzerns gewöhnt, daß sie ihre Schwangerschaft und bevorstehende Mutterschaft anging wie ein Arbeitsprojekt. Sie kam mit ihrer Schwangerschaft gut zurecht, kaufte elegante Umstandskleidung, nahm an Lamaze-Kursen teil und achtete darauf, nicht übermäßig zuzunehmen. Sie hatte keine Vorstellung davon, wie es sein würde, ein Kind zu haben. „Ich arbeitete bis zum Tag vor der Entbindung, und alles ging glatt. Ich dachte, ich, als Geschäftsfrau, hätte alles bestens organisiert. Ich hatte sogar eine geschäftliche Besprechung für die Woche nach der Niederkunft vereinbart und mir vorgestellt, daß ich das Kind bei meiner Mutter lassen würde – ein Kind – was ist das schließlich schon? Ich hatte keine Ahnung. Weder in den Lamaze-Kursen noch in Büchern noch sonst irgendwo hat jemand mir gesagt: Moment mal – ich will dir keine Angst machen, aber in der ersten Woche nach der Geburt kannst du unmöglich ins Büro gehen. Es war ein Alptraum für mich! Ich bin eine Karrierefrau, und dennoch begann ich, mich selbst als Mutter zu sehen. Die Gesellschaft, für die ich arbeite, ist extrem männlich orientiert, und niemand erwartete, daß ich zurückkommen würde. Diese Männer im mittleren Management haben alle ihre Ehefrauen zu Hause und meinen, daß der richtige Platz einer Frau daheim bei den Kindern sei. Bei der Arbeit ist es sogar deprimierend für mich, daß ich mich jetzt als weiblicher empfinde. Ich bin oft verwirrt und verunsichert und möchte weinen. Ich denke an Bobby, wenn ich an meine Arbeit denken sollte. Zu Hause sein und Depressionen haben, das würde für mich Hilflosigkeit bedeuten, aber das hier bedeutet Hoffnungslosigkeit, weil ich nichts mehr richtig machen kann. Bobby schläft nachts nicht, und ich habe morgens eine geschäftliche Verabredung. Ich bin nie zuvor so emotional gewesen."

Eins von Lauras Problemen war, daß sie bei anderen Frauen keine Unterstützung fand. Bevor sie das Kind bekamen, waren sie und ihr Mann aus der Stadt weggezogen, in einen kleinen

Ort in der Nähe. Laura fühlte sich dort isoliert, von lauter nicht-berufstätigen Müttern umgeben. Sie suchte verzweifelt nach einer Gruppe, entweder am Ort oder in der Stadt, wo sie arbeitete, nach Müttern in ihrer Lage, die Lust hätten, sich nach Büroschluß zu treffen. Als wir uns begegneten, war es Laura noch nicht gelungen, eine solche Gruppe zu finden. Laura wies darauf hin, daß die Eltern-Kind-Literatur nicht auf berufstätige Mütter zugeschnitten ist. „Sie sagen dir für jeden Monat voraus, welches Entwicklungsstadium das Kind erreichen wird. ‚In diesem Monat wird das Kind sich schließlich in dich verlieben; du bist die Nummer eins in seinem Leben‘, heißt es da. Ich habe eine Kinderfrau, die im Haus wohnt, und ich las das Kapitel und dachte: Na, großartig, jetzt wird sich Bobby also in Lynn verlieben. Er verbringt die meiste Zeit mit ihr."

Laura hatte ein akutes Identitätsproblem. Vielleicht war das der wirkliche Schlüssel zu ihrer Depression. Die bloße Tatsache, daß sie eine Woche nach der Entbindung einen Geschäftstermin wahrnahm, hätte nicht unbedingt zu einer Krise führen müssen. Laura begann nach sechs Wochen wieder ganztags zu arbeiten. Viele Frauen fanden die schnelle Rückkehr ins Berufsleben, und wenn es nur für zwei oder drei Tage in der Woche war, für das Eingewöhnen in die neue Mutterrolle, insbesondere in die Rolle der berufstätigen Mutter, sehr hilfreich. Auf diese Weise verloren sie nicht den Kontakt zu ihrer Arbeit und zu ihren Kollegen und vermieden es, in eine Außenseiterposition abgedrängt zu werden – eine Sorge, die sicher viele Frauen in der wettbewerbsorientierten Berufswelt unserer Gesellschaft kennen.

Wie wir in dem Kapitel über das Stillen sahen, hatte Laura zunächst Probleme mit ihrem Selbstbild als Mutter. Sie war nach der Entbindung schnell wieder schlank geworden, war aber nicht in der Lage, ihr Kind zu stillen. Sie litt unter schweren Zweifeln an ihrer Weiblichkeit, die sich auch in ihrem Isolationsgefühl ausdrückten. Sie lebte in einem Vorort, von Hausfrauen umgeben, und fuhr jeden Tag zur Arbeit in die Stadt, wo sie nur mit männlichen Kollegen zusammen war.

Laura und auch ihr Mann Nick waren sich darüber im klaren, daß sie unter PND litt, aber zu dem Zeitpunkt, als wir uns kennenlernten, hatte sie weder in Büchern noch bei Ärzten Hilfe gefunden und war immer noch verzweifelt. Sie komme gerade so zurecht, sagte sie. Ihre Arbeit litt nicht unter ihrem Zustand, aber in ihrer Ehe zeigten sich die Spuren der Belastungen, und ihre Beziehung zu dem fünf Monate alten Bobby war immer noch angespannt. Den Ärzten hätte Lauras PND-Zustand eigentlich durch ihre körperlichen Symptome auffallen müssen, als sich in den ersten Tagen nach der Entbindung keine Muttermilch bildete. Das Hormon Prolactin war nicht in genügender Menge freigesetzt worden. Lauras endokrines System war in seiner Funktion gestört. Ein weiteres Symptom war Lauras Haarausfall, der sogar fünf Monate nach der Entbindung und ohne daß sie gestillt hätte, noch andauerte. Wenn nur mehr über PND bekannt wäre, hätte diese unglückliche junge Frau keine so lange Zeit der Einsamkeit und der Verzweiflung durchmachen müssen.

Perfektionsdrang

Frauen in leitenden Positionen stellen oft hohe Perfektionsansprüche an sich selbst. Wenn sie aber sowohl im Beruf wie in der Mutterrolle Perfektion von sich erwarten, werden sie in beiden Bereichen scheitern. Schlimmer noch; die Unzufriedenheit mit sich selbst, die sie empfinden, wenn sie in dem selbstauferlegten Perfektionstest versagen, kann zum Zusammenbruch führen. Dr. Herz hob drei wichtige Punkte hervor, die hochqualifizierte Frauen im Auge behalten sollten, um diese destruktive Dynamik abzuschwächen:

1. Während der ersten Lebensjahre ihrer Kinder werden sie in ihren Karrieren zurückfallen. Vielleicht sind sie in ihrer Arbeit nicht mehr so gut wie vorher, denn ihre Motivation und ihr Ehrgeiz werden schwächer, einfach aus Erschöpfung, oder weil sie in der Mutterrolle mehr Befriedigung finden.

2. Sie werden eine Hilfe einstellen müssen, vermutlich

ganztags, wenn sie nicht zufällig einen Mann haben, dessen Berufsleben so flexibel ist, daß er bei der Betreuung des Kindes den Hauptpart übernehmen kann.

3. Sie werden nicht in dem Maß für ihre Kinder dasein können, wie sie es vielleicht wünschen.

Wenn diese Realitäten ignoriert werden, kann das zu Schuldgefühlen führen, die eigentlich ungerechtfertigt sind; irgendwann wird die Frau feststellen, daß sie einfach nicht genug Energie hat, um mit Ehe, Mutterrolle und Karriere gleichermaßen gut zurechtzukommen.

Selbstkritik

Je dynamischer und erfolgreicher eine Frau in ihrem Beruf ist, desto schwerer kann es ihr fallen, sich auf die Mutterrolle einzustellen. Dr. Herz wies auf eine weitere problematische Konstellation hin, die zu PND führen kann und die von hochqualifizierten Frauen beachtet werden sollte. Frauen in leitenden Positionen neigen zu einer gewissen Zwanghaftigkeit und sind übermäßig gewissenhaft. Diese Persönlichkeitsmerkmale brauchten sie, um ihre hohen Positionen zu erreichen. Da sie immer nach Perfektion streben und in der Regel sehr selbstkritisch sind, ist ihre Selbsteinschätzung, wie Dr. Herz feststellt, oft allzu negativ und unrealistisch. „Der Widerspruch zwischen dem unrealistischen, idealisierten Selbstbild als Mutter und Karrierefrau und der überkritischen Bewertung dessen, was sie wirklich darstellt, kann sehr groß sein. Je weiter Ideal und Selbsteinschätzung auseinanderklaffen, desto schlechter fühlt sich die Frau. Ein völliger Verlust des Selbstvertrauens und ein rasches Abrutschen in die Depression können die Folge sein. Dieser Dynamik begegnen wir immer wieder."

Sara G., eine 36jährige Rechtsanwältin, hatte sich sehr über ihr erstes Kind gefreut. Rückblickend wurde ihr allerdings klar, daß sie unter einer leichten Depression gelitten hatte, die durch die unmittelbare Rückkehr in den Beruf, Ganztagsbetreuung für das Kind, ihr aktives Leben und eine kurz darauf folgende zweite Schwangerschaft überdeckt worden war. Das zweite Kind wurde achtzehn Monate später geboren. Nach dieser zweiten Entbindung nahmen Saras Depressionen schwere Formen an. Ihr Arzt und ihr Geburtshelfer erkannten das jedoch nicht. Es dauerte eine ganze Weile, ehe sie an einen der wenigen Gynäkologen überwiesen wurde, die auch als Psychiater ausgebildet sind. Zu diesem Zeitpunkt war Sara, obwohl sie nach wie vor im Beruf war, beinahe handlungsunfähig. Sie hatte schwere Schlafstörungen und konnte in ihrer Arbeit nichts mehr leisten. Ihr Selbstwertgefühl existierte praktisch nicht mehr. Sie hatte angefangen, neurotisch zu essen, und ihr Übergewicht setzte ihr angeschlagenes Selbstwertgefühl noch weiter herab.

Sara wurde mit Antidepressiva behandelt und war drei Monate lang bei einem Psychiater in Analyse, um den Verlust ihres Selbstwertgefühls und ihre Identitätskrise zu bearbeiten. Im Gespräch über solche Fälle erklärte Dr. Herz: „Leider haben manche Psychiater noch gar kein Gefühl für PND entwickelt. Sie graben zu sehr in der Vergangenheit. Ich bin durchaus der Meinung, daß wir etwas über den Hintergrund der Frau erfahren müssen, über ihre Reaktionen auf frühere Krisen und ihre Widerstände, aber wir müssen nicht unbedingt die Krisen und Beziehungskonflikte der frühen Kindheit durchforschen. Die Kombination von Antidepressiva und Kurzzeit-Therapie kann sehr erfolgreich sein. Ich spreche mit einer Frau, und wenn sie dann beginnt, sich selbst herabzusetzen, sage ich: Erzählen Sie mir, was Sie gestern gemacht haben. Wenn sie dann aufzählt, was sie alles geschafft und erledigt hat, weise ich sie darauf hin, daß sie sehr viel getan hat und daß ihr das meiste sehr gut gelungen ist. Aber sie kann das nicht erkennen. Wir sprechen dann im einzelnen durch, welche Kompromisse sie für ihr Leben finden könnte, entweder im Hinblick auf die Arbeit oder auf die Mutterschaft, die ihr Erleichterung bringen könnten."

Die hochqualifizierte, erfolgreiche Frau ist für PND besonders anfällig. Da sie gewohnt ist, erfolgreich zu sein und ihr Leben im Griff zu haben, kann es sein, daß sie mit dem Gefühl des Versagens oder mit den emotionalen Extremen nicht fertig wird. Früher hätte sie vielleicht zu der Lösung gegriffen, ihr Kind ganz einer festangestellten Kinderfrau zu überlassen, in die Sicherheit ihres eigenen Arbeitsfeldes zurückzukehren und den Problemen aus dem Weg zu gehen. Aber heute steht ihr vernünftigere und verständnisvollere Beratung zur Verfügung, und sie wird ihre Probleme mit mehr Einsicht lösen können.

Geschäftsreisen und zeitweilige Abwesenheit

Ist es in Ordnung und gerechtfertigt, wenn eine berufstätige Frau ihrem Kind eine Zeitlang – drei Tage bis zu zwei Wochen – fernbleibt, um eine Geschäftsreise oder einen Kurzurlaub zu machen, an einem Kongreß teilzunehmen oder einfach Zeit zum Nachdenken und Alleinsein zu haben? Es wird unterschiedliche Einstellungen zu dieser Frage geben, je nachdem, wie stark die Schuldgefühle der Frau bereits sind, wenn sie ihr Kind den Tag über allein läßt; je nachdem, wie weit sie von ihrem Mann oder von Verwandten unterstützt wird, und abhängig davon, wie schwer ihr selbst die Trennung von ihrem Kind fällt. Andere Kriterien sind ihr beruflicher Ehrgeiz oder ihre Angst, im Beruf übergangen oder überrundet zu werden.

Ich selbst habe es so eingerichtet, daß ich nach Möglichkeit jedes Jahr vier bis zehn Tage ohne meine Kinder verreise; in dieser Zeit erledige ich geschäftliche Angelegenheiten, treffe mich mit Freunden, knüpfe notwendige Kontakte und gebe der alten kinderlosen Identität wieder Luft zum Atmen. Ich würde meinen Kindern vermutlich nicht länger fernbleiben als für dieses kurze Intervall, wobei ich hoffe, daß sie meine Abwesenheit kaum bemerken, bis ich zurückkomme. Manchmal stelle ich mir aber auch vor, daß es einer dynamischen Karrierefrau, die zu dreitägigen Konferenzen oder zu wichtigen Geschäftstreffen davonrauscht, vielleicht leichter fällt, das Kind bei der festangestellten Kinderfrau zurückzulassen, daß sie diese beruflich bedingte Abwesenheit besser vor sich selbst rechtfertigen kann, daß der berufliche Druck jedenfalls leichter zu ertragen ist als das Eingeständnis: „Ich tue das für mich. Es tut mir gut, vom Mutter-Sein wegzukommen, und es hilft mir, neue Perspektiven zu entwickeln."

Diese Überlegungen ziehen andere nach sich: Wie können wir Ehrgeiz und den Wunsch, mit uns selbst auch einmal allein zu sein, mit den Belastungen und Interessen der Mutterschaft vereinbaren? Muß Mutterschaft Aufopferung bedeuten?

Ich denke an eine junge Schauspielerin, Carrie D., die mit einem Kollegen verheiratet war. Als Ben, ihr Kind, noch klein war, blieb sie zu Hause, aber ihr Wunsch, am Theater Karriere zu machen, war genauso stark wie der ihres Mannes, und sie hatte diesen Wunsch nicht aufgegeben. Sie lebten in London, um in der Nähe potentieller Engagements zu sein. Aber wie es der Zufall wollte, wurde Don, ihrem Mann, eine große Rolle an einem Repertoiretheater im Norden von England angeboten. Er nahm an; Carrie blieb sich selbst überlassen und versorgte Ben allein. Manchmal sahen sie und ihr Mann sich drei Monate lang überhaupt nicht. Sie hatten nicht genug Geld, um während der dreimonatigen Trennungsphase mehr als einmal die Reise in den Norden und zurück zu bezahlen.

Als Ben in den Kindergarten kam, traf ich Carrie manchmal. Sie sah nicht gerade depressiv aus, war aber auch nicht in Hochstimmung. Sie suchte dringend Arbeit, aber es stellte sich als sehr schwierig heraus. Dann sah ich sie eine ganze Weile nicht. Ben ging inzwischen zur Schule und wurde von einer Tagesmutter abgeholt. Schließlich hörte ich, daß Carrie ein Engagement hatte, außerhalb der Stadt, wie ihr Mann. So weit wie Don mußte sie zwar nicht reisen, aber das Theater war in einer kleinen Stadt, etwa eine Stunde Bahnfahrt von London entfernt. Carrie mußte dort dreimal in der Woche übernachten und hetzte dann für die restlichen vier Tage nach London zurück. „Wer kümmert sich um Ben?" war mein erster Gedanke. Sie hatte einen Babysitter, eine Frau, die während dieser drei Nächte in ihrer Wohnung blieb. „Macht es dem Kind etwas aus?" fragte ich die Frau, die mir davon erzählte. Sie lachte. „Ben ist ein unabhängiger kleiner Junge. Manchmal kommt er nach der Schule zum Spielen zu mir. Mir ist aufgefallen, daß all dies Gerede, Mütter müßten zu Hause bei ihren Kindern bleiben, Quatsch ist. Carrie hat Ben zur Unabhängigkeit

213

erzogen. Er ist an die Abwesenheit seiner Eltern gewöhnt, und er weiß, daß seine Mutter immer wieder zurückkommen wird. Die Schauspielerei ist wichtig für Carrie, und ich meine, es war richtig, daß sie ihren Beruf nicht aufgegeben hat, obwohl ihr Mann auch weg ist. Es ist nicht leicht für Schauspieler, Engagements zu bekommen."

Wir treffen unsere Entscheidungen je nach unserer individuellen Kombination von Ehrgeiz, Schuldgefühlen und Angst, dem Kind zu schaden; nach dem Bedürfnis, ein unabhängiges Kind heranzuziehen, das die Arbeit der Mutter respektiert, und nach den Möglichkeiten oder der Bereitschaft des Vaters oder vielleicht einer Großmutter, in unserer Abwesenheit auszuhelfen. Ohne Zweifel nehmen wir die Ratschläge von Ärzten oder Kinderpsychologen selektiv wahr; wir verdauen die Informationen, die wir wahrnehmen *wollen* im Hinblick darauf, wie angemessen es ist, einen Säugling, ein Kleinkind, ein zwei- oder dreijähriges Kind anderen Menschen zu überlassen.

Am einfachsten ist es, einen Säugling über kürzere Zeitspannen bei anderen zu lassen, vorausgesetzt, daß die Mutter nicht stillt. Wenn man gute, liebevolle Betreuung findet, merkt das Kind nicht einmal, daß die Mutter nicht da ist. Bei Kleinkindern von einem Jahr bis zu zwei Jahren ist es oft schwierig, sie in der Obhut anderer zu lassen; ihre Gefühle sind so intensiv, daß es herzzerreißend sein kann, ihren Trennungsschmerz mitzuerleben. Auch Dreijährige, die schon gut sprechen können, rühren einer Mutter mit ihren inständigen Bitten, nicht wegzugehen, oft sehr ans Herz. Aber letztendlich muß eine Frau ihre Entscheidung danach treffen, was sie selbst, und nicht, was die Gesellschaft für das Beste hält. Ihre Arbeit, ihre Gründe für zeitweilige Abwesenheit, ihre persönliche Entwicklung und ihr Bedürfnis nach Zeit und Freiraum müssen ebenso in Betracht gezogen werden wie das Wohl des Kindes. Die Bedürfnisse von Müttern zählen auch.

Wenn Sie Eltern oder andere Verwandte in der Nähe haben, ist es vielleicht die beste Lösung, in Ihrer Abwesenheit einen Babysitter oder eine Haushaltshilfe zu bezahlen (so erwarten Sie von der oder dem Verwandten nicht, die gesamte Arbeit zu tun) und dann den betreffenden Menschen, zum Beispiel die

Großmutter, speziell für das Kind einzuladen, damit es eine Pufferzone von Stabilität und Sicherheit hat.

Mütter und Wochenenden

Bei berufstätigen Müttern stellen wir uns gern vor, daß sie ihre Kinder die ganze Woche über furchtbar vermissen und sich nach dem Wochenende sehnen, um endlich viel Zeit mit ihnen verbringen zu können. Diese Vorstellung gibt einen guten Stoff für Märchen ab und negiert die sehr realen persönlichen Bedürfnisse von Müttern und Vätern. Wenn wir fünf Tage lang gearbeitet und nach der Uhr und festen Zeitplänen gelebt haben, lechzen wir, wenn endlich das Wochenende kommt, nach etwas Zeit für uns selbst. Wir brauchen Zeit, um die Wohnung aufzuräumen, Kleidung, Geburtstagsgeschenke oder für den Haushalt einzukaufen, für die nächste Woche vorzukochen, Sport zu treiben oder einfach Freunde und Verwandte zu besuchen. Wie finden wir Zeit dafür?

Wochenenden haben auch in der Ehe eine wichtige Funktion: Sie bedeuten Zeit für das Leben als Paar, für Liebe und Geselligkeit und auch für Sex. Als Ehepaar sehnen wir uns nach den gemütlichen Wochenenden, die wir faul und nur zu unserem eigenen Vergnügen verbrachten. Warum sollten wir das nicht zugeben? Jetzt, als Eltern, haben wir andere Gedanken über das Wochenende: Was können wir am besten mit dem Kind unternehmen; wie finden wir noch etwas Zeit zu zweit, und was kann jeder noch allein tun?

Sogar Jeanne N., deren Kinderfrau im Haus lebte und sich jedes zweite Wochenende um die Kinder kümmerte, runzelte bei der Wochenend-Frage die Stirn. Ich hatte mir vorgestellt, daß ihr Leben, mit der Situation der meisten Menschen verglichen, einfach traumhaft sein müßte. „O nein", sagte sie, „die Kinder setzen uns als Paar ziemlich zu; es gibt nicht viel Ruhe und Frieden. Dadurch, daß wir beide sehr beschäftigt sind, sehe ich meinen Mann während der Woche kaum; am Wochenende geht die Kinderfrau zwar mal für eine Stunde mit den Kindern in den Park, aber im Grunde sind wir dauernd mit ihnen zusammen. Meistens habe ich am Wochenende viel Arbeit nachzuholen, Manuskripte zu lesen oder zu bearbeiten und mit Autoren zu sprechen. Mein Mann will sich entspannen und Tennis spielen. Ich bitte ihn um Verständnis dafür, daß ich arbeiten muß, und sehe dann seinen frustrierten Blick."

Vielleicht fallen uns allen eine oder zwei Frauen ein, denen es zu gelingen scheint, eine hohe Position als Politikerin oder Geschäftsfrau mit einer glücklichen Ehe, einem oder zwei Kindern und erstaunlichen Qualitäten als Köchin, Gastgeberin und Innendekorateurin zu vereinbaren. Aber ein normaler Mensch, eine normale Frau hat nicht genug Energie, emotionale Kraft und geistige Durchhaltefähigkeit, um ihre Karriere konsequent zu verfolgen, liebevoll und erotisch mit ihrem Mann umzugehen, ihren Kindern das ideale oder erwünschte Maß an Liebe und Zeit zu geben und hausfrauliche Talente an den Tag zu legen, die zu ihrem Selbstbild als Frau passen würden. Wir müssen unsere eigenen Grenzen und einige unwillkommene Kompromisse akzeptieren. Wenn wir dazu nicht bereit sind, programmieren wir unsere eigene Depression, durch unsere Erschöpfung und dadurch, daß wir uns allzu selbstkritisch beurteilen und uns als Versager sehen. Psychische und physische Probleme greifen ineinander, bei hochqualifizierten, erfolgreichen Frauen ebenso wie bei allen anderen. Die ehrgeizige Überzeugung, sie könne alles schaffen, die Weigerung, sich auf notwendige Kompromisse einzulassen, die Verleugnung der Probleme, die sich aus dem Nicht-Vorhandensein von Rollenmodellen ergeben, können eine überlastete Frau nur allzu schnell in den völligen Zusammenbruch treiben und schwere Formen von PND auslösen.

Freiberufliche Arbeit

Kompromiß oder freie Entscheidung?

Ob eine Frau die freiberufliche Arbeit als Kompromiß wählt, hängt sehr von ihrem Selbstbild ab. Meine eigenen Phantasien gingen weder in die Richtung Hausfrau und Mutter noch in die Richtung Karrierefrau und Mutter. Ich wählte meinen freiberuflichen Weg lange bevor ich meine Kinder bekam und folgte damit einer Vorstellung von weiblichem Leben und weiblicher Identität, die ich weniger bewußt als intuitiv entwickelt hatte. Ich gab mit Ende Zwanzig einen gutbezahlten, interessanten Job bei einer Zeitung auf, um zu Hause als freiberufliche Schriftstellerin zu arbeiten. Während ich der Außenwelt gegenüber behauptete, ich hätte diesen kühnen Schritt getan, um mich zu der Situation der Unsicherheit zu zwingen, die ich für meine Entwicklung als Schriftstellerin brauchte, hatte ich insgeheim noch andere Gründe, mit denen ich mich jedoch Freunden und Kollegen gegenüber nicht brüstete.

Ich wollte, obwohl ich damals noch nicht verheiratet war und es nicht so aussah, als würde ich je heiraten, in nicht allzu ferner Zukunft Mutter werden. Wenn ich ein Kind hätte, wollte ich zu Hause sein, wie ich es von meiner Mutter kannte, und das Kind empfangen, wenn es aus der Schule käme. Mir war immer klar, daß ich, anders als meine Mutter, meine eigene Arbeit beibehalten würde, und ich hatte das Gefühl, ich sollte diese Arbeit jetzt entwickeln, um bereit zu sein, wenn der Tag käme. Ich polsterte das Nest aus.

Wie Sie zweifellos bemerkt haben, ließ ich in meinen Phantasien bequemerweise die ersten fünf Jahre aus, bevor ein Kind zur Schule geht und bei seiner Rückkehr liebevoll und mit dem Duft eines leckeren Mittagessens begrüßt werden kann. Soweit die Phantasien. Natürlich hatte ich mich auch nicht mit dem Taschenrechner hingesetzt und die Kosten der Kinderbetreuung überschlagen oder mir Gedanken darüber gemacht, ob meine schriftstellerische Arbeit für ein solches Leben mit Kind genug einbringen würde. Letztendlich hat sich mein freiberuflicher Weg aber doch als guter Kompromiß herausgestellt. Ich kann eine „richtige" Mutter sein und bin dennoch nicht auf ein Hausfrauendasein festgelegt. Ich weiß, ich würde es nicht ertragen, jeden Tag und jede Minute ausschließlich mit meinen Kindern zusammenzusein. Ich bin als Mutter wahrhaftig keine Gabe Gottes; ich werde leicht ungeduldig, langweile mich schnell und habe keine Lust, meine Zeit damit zu verbringen, daß ich meinen Töchtern beim Basteln helfe. An guten Tagen arbeite ich in Ruhe zu Hause, und wenn der Babysitter mit meiner Jüngsten aus dem Kindergarten zurückkommt, plaudern wir eine Weile, bevor wir uns wieder unseren jeweiligen Beschäftigungen zuwenden.

Als die Kinder kleiner waren, hatte ich keine regelmäßige Betreuung für sie; mein geringer Verdienst hätte die Kosten nicht gerechtfertigt. Ich arbeitete entschlossen darauf hin, daß die Kinder mittags schliefen, und stahl mir so die zwei oder drei Stunden, in denen ich arbeiten konnte. Ich brauchte diese Zeit dringend, um eine gewisse Arbeitsdisziplin aufrechtzuerhalten. Es tat mir gut, einen inneren Freiraum von Ruhe, Konzentration und klarem Denken zu haben. Jede konzentrierte Arbeit wirkt den Belastungen der Mutterschaft ausgleichend und erleichternd entgegen. Nur zwei Stunden Konzentration auf meine eigenen Projekte, auf die erwachsene Vorstellungs- und Gedankenwelt erschienen mir ausreichend, um den verheerenden Kräfteverlust auszugleichen, den der Umgang mit Kleinkindern mit sich bringt.

Es ist noch mehr damit verbunden: Meine freiberufliche Arbeit bringt mich nach draußen. Ich treffe andere Erwachsene (nicht notwendigerweise Mütter) und habe Gelegenheit, über Dinge zu sprechen, die mir am Herzen liegen (nicht unbedingt die Reinlichkeitserziehung). An manchen Tagen macht es mir Spaß, durch die Gegend zu rasen, um über ein Thema zu recherchieren, und dann zu meinen Kindern nach Hause zu kommen. Andere Tage sind die reine Schinderei; ich sitze von morgens bis abends an der Schreibmaschine und wage nicht einmal, Zeitung zu lesen, mit Freunden zu reden oder mir sonst eine Abwechslung zu gönnen, die Zeitverlust bedeuten würde, sondern mache höchstens eine Teepause und kümmere mich um die Kinder. Nach einem solchen Arbeitstag ist der weiteste Weg, den ich zurücklegen muß, der vom Arbeitszimmer in die Küche, wo ich zwei quengelnde Kinder vorfinde, die gefüttert und gebadet werden müssen, die Aufmerksamkeit und Liebe wollen, mit denen ich spiele und streite und die ich schließlich ins Bett bringen muß. Und dann, o Freude, bin ich noch mein eigener Babysitter und arbeite vielleicht abends auch noch ein paar Stunden. Das sind die schlechten Tage.

Ist es wirklich eine Integration von Arbeitswelt und Mutterwelt, wenn man zu Hause arbeitet? Viele Frauen, die mit dieser Alternative leben, haben das Gefühl, von den positiven Seiten beider Welten zu profitieren. Vielleicht gehen sie instinktiv, wie ich es auch an mir selbst erlebe, verschiedenen Gefährdungen und Ursachen von PND aus dem Weg: Sie vermeiden die Identitäts- und Rollenkonflikte der voll berufstätigen Mutter, ihre Erschöpfung und ihre Unfähigkeit, für alle wichtigen Dinge in ihrem Leben Zeit zu finden; sie vermeiden den Identitätsverlust, den Verlust der finanziellen Unabhängigkeit und das allmählich einsetzende seelische Dahinvegetieren, das nicht-berufstätige Mütter befällt, wenn sie wenig Gelegenheit haben, aus dem Kreislauf der Haushaltspflichten herauszukommen.

Ich will damit nicht sagen, alle berufstätigen Mütter sollten diese Art von Kompromiß wählen. Wie der vorher erwähnte Artikel „Die berufstätige Mutter als Rollenmodell" zeigte, sind die Kinder voll berufstätiger Mütter, die entweder in Tagesstätten oder von Kindermädchen versorgt werden, offenbar überdurchschnittlich lebhaft, zufrieden und kontaktfähig und schneiden bei Tests, die soziale Flexibilität messen, in der Regel gut ab. Vielleicht liegt das daran, daß sie von beiden Elternteilen Stimulation und Anregung empfangen. (Um keine Irrtümer aufkommen zu lassen: Das impliziert selbstverständlich nicht, daß von nicht-berufstätigen Müttern zwar Liebe und Wärme, aber keine Anregung ausgeht.)

In dem amerikanischen Kindergarten, den meine Tochter besucht, wurde mir folgendes berichtet: Zwei vierjährige Mädchen unterhielten sich darüber, was sie einmal werden wollten. „Also, Rechtsanwältin will ich nicht werden", sagte die eine. „Alle Mamas machen das, es ist langweilig."

Freiberufliche Arbeit ist notorisch schlecht bezahlt, es steht keine Altersversorgung in Aussicht, es gibt kein Kranken- oder Urlaubsgeld und herzlich wenig Prestige und Anerkennung (wenn man nicht viel Glück hat). Für ehrgeizige und karriere-orientierte Frauen ist sie daher oft ein schlechter Kompromiß, den sie aus dem Wunsch heraus wählten, mehr Zeit für die Mutterschaft und weniger berufliche Verpflichtungen zu haben. Leider finden sich viele Frauen, wenn sie Mütter geworden sind, in einer Konfliktsituation wieder; sie sind sich nicht darüber im klaren, was sie vom Beruf noch erwarten und wieviel sie in die Arbeit investieren sollen. Kompromisse schlagen dann leicht fehl, weil die Frauen das Gefühl haben, daß ihre Arbeit weder genug Geld noch genügend Bestätigung einbringt. Ich glaube nicht, daß die berufliche Entscheidung als solche zu PND führt; die Unsicherheit, die dieser Entscheidung vorausgeht, kann Depressionen auslösen.

Ellen C. ist eine solche Frau. Sie ist Juristin, mittlerweile 40 Jahre alt, und hat zwei Kinder im Schulalter. Sie sagte mir, sie habe ihren Beruf als Rechtsanwältin nur aufgegeben, weil sie sich nicht entscheiden konnte, ob sie weiter voll berufstätig sein oder lieber bei ihren Kindern zu Hause bleiben wollte. Als ihr erstes Kind sechs Monate alt war, gab sie ihren Job auf, weil sie paranoide Ängste hatte, die von ihr angestellte Kinderfrau könne das Baby mißhandeln. Das zweite Kind wurde etwa ein Jahr später geboren, und Ellens freie Entscheidung hatte sich plötzlich in einen festgelegten Lebensstil verwandelt. „Aber für das Leben als Hausfrau war ich auch nicht geschaffen. Als Kompromiß machte ich halbtags juristische Beratung, eine Arbeit, die ich zu Hause erledigen kann. Ich kann nicht sagen, daß ich damit glücklich bin. Ich weiß aber auch gar nicht mehr, was mich wirklich glücklich machen würde. Die Rückkehr in die volle Berufstätigkeit wäre keine Lösung. Andererseits ist diese bedeutungslose und vom Status her ungeklärte Position, die ich jetzt habe, auch keine Lösung."

Ellen gibt zu, daß ihre zwar nicht sehr schweren, aber chronischen Depressionen zum dominierenden Merkmal ihres Lebens geworden sind. Was immer der Grund für diese Depressionen gewesen sein mag, die einige Wochen nach der Geburt des ersten Kindes einsetzten – sie haben sich jedenfalls nie aufgelöst. Ellen hat das Gefühl, ihr Leben nicht mehr im Griff zu haben. Sie beneidet ihren Mann um seine Position und seine Verdienstmöglichkeiten. Zu den Kosten der teuren Privatschulen, auf die sie ihre Kinder schickt, trägt Ellen nichts bei; das gibt ihr das Gefühl, nichts zu leisten.

„Mein Mann kann mit den Kindern genauso gut umgehen wie ich. Er kümmert sich allerdings weniger um die Kinder, weil er seltener zu Hause ist. In welche Lage bringt mich das? Ich bin doch ein ziemlicher Niemand geworden."

Ellen konnte sich im Erdgeschoß ihres Hauses ein Büro einrichten, aber sie findet ihre freiberufliche Arbeit unbefriedigend, weil die Mühe sich eigentlich nicht auszahlt und weil sie sich sehr wohl bewußt ist, welche Karriere- und Verdienstmöglichkeiten ihr als voll berufstätige Juristin zur Verfügung stehen würden.

„Außerdem habe ich, anders als mein Mann, keine Pufferzone. Ich kann die Kinder zwar der Kinderfrau überlassen, die sie abholt und sich mit ihnen beschäftigt, bis ich meine Arbeit beendet habe. Aber wenn ich mein Büro verlasse, gehe ich nur die Treppe hinauf und bin sofort mit den quengelnden, weinenden, hungrigen Kindern konfrontiert. In solchen Momenten bin ich immer wieder wütend auf meinen Mann, der nie früh genug nach Hause kommt, um auch einmal diese Pflichten zu übernehmen. Aber wie viele Männer tun das schließlich schon?"

Hausfrau und Mutter

Warum entscheiden sich Frauen dafür, ausschließlich Hausfrau und Mutter zu sein? Vielleicht klingt diese Frage seltsam, denn wir leben in einer Gesellschaft, die diese Alternative immer noch für die beste hält und die der Berufstätigkeit von Müttern immer noch kritisch gegenübersteht. Viele Frauen sehen auch gar keine andere Alternative. Vielleicht gehörte die Rolle der liebevollen Mutter, die ganz und gar in ihren Kindern aufgeht, von vornherein zu ihrem Selbstbild. So sahen sie sich schon als kleine Mädchen, als Teenager und als junge Erwachsene, die sich nach Liebe und Partnerschaft sehnten. Sie schworen sich, den Beruf aufzugeben, wenn sie ein Kind hätten, und sei es nur für die ersten fünf Jahre. Wenn sie dann Mütter sind, wissen sie, daß sie für das Kind dasein müssen, wie ihre Mütter für sie da waren (oder, wenn das nicht der Fall war, wie sie es sich von ihren Müttern erträumten). Sie wollen ihren eigenen Kindern den bestmöglichen Start ins Leben geben und fühlen sich nicht wohl und nicht sicher dabei, ihr Kind Fremden zu überlassen. Kindertagesstätten ziehen sie nicht in Betracht, weil sie überzeugt sind, daß Kinder von ihren eigenen Eltern aufgezogen werden sollten. Wer, außer ihnen, könnte dem Kind die gleiche Liebe entgegenbringen? Vielleicht erwarten auch die andern, der Ehemann, die Mutter, die Freunde, daß sie dem Kind zuliebe den Beruf aufgeben. Finanzielle Gründe können bei dieser Wahl ebenfalls eine Rolle spielen. Viele Berufe, die Frauen ausüben, bringen nicht genug ein, um die Kosten einer Ganztagsbetreuung zu rechtfertigen, oder sie sind nicht interessant genug, um eine wirkliche Alternative zu ihrem Leben als Hausfrau und Mutter zu sein.

Glücklicherweise wird es immer seltener, daß Frauen diese Entscheidung *nicht* freiwillig treffen. Sie setzen die unterschiedlichen Kräfte, die in ihnen wirken, in eine für sie passende Lebensphilosophie um. In dem Stadtteil von New York, in dem ich lebe, scheint sich die Mehrzahl der Frauen für die ausschließliche Mutterschaft entschieden zu haben. Zum größten Teil sind es nicht etwa junge Mädchen um die 20, die keine Ahnung haben, was sie tun und warum sie es tun, sondern Frauen von Ende 20 bis Ende 30. In meiner Sicht stellen sie einen bestimmten Ausschnitt der „68er-Generation" dar. Sie sitzen plaudernd auf dem Spielplatz und sind ganz zufrieden damit, ihren Rhythmus dem ihrer Kinder anzupassen. Ihre Alltagsplanung ist mehr an den Bedürfnissen und Interessen der Kinder orientiert als an ihren eigenen. Aber sie klagen nicht darüber; sie wirken durchaus nicht wie unterdrückte Jammergestalten aus sozialkritischen Romanen, sie leiden nicht unter unsensiblen Ehemännern, die nicht verstehen, was der Tagesablauf einer Hausfrau und Mutter bedeutet. Sie haben nicht das Gefühl, ihre Karriere zugunsten der des Mannes geopfert zu haben, und fühlen sich auch nicht ausgebeutet. Sie fühlen sich wohl mit ihrer Entscheidung, die Freuden des Berufslebens für die Freuden der Mutterschaft eingetauscht zu haben, und ziehen vielleicht noch eine zusätzliche Befriedigung aus einem tiefverwurzelten Gefühl, im Recht zu sein.

Als kulturelle Gruppe neigen nicht-berufstätige Mütter im Hinblick auf ihr Image und die Wahl ihres Lebensstils zu einer defensiven Haltung.

Eine meiner traurigsten Beobachtungen ist der Mangel an Verständnis und Mitgefühl zwischen berufstätigen und nicht-berufstätigen Müttern. Beide Seiten scheinen so entschieden auf ihre Dogmen festgelegt zu sein, daß sie wie feindliche Lager wirken. „Wieso schaffst du dir überhaupt ein Kind an, wenn du so an deinem Beruf hängst? Du kriegst das Kind den ganzen Tag nicht zu sehen; warum also überhaupt Mutter werden?" argumentiert die nicht-berufstätige Fraktion. „Sie haben keine eigene Identität; in ein paar Jahren werden sie völlig festgefahren sein ohne Beruf und ohne Geld, und ihre Männer werden sie verlassen. Was ist so toll daran, nur Hausfrau und Mutter zu sein? In den Supermärkten sehe ich dauernd solche Frauen, die ihre Kinder anbrüllen und ohrfeigen", argumentiert die berufstätige Fraktion.

Krisenmomente bei nicht-berufstätigen Müttern

Bei nicht-berufstätigen Frauen ist die Mutterschaft häufig emotional sehr stark besetzt, und sie neigen zur Verleugnung eventuell auftretender Konflikte. PND kann Mütter, die nicht im Beruf sind, ebenso stark, wenn nicht heftiger treffen als andere Frauen. Schlimmer noch: Ihre Symptome bleiben wahrscheinlich unbeachtet, da ihr Leiden oder Deprimiert-Sein gesellschaftlich als normal angesehen wird und da sie oft nicht über die finanziellen Mittel verfügen, sich professionelle Hilfe zu suchen. Viele Frauen, die sich für das ausschließliche Hausfrau-und-Mutter-Dasein entschieden haben, stellen vielleicht im Lauf der Zeit fest, daß es nicht die richtige Entscheidung war oder daß sie zumindest ambivalente Gefühle haben. Eine solche Wandlung des Selbstbildes ist mit den Vorstellungen, die mit der „totalen" Mutterschaft oft verbunden sind, schwer in Einklang zu bringen. Frauen in dieser Lage können sich leicht in Ressentiments, Aggressionen und Dauerkämpfen mit ihren Männern festfahren, die sich entweder in Form von sexueller Eifersucht oder in Neid auf seinen beruflichen Erfolg und sein vergleichsweise abenteuerliches Leben äußern. Andere versinken vielleicht in Lethargie und stellen fest, daß ihre Küchengeräte die Macht über sie übernommen haben.

Nancy E. zum Beispiel war mit 25 Jahren, als sie ihre erste Tochter bekommen hatte, begeistert gewesen, ausschließlich Mutter zu sein. „Ich war nicht der Typ der berufstätigen Mutter, und außerdem war mir jeder Augenblick in der Entwicklung meines Kindes so wichtig, daß ich nicht bereit gewesen wäre, dieses Erlebnis mit anderen zu teilen. Ich gab also das Unterrichten auf und machte für Kinder von Freunden die Tagesmutter, um noch zusätzlich etwas Geld zu verdienen. Es machte mir Spaß, mich um Babys zu kümmern, und ich hatte nie Probleme damit."

Später arbeitete Nancy im Geschäft ihres Mannes mit. Als sie mit 31 Jahren ihr zweites Kind bekam, stellte sie fest, daß sie sich im Lauf der Jahre in einer Weise verändert hatte, die sie selbst nicht verstand. Sie hatte keine Lust mehr, ausschließlich Hausfrau und Mutter zu sein. Diese Veränderung widersprach ihrem gesamten Selbstbild; seit der Zeit, als sie noch mit Puppen spielte, hatte sie immer nur Mutter sein wollen.

„Ich hatte mich immer als typische Hausfrau gesehen, die Brot und Kuchen backt und ihren Haushalt in Ordnung hält. Aber dann, nach dem zweiten Kind, als mir dämmerte, daß ich Hausarbeit eigentlich hasse, wollte ich nicht in all das zurück."

Als Nancy nach Jahren der Mitarbeit im Geschäft ihres Mannes durch das zweite Kind wieder ans Haus gebunden war, war sie „immer noch überzeugt, daß Frauen zu Hause bei ihren Kindern sein sollten. Mein Selbstbild paßte also gar nicht mehr zu mir. Mir war aber auch klar, daß ich mehr brauchte; ich brauchte meine Arbeit". Wie wir vorher sahen, litt Nancy unter einer schweren Form von PND. Die gemeinsam mit ihrem Mann getroffene Entscheidung, für zwei Tage in der Woche wieder im Geschäft mitzuarbeiten, half ihr, die Krise zu überwinden. Die vom Psychiater angeregte Behandlung mit Antidepressiva allein hätte den Depressionszustand nicht aufgelöst. Sie brauchte Zeit und den ehrlichen Dialog mit ihrem Mann, um Klarheit über das zu gewinnen, was geschehen war, und um zu erkennen, daß ein Teil der seelischen Belastung aus ihrem idealisierten Selbstbild als Mutter resultierte, das fast ein Jahrzehnt später nicht mehr mit ihrer Lebensrealität übereinstimmte.

Ein Ausweg aus der „totalen" Mutterschaft

Bei manchen Frauen kann PND ein Zeichen dafür sein, daß sie andere, über die Mutterschaft hinausweisende Perspektiven brauchen. Lucy C. ist ein weiteres Beispiel dieser Art der Veränderung des Selbstbildes. Sie war 26 Jahre alt, als ihr zweites Kind geboren wurde, nur fünfzehn Monate nach dem ersten. Ein bißchen Weinerlichkeit hatte sie erwartet und war darauf vorbereitet. Sie war zufrieden mit ihrem Entschluß, zu Hause bei den Kindern zu bleiben, trotzdem verfiel sie in eine schwere Depression. Morgens kam sie nicht aus dem Bett; es erschien ihr einfach unmöglich, den Tag zu überstehen. Zum Glück kam eine 80jährige Tante zu ihr und kümmerte sich um sie. Die Tante gab Lucy den Rat, daß sie erstens wegen ihrer Depressionen einen Arzt konsultieren und zweitens darüber nachdenken sollte, ob sie mit ihrem Leben nicht noch mehr anfangen könne. Nach dem Besuch beim Arzt kam Lucy sich dumm und schwach vor, denn er hatte angedeutet, ihre Depression sei ein Zeichen für eine zugrundeliegende ernstere psychische Störung. Lucy wies die Idee, einen Psychiater aufzusuchen, entschieden von der Hand. Weil die Tante darauf bestand, begab sie sich aber schließlich doch in Psychotherapie – und entschloß sich, wieder zur Universität zu gehen und ihr Diplom zu machen. Die Tante bot ihr an, noch ein paar Wochen dazubleiben und sich um das Kind zu kümmern, bis sie mit sich selbst ins reine gekommen wäre. Wenn wir nur alle solche klugen und hilfsbereiten Tanten hätten!

„Wenn mir irgend jemand erzählt hätte, daß ich nach der Geburt meines Sohnes zehn Monate brauchen würde, um aus der Depression herauszukommen, hätte ich ihm ins Gesicht gelacht", erklärte Lucy später. Aber das ausschließliche Hausfrau-und-Mutter-Dasein hatte sie in einen Zustand gebracht, den sie sich selbst nicht erklären konnte.

Kinderkrankheiten und Regentage – schwere Prüfungen für Mütter

Strömender Regen, schwere Schneefälle oder die Krankheit eines Kindes bedeuten für uns, ob wir berufstätig sind oder nicht, einen Tag oder länger zu Hause zu bleiben. Das kann bei jeder Frau die für frühe PND-Zustände typischen Gefühle des Eingesperrtseins wieder wachrufen. Vernunft und Logik („Was machen ein oder zwei Tage aus, auf ein ganzes Leben gesehen") scheinen in solchen Fällen wirkungslos zu sein und können die Angst vor der Isolierhaft in der eigenen Wohnung nicht bannen. Schon das Gefühl der Verantwortung kann sich wie ein Alpdruck auf uns legen; jedes Gefühl von Freiheit, jede Vorstellung, alles gut im Griff zu haben, kann sich in Nichts auflösen, sobald die Schneefälle oder die Kinderkrankheiten einsetzen.

Ich war als Kind oft krank. Als Mutter war ich über mich selbst entsetzt, als ich entdeckte, wie intolerant und ungeduldig ich auf die Krankheiten meiner ältesten Tochter reagierte, die meine körperliche Anfälligkeit geerbt zu haben schien, nur um mich zu strafen. An meine eigenen Krankheiten als Kind habe ich sehr angenehme Erinnerungen. Ich lag im Bett, von Spielsachen und Malbüchern umgeben, die mein Vater mir abends als Geschenk mitbrachte; meine Mutter brachte mir sorgsam ausgesuchte Krankenkost ans Bett und saß den ganzen Nachmittag bei mir und las mir Geschichten vor. Warum konnte ich nicht so sein? Was war aus meinem Selbstbild als liebevolle, warmherzige, verständnisvolle Mutter geworden? Wieder gab es einen Riß in meinem mütterlichen Ich-Ideal.

Ich bin jetzt 38 Jahre alt, und bis vor kurzem bin ich nie auf die Idee gekommen, daß auch meine Mutter über meine Krankheiten wütend gewesen sein könnte. Wie brachte sie es fertig, einkaufen zu gehen, wenn ich krank war? Wie wirkte sich der Hausarrest auf ihre Stimmung aus? Ich fragte sie schließlich, und – ja, sie hatte diese Zeiten auch gehaßt. Sie hatte sich nach den Wochenenden gesehnt, wenn mein Vater zu Hause war und sie endlich mal aus dem Haus gehen konnte, und sei es nur, um einzukaufen. Auch Nancy E. beschrieb einen drastischen Stimmungswechsel, als sie einmal einge-schneit war.

Nancy erinnerte sich: „Wir waren drei Kinder zu Hause; oft waren wir alle gleichzeitig krank, und meine Mutter mußte sich um uns kümmern. Mein Vater tat nichts, um ihr zu helfen. Ich erinnere mich, daß sie manchmal aussah, als würde sie im nächsten Augenblick umfallen. Sie ging an solchen Tagen nie aus dem Haus; sie widmete uns ihre gesamte Energie. Ich bin nicht sicher, ob unsere Mütter mit dieser Haltung nicht auch etwas falsch gemacht haben. Ich glaube nicht, daß es gut für uns war, diese Selbstlosigkeit, diese völlige Aufopferung für die Kinder zu sehen. Wenn wir versuchen, als Mütter diesem Selbstlosigkeitsideal nachzueifern, müssen wir einfach schei-tern", erklärte sie.

Wir empfinden gerade dann Abwehr und Widerwillen, wenn das kranke Kind uns am meisten braucht, und wir können nicht anders, als uns dafür schuldig zu fühlen. Als Freiberuflerin habe ich Angst, daß meine Arbeitszeit zu sehr beeinträchtigt wird. Werde ich das angefangene Projekt je fertigbekommen? Wird es je aufwärtsgehen mit meiner schriftstellerischen Laufbahn? Werde ich je soviel verdienen, daß die Kosten der Kinderbetreuung gerechtfertigt erscheinen?

Frauen in Teilzeitjobs laufen Gefahr, entlassen zu werden, wenn sie zu häufig freinehmen, weil das Kind krank ist. Voll berufstätige Mütter haben enorme Probleme, wenn sie mit einem Kind, das oft krank ist, auf Tagesstätten angewiesen sind oder auf eine Kinderfrau, die selbst zu oft wegen Krankheit ausfällt. Zwischen Ehepartnern kommt es zu Riesenkrächen; es werden moralische Debatten darüber geführt, wer sich den Tag freinimmt, wer den Zorn des Chefs auf sich zieht, wer eine Beförderung aufs Spiel setzt oder eine Gehaltseinbuße riskiert, wer das Opfer bringt.

Es läßt sich nicht verleugnen: Regentage und Tage, an denen die Kinder krank sind, rufen uns einige der negativen Aspekte der Mutterschaft beziehungsweise unsere eigenen negativen Züge als Mutter ins Gedächtnis zurück. Wo ist die Heilige geblieben, die wir sein wollten? Wieder sind wir mit Schuldgefühlen und Selbstzweifeln konfrontiert, die erneut eine Phase von PND auslösen können, wenn wir schon meinten, den Abgründen der Verzweiflung entronnen zu sein.

Eine Verabredung zum Mittagessen? Nicht mehr drin

Für mich läßt sich die Situation einer Mutter am besten in diesem Satz zusammenfassen. Ich hatte früher regelmäßig Verabredungen zum Lunch mit einer (kinderlosen) Schriftstellerkollegin. Wir arbeiteten beide freiberuflich in unseren jeweiligen Wohnungen und trafen uns einmal im Monat, um zu tratschen, Arbeitstips auszutauschen und gemeinsam über verspätete Honorare und zurückgewiesene Manuskripte zu jammern. Aber jetzt, mit zwei kleinen Kindern, bedeutete mittags essen gehen für mich, Betreuung für die Kinder zu arrangieren. Moment mal, sagte ich mir, die Betreuung der Kinder kostet genausoviel wie der Lunch; dazu kommen die Fahrtkosten und ein Zeitverlust von drei Stunden, die für mich freie Zeit (das heißt bezahlte Zeit ohne Kinder) wären; diese Zeit sollte ich lieber zum Arbeiten als zum Essengehen nutzen. Jetzt war es für mich an der Zeit, mein Geld einzuteilen und mir zu überlegen, welche Freundschaften ich weiter pflegen würde und wie ich meine materiellen Ressourcen am besten nutzen könnte – und zwar die real vorhandenen, und nicht die in meinen Träumen existierenden.

Wenn eine Frau mit Kind nicht gerade einen äußerst entgegenkommenden Mann oder eine hilfsbereite Mutter oder Nachbarin hat, wird sie für jede freie Stunde bezahlen, Verhandlungen führen oder Tauschgeschäfte arrangieren müssen. Ob sie zum Friseur, zum Arzt, in die Kirche, turnen, schwimmen, einkaufen geht oder arbeiten will, selbst wenn sie nur allein sein und nachdenken will, in irgendeiner Form muß sie dafür bezahlen.

Teil IV:
Uns selbst und anderen helfen

Planspiele für das Überleben

Den meisten Müttern wäre vermutlich die Vorstellung am angenehmsten, PND könnte durch einen sorgfältig vorbereiteten Überlebensplan gänzlich vermieden werden, oder den ersten Anzeichen der Depression könnte gleich mit geeigneten Maßnahmen begegnet werden, um eine Steigerung der negativen Dynamik zu verhindern. Um solche Überlebenspläne zu entwerfen, müssen wir direkt an die Basis zurückgehen und uns überlegen, wie wir es verhindern können, daß die biochemischen Veränderungen die Macht über unser Leben übernehmen. Wenn wir unser empfindliches Hormonsystem durch unseren Lebensstil übermäßig belasten, wird uns der Körper, auch wenn das Bewußtsein die Belastungen noch nicht erkannt hat, unübersehbare Signale geben, daß es Zeit ist, etwas zu verändern.

Die Möglichkeiten der Selbsthilfe, die ich in diesem Kapitel darstellen werde, sind in erster Linie für Frauen geeignet, bei denen gemäßigte und langsam einsetzende PND-Symptome auftreten, die nicht mit ausgesprochenen Warnsignalen verbunden sind. Frauen, die Selbstmordphantasien haben oder befürchten, sie könnten ihren Kindern etwas antun, sollten ihre Zeit nicht mit dem sinnlosen Versuch verschwenden, sich zusammenzureißen, sondern unverzüglich gute professionelle Hilfe suchen. Die frühe, extreme Form von PND, die gewöhnlich innerhalb der ersten zwei Wochen nach der Entbindung einsetzt und deren Symptome heftig und furchteinflößend sind, entzieht sich in aller Regel unserer Kontrolle und sollte nicht auf die leichte Schulter genommen werden.

Milde und gemäßigte Formen von PND

Laut Statistik leiden zehn Prozent aller Mütter von Kleinkindern unter PND-Symptomen, die wir als weniger schwerwiegend oder gemäßigt bezeichnen würden. (In meiner Sicht liegt der wirkliche Prozentsatz wesentlich höher, da nur wenige Frauen dieser Gruppe professionelle Hilfe in Anspruch nehmen.) Sehen wir uns zunächst die Möglichkeiten an, mit dieser Form von PND umzugehen.

Die beste unmittelbare Hilfe kann das Gespräch mit einem wirklich verständnisvollen Menschen sein. Der Mann kann der Zuhörer sein, oder eine Freundin, die PND durchgemacht hat und es zugibt, oder Berater und Therapeuten, die wir uns selbst suchen oder die uns von einem engagierten Hausarzt oder Gynäkologen empfohlen werden. Eltern- oder Mütter-Selbsthilfegruppen sind für Frauen mit milderen PND-Symptomen eine große Hilfe; sie geben uns Gelegenheit, Erfahrungen auszutauschen, zu sehen, wie gut oder schlecht andere mit den neuen Belastungen zurechtkommen, und manchmal kommt es auch vor, daß wir gemeinsam über unsere Probleme lachen.

Der Umgang mit den eigenen Energien

Jede neue Mutter sollte sich hinsetzen und überlegen, wie sie jetzt, mit dem Kind, Regenerationsmöglichkeiten für ihre Energien finden kann. Diese Überlegungen sollte sie am besten gemeinsam mit ihrem Partner anstellen. Worauf Sie besonders achten müssen, ist
a) genügend Schlaf und die Möglichkeit, auszuruhen
b) Zeit (beider Partner) für sich selbst und Zeit für das Zusammenleben als Paar
c) Geld
d) Interessen und Aktivitäten außerhalb der Mutter- bzw. Elternrolle.
Im Idealfall haben Sie darüber schon vor der Geburt des Kindes nachgedacht, aber daß Paare sich vorher ernsthaft mit Problemen befassen, die auftreten können, wenn sie Eltern geworden sind, ist immer noch eher die Ausnahme als die Regel. Wenn Sie schon nach einer vorangegangenen Entbindung unter PND gelitten haben und es diesmal vermeiden wollen, können Sie allerdings bereits während der Schwangerschaft eine „postnatale Strategie" entwickeln. Paaren mit

PND-Vorerfahrungen würde ich raten, den Kauf von Kinderwagen und Windeln und die Atem- und Entspannungsübungen für die Entbindung zurückzustellen und sich schon jetzt mit den fundamentalen Veränderungen des Lebensstils und den möglichen Auswirkungen auf beide Partner zu befassen.

Strategien vor der Entbindung

1. Akzeptieren Sie, daß PND nach der Geburt des ersten, aber auch des zweiten oder dritten Kindes auftreten kann, und nehmen Sie sich selbst gegenüber eine vorurteilsfreie Haltung ein. Hormonelle und neurohormonelle Veränderungen sind die Grundursachen von PND; Ihre Depressionen sind kein Zeichen Ihres persönlichen Versagens. Sie sollten keine Schuld, Scham oder Angst empfinden, wenn Sie auf die Mutterrolle oder auf Ihr Kind mit unerwarteten Emotionen reagieren. Auf eine gewisse Ambivalenz der Mutterrolle oder dem Kind gegenüber sollten Sie vorbereitet sein.

2. Sprechen Sie mit Ihrem Mann über das mögliche Auftreten von PND und darüber, was Sie in diesem Fall tun werden; denken Sie über alternative Hilfsmöglichkeiten nach und konfrontieren Sie sich mit der Frage, wer sich um das Kind kümmern wird, falls Sie einmal 24 Stunden Schlaf brauchen sollten oder in eine Klinik eingewiesen werden müssen. Ermutigen Sie Ihren Mann, seine Rolle als gleichberechtigter Partner zu akzeptieren. Die Erwartung, Sie könnten mit allem allein fertig werden, wäre falsch. Sorgen Sie dafür, daß er das begreift.

3. Klären Sie Ihre eigene Einstellung zum Stillen, und denken Sie darüber nach, ob Sie sich in der Lage fühlen, die sehr realen emotionalen, seelischen und körperlichen Anstrengungen des Stillens durchzuhalten. Sprechen Sie mit Ihrem Mann darüber, ob Sie dem Kind einmal täglich eine Flasche geben, damit er einige der Pflichten übernehmen kann und Sie eine Chance haben, versäumten Schlaf nachzuholen oder Zeit für sich selbst, ohne das Kind, zu haben.

4. Sprechen Sie darüber, wie Sie beide Zeit für sich selbst finden werden. Erkundigen Sie sich nach Betreuungsmöglichkeiten in Ihrer Umgebung. Würde Ihr Mann regelmäßig einen Abend in der Woche zu Hause bleiben, so daß sie allein etwas planen können? Würde Ihre Mutter oder Ihre Schwiegermutter aushelfen? Wenn nicht, wie werden Sie die Betreuung bezahlen? Sprechen Sie *jetzt* über die Kosten von Kinderbetreuung und Babysitting, und fangen Sie an zu sparen.

5. Versuchen Sie, sich Ihren jetzigen Lebensstil bewußtzumachen, und legen Sie eine Liste der Dinge an, die Sie wirklich vermissen würden, wenn dieser Lebensstil sich ändern sollte. Führen Sie sich vor Augen, was Unabhängigkeit, Freiheit, Geselligkeit für Sie bedeutet, welchen Stellenwert Hobbys oder Sport für Sie haben, wieviel Zeit Sie im allgemeinen allein, mit Freunden, mit anderen Erwachsenen verbringen. Stellen Sie sich vor, Sie wären unter Hausarrest, und unterstreichen Sie auf Ihrer Liste, was Sie am meisten vermissen würden. Bitten Sie Ihren Mann, das gleiche zu tun. Überlegen Sie gemeinsam, wie Sie diese Bedürfnisse in einem anders organisierten Leben verwirklichen könnten. Wenn Sie bisher gewohnt waren, den ganzen Tag zu arbeiten, abends irgendeine Form von Körpertraining zu machen, einmal in der Woche Freunde zu treffen; wenn Ihr Mann normalerweise einmal in der Woche ausging und an einem Samstag oder Sonntag Sport trieb – was könnte jeder von Ihnen aufgeben? Könnten Sie sich zum Beispiel einigen, daß Sie zwei Abende in der Woche für sich haben und er an einem Samstag oder Sonntag von allen Pflichten entbunden ist?

6. Wenn Sie vorhaben, nach der Geburt des Kindes wieder voll berufstätig zu sein, denken Sie nicht nur über die Möglichkeiten der Kinderbetreuung nach, sondern auch über sich. Befragen Sie sich sehr genau, vom Kopf und vom Herzen her, welche Befriedigung Sie jetzt nicht nur aus der Arbeit selbst ziehen, sondern auch daraus, den Tag über unterwegs zu sein, guten Kontakt mit den Kollegen zu haben und Ihr eigenes Geld zu verdienen. Es

ist aber schwer, zu entscheiden, ob Sie gleich in den Beruf zurückkehren sollten, für einen oder zwei Tage in der Woche vielleicht, ob Sie drei oder auch sechs Monate Mutterschaftsurlaub oder längeren unbezahlten Urlaub nehmen können, um mehr Zeit mit Ihrem Kinde zu verbringen. Aber diese Entscheidung ist von ausschlaggebender Bedeutung, weil von ihr schließlich abhängt, wie leicht Sie sich an das Leben als berufstätige Mutter gewöhnen.

Halten Sie sich Alternativen offen, wenn Sie unsicher sind (und selbst dann, wenn Sie nicht unsicher sind). Verbreiten Sie nicht überall, wie sehr es Ihnen gegen den Strich gehen wird, wieder zu arbeiten, weil Sie doch wissen, wie glücklich Sie zu Hause mit Ihrem Kind wären. Viele Frauen müssen feststellen, daß sie ihre Arbeit doch früher als geplant wieder aufnehmen, weil sie mit den bedrückenden PND-Symptomen und dem Gefühl des Eingesperrtseins zu Hause nicht fertig wurden.

Versuchen Sie, mit Kolleginnen zu sprechen, die kürzlich Kinder bekommen haben, und stellen Sie fest, ob sie interessiert wären, an einer Gruppe für berufstätige Mütter teilzunehmen. Schlagen Sie vor, daß Sie sich alle drei oder vier Wochen treffen könnten, um zusammen zu essen, über gemeinsame Probleme zu sprechen und Tips auszutauschen.

7. Sprechen Sie mit Ihrem Mann über die Veränderung Ihrer Einkommensverhältnisse, wenn Sie einen längeren (unbezahlten) Mutterschaftsurlaub nehmen wollen. Was bedeutet es für Sie beide, mit nur einem Gehalt zu leben? Wie sieht es mit den Kosten für die Kinderbetreuung aus? Könnten Sie sich eine Haushaltshilfe leisten, wenn Sie Ihren Beruf wiederaufnehmen, jemanden, der bei der Hausarbeit oder beim Einkaufen hilft? Würden Sie sich wohler damit fühlen, eine Putzfrau und ein Kindermädchen zu haben, die ins Haus kommen, als Ihr Kind in eine Tagesstätte zu geben?

8. Halten Sie sich auch dann Alternativen offen, wenn Sie planen, Ihren Beruf aufzugeben. Sie können nicht im voraus wissen, was ein ausschließliches Mutterdasein für

Sie bedeuten wird, ehe Sie die Erfahrung gemacht haben. Bleiben Sie mit Ihrem Arbeitsplatz in Kontakt; vielleicht werden Sie doch Lust haben, wieder zu arbeiten, und sei es nur halbtags oder stundenweise. Vielleicht ändern Sie Ihre Einstellung auch ganz und möchten wieder voll berufstätig sein. Wenn Sie freiberuflich zu Hause arbeiten, finden Sie schon jetzt heraus, welche Möglichkeiten es gibt, das Kind betreuen zu lassen, und sprechen Sie mit Ihrem Mann über die Notwendigkeit eines solchen Arrangements, auch wenn Sie nicht genug verdienen, um diese Kosten selbst zu decken. Akzeptieren Sie, daß Sie mit dem Kind nicht so produktiv sein und weniger verdienen werden als vorher, ganz gleich wie blühend Ihre Phantasien sind, beides wunderbar zu schaffen.

9. Lassen Sie sich nicht zu sehr von romantischen Ideen über die Freuden der Mutterschaft hinwegtragen. Vielleicht erleben Sie romantische Mutterfreuden – vielleicht aber auch nicht.

10. Welche Art von Unterstützung werden Sie zur Verfügung haben? Seien Sie in dieser Frage ganz ehrlich. Wenn Ihr Mann eine konservative Einstellung hat, wenn Ihre Familie weit entfernt lebt, wenn Ihre Freunde alle Singles sind, die für wilde nächtliche Parties schwärmen – gibt es da noch irgend jemand, der Verständnis aufbringen würde? Hat irgendeine Freundin, die Mutter ist, Ihnen einmal angedeutet, daß das Leben mit Kind kein reines Zuckerschlecken ist? Wenn ja – sie ist diejenige, die Sie nach der Entbindung anrufen sollten!

Sie können versuchen, sich Unterstützung und Verständnis zu sichern, wenn Sie, solange Ihr Kind noch nicht geboren ist, für eine Freundin den Babysitter machen. So können Sie sich schon ein wenig an die Fährnisse im Umgang mit Kleinkindern gewöhnen, und Sie werden nicht das Gefühl haben, ungerechtfertigte Ansprüche zu stellen, wenn Sie dieselbe Freundin um Rat und Trost bitten – und darum, Ihnen mit Babysitting auszuhelfen, wenn Ihr eigenes Kind da ist.

11. Welche Überlastungsfaktoren gibt es in Ihrem jetzigen

Leben vor der Entbindung? Nehmen Sie sich jetzt Zeit, um über Ihr Leben nachzudenken – über Ihre Wünsche, Ihre persönlichen Ziele und Ihre Einstellung zur Mutterschaft. Vielleicht können Sie sich eine Strategie erarbeiten, die Ihnen hilft, jetzt schon Dinge in Ihrem Leben zu verändern. Folgende Bereiche sollten Sie besonders beachten: Haben Sie mehr als eine Abtreibung oder Fehlgeburt gehabt? Leben Kinder aus der ersten Ehe Ihres Mannes im Haushalt? Hatten Sie vor der Schwangerschaft Probleme mit Unfruchtbarkeit? Sind Sie kürzlich umgezogen? Wie wohl fühlen Sie sich in Ihrem Beruf; haben Sie eine Karriere gemacht, die Ihnen wichtig ist? Können Sie unter Streß und Belastungen Ihr Selbstbild und Ihr Selbstvertrauen aufrechterhalten? Haben Sie kürzlich einen geliebten nahestehenden Menschen verloren? Starb Ihre Mutter, als Sie noch ein Kind waren? Verbringen Sie gewöhnlich viel Zeit außer Haus, allein oder mit Ihrem Mann? Sind Sie erst seit kurzem verheiratet; ist Ihre Ehe in der „erotischen Phase"?

Wenn Sie das Gefühl haben, daß einer dieser Faktoren später zu Konflikten führen könnte, nehmen Sie jetzt Kontakt zu einem Berater oder Therapeuten auf, und sprechen Sie über mögliche Schwierigkeiten, die Sie bei der Umstellung auf die Mutterrolle haben könnten.

Strategien nach der Entbindung

Um einem Kollaps des Hormonsystems oder psychischen Krisen nach der Entbindung vorzubeugen, werden Sie den folgenden Faktoren Zeit und Überlegung widmen müssen.

Streß und Spannungen sind mit dem Mutterwerden untrennbar verbunden; daher wirkt es leicht gönnerhaft, wenn man Ratschläge gibt, wie Streß und Spannungen zu vermeiden seien. Vielleicht fühlen Sie sich so geistesabwesend und desorientiert, weil die Veränderung Ihrer Lebensstrukturen, der Ansturm intensiver Gefühle und die Anstrengungen des

Umgangs mit einem Neugeborenen übermächtig und überwältigend sind.

Die schlimmsten Streßauslöser werden jedoch nicht in den offensichtlichen Anstrengungen und Belastungen liegen, die mit der Fürsorge für einen Säugling verbunden sind. Eher werden die vorher aufgeführten Überlastungsfaktoren, die es in Ihrem Leben gibt, die Quellen von Spannungen und Konflikten sein. Jeder dieser Faktoren kann störend auf Ihr seelisches Gleichgewicht einwirken, und Sie sollten keinen Punkt übersehen. In dieser Phase ist es ratsam, mit dem Mann oder mit einer guten Freundin über Ihre geheimen Ängste zu sprechen. Versuchen Sie nicht, eine stoische Fassade, ein „Ich schaffe das schon" aufrechtzuerhalten, weil Sie meinen, gute Mütter müßten sich so verhalten. Versuchen Sie, sich von den Phantasien, die Sie über sich selbst als Mutter haben, zu befreien. Wenn Sie sich nicht zärtlich, warm und liebevoll, sondern angespannt, gereizt und wütend fühlen, sprechen Sie diese Gefühle aus. Das wird Ihnen helfen, sich von Streß und Spannungen zu befreien. Wenn Sie akzeptieren, daß Sie nicht vollkommen sind, werden Sie sich entspannen und leichter in Ihre neue Rolle hineinfinden.

Versuchen Sie, sich darauf zu konzentrieren, was der Streß mit Ihnen macht, statt dauernd darum besorgt zu sein, wie er sich auf das Kind auswirken könnte. Das Kind wird höchstwahrscheinlich durch seine ersten Lebensmonate gleiten, ohne zu bemerken, ob Sie die Erdmutter persönlich oder eine exzentrische Irre sind. Das Baby will nur gefüttert werden, schlafen und sich sicher fühlen; es kümmert sich wirklich nicht um Ihre Persönlichkeitsstruktur in dieser Phase. Wie in dem Kapitel über Koliken bereits gesagt wurde: Ihre Spannungen werden nicht der Grund sein, wenn das Baby schreit. Es wird nicht an Ihrer Unfähigkeit als Mutter liegen, wenn das Kind nicht durchschläft oder unruhig wirkt.

Wir müssen lernen, vieles von dem über Bord zu werfen, was wir durch die Mutter-Ideologie unserer Gesellschaft als „unsere Schuld" akzeptiert haben. Es gibt pragmatische Mittel, Streß und Spannungen zu vermeiden oder abzubauen, wenn sie auf ein gefährliches Maß angestiegen sind. Diese Mittel liegen auf der Hand, müssen verunsicherten neuen Müttern aber oft noch einmal klar vor Augen geführt werden.

Schlaf

Sie brauchen Schlaf, genauso wie Ihr Kind Schlaf braucht. Genügend Schlaf und Entspannung werden körperlicher und seelischer Erschöpfung vorbeugend entgegenwirken. Unterbrochene Schlafzyklen machen selbst die vernünftigsten unter uns übellaunig, reizbar, nervös, konzentrationsunfähig und anfällig für Depressionen. Gezielte Schlafunterbrechungen sind bekanntlich eine wirkungsvolle Foltermethode. Eine Reihe von aufeinanderfolgenden schlaflosen Nächten kann einen totalen Zusammenbruch auslösen.

Manche Frauen haben die Erfahrung gemacht, daß sie nach sieben oder mehr Nächten ohne richtigen Schlaf irgendwann einfach auf dem Sofa einnickten und, ohne noch zu einem Gedanken an das Kind zu kommen, acht bis zehn Stunden schliefen. Der Mann, die Mutter, die Freundin oder wer gerade da ist, muß dann notgedrungen die Sache in die Hand nehmen, in der Regel mit einer Flasche Babynahrung. Kinder überleben solche Notfallaktionen, sogar wenn sie ausschließlich an das Gestillt-Werden gewöhnt sind. Mütter, die sich ihren körperlichen Bedürfnissen in dieser Form überlassen können, haben meistens auch bessere Chancen, sich zu regenerieren. Viele Frauen schilderten mir den Augenblick, in dem sie wußten, daß sie ohne Schlaf nicht mehr weiterkonnten. Eine Frau sagte ihrem Mann, daß er das Kind übernehmen müsse, und nahm sich für die Nacht ein Zimmer im Hotel. Vielleicht kommen solche Aktionen manchen Menschen egoistisch vor. Ich bin der gegenteiligen Ansicht. Heute ist es das Zuviel an Selbstaufgabe, das bei Müttern zu Verzweiflungszuständen führt. Der Trend zum ausschließlichen Stillen, nach den Bedürfnissen des Kindes, hat die Frauen dazu gebracht, sich selbst als die unwichtigste Person zu sehen. Sie meinen, ihre Bedürfnisse verleugnen zu müssen, um den vordringlichen Bedürfnissen des Kindes gerecht zu werden. Diese Einstellung kann zu PND führen, denn wenn wir uns selbst verleugnen, verlieren wir leicht den Kontakt zu unserer Identität und zu unserem Selbstwertgefühl. Ein bißchen Egoismus ist lebenswichtig.

Der Streß und die Belastungen sind natürlich wesentlich höher, wenn ein zweites oder drittes Kind geboren wird und der Abstand zwischen den Geburten gering ist. Sie müssen sehr auf Ihre Energiereserven achten – der Vorrat ist nicht unerschöpflich. Sie werden Hilfe brauchen, um Zeit für den Säugling und für seine Geschwister zu finden; vermutlich werden Sie den älteren Kindern gegenüber Schuldgefühle und Ängste entwickeln, weil Sie deren Bedürfnisse nicht erfüllen. Akzeptieren Sie die Tatsache, daß Sie Hilfe brauchen. Überlegen Sie, welche Freunde, Familienmitglieder, Nachbarn Ihnen helfen könnten, oder wenn Sie über solche Hilfsquellen nicht verfügen, sprechen Sie mit Ihrem Mann darüber, ein Kindermädchen oder eine Haushaltshilfe einzustellen. Wenn es in der Vergangenheit immer so schien, als ob Frauen mit allem allein zurechtkämen, heißt das noch nicht, daß auch Sie alles allein schaffen müssen. Weisen Sie darauf hin, daß Frauen früher gewöhnlich in größeren Familienverbänden lebten und daher über andere Hilfsquellen verfügten.

Wenn Sie das Gefühl haben, unter den Belastungen zusammenzubrechen, und Ihr Mann meint, daß Sie sich bezahlte Hilfe nicht leisten können, sollten Sie Ihre Mutter oder Ihre Schwiegermutter bitten, zu kommen und eine Weile bei Ihnen zu bleiben, selbst wenn Sie es vorziehen würden, darauf nicht zurückgreifen zu müssen. Ein bißchen Familienkrach ist kein zu hoher Preis, wenn Sie etwas mehr Zeit zum Ausruhen und für sich selbst gewinnen. Falls Ihnen keine dieser Hilfsmöglichkeiten zur Verfügung steht, kann ich Ihnen nur empfehlen, der zuvor erwähnten Frau nachzueifern und sich für 24 Stunden ein Hotelzimmer zu mieten und den Rest Ihrem Mann zu überlassen. Auf diese Weise wird er vermutlich begreifen, wovon Sie reden.

Versuchen Sie, zum Stillen eine vernünftige Einstellung zu entwickeln. Sicherlich ist die Muttermilch das Beste für den Säugling, und die warme, liebevolle Beziehung zwischen Mutter und Kind kann man auch nicht in Dosen kaufen, aber machen Sie sich nicht zum Opfer der Vorstellung, das Kind müsse unbedingt jederzeit nach seinen Bedürfnissen gestillt werden. In meiner Sicht ist unsere Reaktion gegen den rigiden Vierstundenrhythmus, den unsere Mütter einhielten, zu weit ins andere Extrem geschlagen. Machen Sie sich nicht zur Märtyrerin und zur Sklavin Ihres Kindes. Wenn Sie es nicht wirklich genießen, das Kind zu jeder Tages- und Nachtzeit bei sich zu haben, es 24 Stunden lang jederzeit an die Brust zu legen, rate ich Ihnen, dem Stillen gewisse Grenzen zu setzen: höchstens alle drei Stunden. Ich habe Frauen beobachtet, die „nach Bedarf" stillen, und ich muß sagen, ich glaube nicht, daß ihre Kinder jede Stunde oder jede halbe Stunde hungrig sind. Babys wollen saugen, aber sie können auch einen Ersatz benutzen. Bei sehr häufigem Stillen lernen Säuglinge nicht, genug auf einmal zu trinken. Es ist einfacher und bequemer für sie, rund um die Uhr immer wieder ein Schlückchen zu nehmen. Was sie dabei allerdings sehr früh lernen, ist, über das Leben der Mutter zu bestimmen und ihre totale Aufmerksamkeit zu fordern, statt sich auch auf ihren Rhythmus einzustellen.

Wenn Sie darauf bestehen, daß Ihr Kind nur Muttermilch bekommen soll, können Sie die Milch abpumpen und kühlstellen; Ihr Mann kann dem Kind dann nachts ein Fläschchen geben, und Sie gewinnen kostbare Zeit, um Schlaf nachzuholen. Wenn die Milch wegbleibt oder nachläßt, ist das ein klares Zeichen dafür, daß Sie unter Schlafmangel und Erschöpfung leiden und daß Sie Ihre gesamte Energie verausgaben, ohne für Regenerierung zu sorgen. Wenn sich dieser Teufelskreis bei Frauen einmal etabliert hat, scheint nichts mehr zu helfen; ob sie sich anders ernähren, Hefepräparate zu sich nehmen, Wein trinken, um sich zu entspannen, oder was auch immer der neueste Tip ist. Sie können es in solchen Fällen mit Zufüttern versuchen; jemand anders gibt dem Kind tagsüber oder nachts die Flasche Babynahrung, damit Sie schlafen können. Oder, wenn der Arzt zustimmt und das Kind nicht mehr zu klein ist, können Sie zusätzlich einen Getreidebrei geben, der den Hunger des Kindes stillen und Sie von dem dauernden Druck befreien wird.

Ausschließliches Stillen ist nicht für jede Frau richtig; wir unterscheiden uns ja auch in unseren Eßgewohnheiten, in unserem Sexualverhalten und in allen möglichen anderen Dingen. Nur weil Ihre Freundin oder Ihre Schwester ihr Kind auf eine bestimmte Weise genährt hat, müssen Sie es nicht unbedingt auch so machen. Versuchen Sie immer, die Dinge im Verhältnis zu sehen. Sie zählen auch. Ihr Wohl ist ebenso wichtig wie das des Kindes. Wenn Sie übermüdet, übernächtigt und überanstrengt sind, bekommt Ihr Kind nicht genug Milch, und schließlich werden Sie vor Erschöpfung zusammenbrechen und nützen damit Ihrem Kind erst recht nicht.

Urlaub von der Mutterschaft

Berufstätige und nicht-berufstätige Mütter sind gleichermaßen anfällig für das klaustrophobische Gefühl, das mit der Mutterschaft verbunden ist. Alle psychischen Streßfaktoren, alle potentiellen PND-Auslöser, die wir in diesem Buch betrachtet haben, stehen damit in Zusammenhang, daß die Mutterschaft Ihr ganzes Leben beherrschen und Ihre Persönlichkeit überrollen kann. Ob Ihre Erfahrung der Verlust des Selbstwertgefühls, ein verwirrtes Selbstbild, eine Identitätskrise oder ein Gefühl furchtbarer Einengung ist, das Gegenmittel ist immer das gleiche: Sie müssen einen Weg finden, wieder zu sich selbst zu kommen – am besten durch Zeit, die Sie allein verbringen können.

Im Idealfall sollten Sie mit Ihrem Mann ein Arrangement für diese Freiräume finden. Eins der mit dem Identitätsverlust einhergehenden Probleme ist, nicht mehr zu wissen, was man allein tun will oder kann. Versuchen Sie, einige Elemente und Aspekte Ihres früheren Lebens aufrechtzuerhalten; gleich, ob es sich dabei um Körpertraining, Fotografieren, Handarbeit,

Abende mit Freunden, Kino- oder Museumsbesuche oder einfach einen ausgedehnten Einkaufsbummel (auch wenn Sie sich nichts kaufen können) handelt. Wichtig dabei ist, daß Sie sich diese Zeit nicht mit Schuldgefühlen abringen und für eine Stunde oder weniger hektisch losrasen, während ein Babysitter auf Ihr Kind aufpaßt. Sie sollten Ihr Kind (Ihre Kinder) in der Obhut eines vertrauten Menschen lassen und sich die Zeit nehmen, die Ihnen zusteht und die Sie brauchen.

Regina V. hatte das Problem, daß sie nicht mehr wußte, wer sie eigentlich war und was sie tun konnte, um von der ausschließlichen Konzentration auf die Mutterschaft freizukommen. Obwohl die Lösung, die sie fand, nichts Aufregendes oder Exotisches hat, ist die Art, wie sie zu ihrer Lösung kam, für jede neue Mutter interessant.

Robin S. war mit einem anderen Problem konfrontiert: Wie sollte sie als berufstätige Mutter, ohnehin unter permanentem Zeitdruck, noch Zeit für sich selbst finden?

Regina und Robin: Das Problem, Zeit für sich selbst zu finden

Regina und ihr Mann Ronnie waren vor der Geburt ihres Kindes in eine andere Stadt gezogen. Da Regina drei Tage in der Woche arbeitete, hatte sie keine Zeit gehabt, in ihrer neuen Umgebung einen Freundeskreis aufzubauen. Lesley, ihr Töchterchen, wurde krank, und sie mußte freinehmen, um das Kind zu versorgen. Es war mitten im Winter, Regina war ans Haus gebunden und wütend darüber, den ganzen Tag nicht hinauszukommen. Sie beneidete ihren Mann um seine relative Freiheit.

Das Zuviel an Arbeit und Verantwortung und die aggressive Spannung, unter der sie stand, lösten bei Regina Depressionen aus. Nachdem sie drei Wochen in dieser Atmosphäre gelebt hatten, sagte Ronnie zu seiner Frau, sie solle sich endlich ein Ventil für ihre Spannungen suchen. Er hatte Schuldgefühle, weil er immer derjenige war, der sich Zeit für sich selbst ausbat, um Fußball zu spielen und am Wochenende etwas zu unternehmen, während er der durch ihre Einengung zunehmend depressiven Regina die gesamte Verantwortung für das Kind überließ. Aber zunächst löste Ronnies Angebot, sich um das Kind zu kümmern, in Regina Panik aus. Was sollte sie allein unternehmen? Ihr Identitätsgefühl war untergegangen, und ihre alten Kontakte und Interessen existierten nicht mehr.

Schließlich ging Regina eines Abends in die örtliche Bibliothek, wo sie zwei Stunden allein verbrachte, ohne Kind, ohne Haushalt und ohne ihr Elend. Es waren vielleicht keine aufregenden und abenteuerlichen Stunden, aber es war ihre eigene Zeit. „Ich fand es wunderbar, einfach mal wieder tun zu können, was ich wollte – und selbst jetzt, ein Jahr später, gehe ich immer noch einmal in der Woche in die Bibliothek. Ich suche jetzt auch Kinderbücher für Lesley aus, lese, was mich interessiert, und schreibe Tagebuch." Regina konnte sich darauf verlassen, daß sie jeden Mittwoch abend diese zwei Stunden für sich zur Verfügung hatte. Allein dieser Freiraum half ihr, in einer Zeit der Angst und der Einsamkeit wieder zu sich selbst zu kommen.

Robin S., die ein Kind von sechs Monaten hatte und wieder voll berufstätig war, stellte fest, daß sie in die Depression abrutschte, weil ihr zu wenig Zeit für sich selbst, für Ruhe und Erholung zur Verfügung stand. Nach einem Jahr ständiger Überlastung geriet Robin in eine schwere Krise. „Mein Mann brüllte mich schließlich an, ich solle zum Psychiater gehen. Ich war so wütend auf ihn, daß ich einfach aus dem Haus rannte. Ich fand, daß der Fehler bei ihm lag, nicht bei mir. Aber irgendwie löste dieser Streit zwischen uns bei mir neue Einsichten aus. Mir wurde klar, daß ich mich in eine Märtyrerrolle hineingesteigert hatte. Ich nahm mir also eine Woche Urlaub, und statt mit dem Kind zu Hause zu bleiben, brachte ich es zu einer Tagesmutter und machte jeden Tag einfach das, worauf ich Lust hatte. Herrliche lange Tage waren das; ich war einfach faul, stöberte in Läden oder ging in Galerien. Ich fühlte mich natürlich schuldig, besonders in dem Augenblick, als ein Kollege mich fragte: „Nehmen Sie noch eine Woche Urlaub? Sie haben es sicher sehr genossen, in Ruhe mit Ihrem Kind zusammenzusein."

Zeit für uns selbst, die wir ohne Schuldgefühle genießen können, ist ein wertvolles Mittel, um Streß und Spannungen abzubauen und um Identität und Selbstwertgefühl wieder aufzubauen, deren Verlust zum Hauptauslöser für PND werden kann. Für uns geht es darum, daß wir lernen, entspannter in die Mutterrolle hineinzuwachsen, statt uns kopfüber in ihre konflikthaften Seiten hineinzustürzen.

Ernährung und Körperübungen

Heute wird soviel über Ernährung und Körpertraining als Mittel zur Überwindung jedes denkbaren Problems geschrieben, daß manche Frauen erwarten, es müsse ein bestimmtes Diät- oder Trainingsprogramm zu finden sein, mit dem man PND verhindern oder bekämpfen könne. Bei leichten Formen von Depression können eine gute Diät und ein Trainingsprogramm, mit dem der Körper richtig durchgearbeitet wird, die Stimmung aufhellen und für die Lösung der anstehenden Probleme bessere Voraussetzungen schaffen. Mittlere bis schwere Formen von Depression werden durch diese Mittel allein kaum aufzulösen sein.

Es gibt Ernährungsformen, die PND vorbeugend entgegenwirken können. Achten Sie vor allem darauf, daß Sie nur frische, gesunde, vollwertige Kost zu sich nehmen. Selbst wenn Sie abnehmen wollen, machen Sie nach der Entbindung keine extreme Schlankheitsdiät, denn dadurch würden Sie die Entwicklung von Depressionen begünstigen, während gute, ausreichende Ernährung unter allen Umständen ein stabilisierender Faktor ist.

Vergessen Sie nicht, daß Sie einen höheren Kalorienbedarf haben, wenn Sie stillen, denn Sie ernähren das Kind mit, und wenn es seinen Anteil bekommen hat, muß auch für Sie selbst noch genug Energie vorhanden sein. In den ersten Monaten nach der Entbindung sollten Sie mehrmals am Tag (alle zwei bis drei Stunden) kleine Mahlzeiten zu sich nehmen, denn Sie werden sich mit einem hohen Blutzuckerspiegel wohler fühlen. Wenn Sie zu wenig Kohlehydrate aufnehmen, sinkt der Blutzuckerspiegel ab, und es kommt zu Adrenalinausschüttungen, die Spannungszustände und Reizbarkeit begünstigen. Wie Katharina Dalton feststellte, haben die prämenstruelle und die postnatale Phase eine gemeinsame Eigenheit: Der Blutzucker-spiegel nähert sich einem unteren Grenzwert. Beide sind kritische Phasen, in denen Frauen anfälliger für Depressionen sind als zu anderen Zeiten.

Weitere Hinweise

1. Nehmen Sie Multivitamintabletten, die Folsäure und Vitamin B_6 (Pyridoxin) enthalten. Auch Eisenpräparate sollten weiterhin genommen werden.
2. Nehmen Sie nicht die Pille, auch wenn Sie Angst vor einer weiteren Schwangerschaft haben, denn das darin enthaltene synthetische Progesteron ruft Depressionen hervor.
3. Vermeiden Sie Koffein (in Kaffee oder Sprudelgetränken); Ängste und Reizbarkeit werden dadurch verstärkt.
4. Nehmen Sie keine Tranquilizer; sie rufen ein Gefühl der Schläfrigkeit hervor und überdecken die wirklichen PND-Symptome.
5. Essen Sie kaliumhaltige Nahrungsmittel wie Bananen, Tomaten und Orangen, um einem möglichen Kaliummangel nach der Entbindung entgegenzuwirken.

Wenn Sie sich niedergedrückt und apathisch fühlen und keine Lebensfreude empfinden, werden Sie sich vielleicht wundern, daß Ihnen jemand Körpertraining als Gegenmittel gegen PND empfiehlt. Wenn Sie wüßten, woher Sie die Energie nehmen sollten, wäre schon die Hälfte aller Probleme gelöst, sagen Sie sich. Wenn Sie sich jedoch überwinden können und mit leichtem Körpertraining anfangen, sei es Schwimmen, Laufen oder Gymnastik, werden die Resultate wahrscheinlich ermutigend sein. Durch Bewegung und körperliches Ausarbeiten werden verausgabte Energien wieder aufgebaut. Außerdem wird sich Körpertraining positiv auf Ihren Hormonhaushalt auswirken. Das biochemische Gleichgewicht wird schneller wiederhergestellt, und damit steigt auch Ihr seelisches Wohlbefinden.

Erwarten Sie keine Wunderheilungen, aber Bewegung wird sich schließlich in mehr als einer Hinsicht auszahlen: Erstens kommen Sie aus dem Haus, zweitens ist das Training ein gutes

Mittel, Ihre Mutterschaftsprobleme eine Zeitlang zu vergessen, und drittens wirkt es ausgleichend auf das neuroendokrine System ein und aktiviert die Neurotransmitter, die für eine gute seelische Verfassung so bedeutsam sind. Man nimmt an, daß durch Körpertraining Endorphine freigesetzt werden, die natürlichen Opiate und „Stimmungsaufheller" des Körpers. Das entspricht der Erfahrung von Menschen, die viel und intensiv Sport treiben – und es erklärt auch, warum Menschen davon abhängig werden können.

Ist Leistungssport nach der Entbindung gesundheitsschädlich?

Können Frauen kurz nach der Entbindung aktiv Sport treiben? Kate B., ein Karate-Fan, hatte vor der Geburt ihres Kindes sehr intensiv Sport getrieben. Sie sandte mir die folgenden Informationen, die eigentlich für professionelle Sportlerinnen gedacht sind und daher sicherlich gute Hinweise dafür geben, welche Art von sportlicher Betätigung zu meiden ist.

„Da sich die Muskeln und das Bindegewebe des weiblichen Körpers nur langsam, etwa in einem Zeitraum von sechs Monaten nach der Entbindung wieder festigen und den Zustand vor der Schwangerschaft erreichen, sollten Frauen in diesem Zeitraum Stöße und Schläge vermeiden. Da die Muskeln einem plötzlichen Schlag nicht standhalten können, besteht die Gefahr, daß innere Organe verletzt werden. Es erscheint mir sinnvoll, diesen Rat auf alle Kontaktsportarten auszudehnen; ich denke dabei besonders an Karate. Offenbar ist eine Frau in den ersten sechs Monaten nach der Entbindung physisch nicht in der Lage, ihre Muskeln so anzuspannen, daß sie die inneren Organe vor Verletzungen schützen. Der Physiotherapeut, der mich nach der Entbindung wegen einer gebrochenen Hand behandelte, warnte mich, bis mindestens zwei Monate nach dem Abstillen kein Wurftraining zu machen. Er erklärte, daß es so lange dauert, bis das Hormon Relaxin nicht mehr im Körper wirkt, und daß ich bei Wurfübungen Gefahr liefe, die immer noch lockeren Gelenke und Bänder zu verletzen. Ich entschloß mich auch, bis zu diesem Zeitpunkt Jogging und Seilspringen aufzugeben."

Die Partnerschaft am Leben erhalten

Das Zusammenleben erfordert jetzt viel mehr bewußte Anstrengung als zu irgendeiner anderen Zeit in der Beziehung des Paares. Allzu leicht werden Zärtlichkeit, Leidenschaft und Freundschaft, die zwischen den Partnern bestanden, unter dem Zeit- und Arbeitsaufwand und den Anforderungen des Lebens mit einem Säugling oder einer vergrößerten Familie verschüttet. Wie so viele Frauen berichteten, beschleunigt der Verlust dieser stabilen, soliden, unterstützenden Form von Liebe den Absturz in die Depression. Wenn Sie feststellen, daß Sie all Ihre Zeit und Energie dem Baby widmen, wenn Sie bemerken, daß Sie von Wut geschüttelt sind, weil Ihr Partner in seiner neuen Vaterrolle relativ viel Freiheit und Ungebundenheit genießt, wenn Sie erkennen, daß Sie sexuell kaum noch ansprechbar sind, weil sich Ihre Beziehung zum Partner durch die stärkere Beziehung zum Kind verändert hat, dann ist es Zeit, die Bremse zu ziehen, wach zu werden, mit dem Partner ins Gespräch zu kommen und wirkliche Anstrengungen zu unternehmen, um dem Zerfall der Beziehung entgegenzuwirken.

Wie eng Sie sich auch mit dem Kind verbunden fühlen, Sie müssen sich Zeit für das Leben mit Ihrem Partner nehmen. Für einen Abend, an dem Sie gemeinsam ausgehen, können Sie einen Babysitter bezahlen. Selbst wenn Geselligkeit als zu anstrengend erscheint, kann ein gemeinsames Abendessen im Restaurant, ein Theater- oder Kinobesuch etwas von dem permanenten Druck der Mutterschaft nehmen, der so leicht übermächtig wird, selbst bei einem zweiten oder dritten Kind (jedes neue Kind verändert die bisherigen Spielregeln).

Manche Frauen schilderten, wie sie mit dem Mut der Verzweiflung Hotelzimmer buchten, ihren Mann dorthin einluden und, wenn sie Glück hatten, das Baby bei einer Großmutter oder einer anderen Verwandten zurückließen. Andere begaben sich in Eheberatung oder Familientherapie, um die Beziehung wiederzubeleben, die früher so stabil war und plötzlich so leer und unlebendig erschien. Ein gemeinsamer Kurzurlaub ohne Kind(er) kann eine sehr gute Verjüngungskur für eine Beziehung sein. Mein Mann und ich versuchen, uns einmal im Jahr eine solche „zweite Hochzeitsreise" zu gönnen, eine Zeit, in der wir es genießen können, faul und entspannt und so liebevoll zueinander zu sein, wie wir es früher waren. Manche Paare werden sich schwerer dazu entschließen, Kleinkinder bei anderen Menschen zurückzulassen, und sei es nur für wenige Tage oder ein verlängertes Wochenende. Solchen Paaren möchte ich folgenden Rat geben: Denken Sie darüber nach, welche Folgen Ihre Abwesenheit für Ihre Kinder haben könnte. Denken Sie aber in jedem Fall auch darüber nach, welche Auswirkungen es auf Ihre Ehe hat, wenn Sie keine Zeit mehr füreinander haben und keine Chance mehr, sich ungestört zu lieben. Die Zufriedenheit Ihrer Kinder und die Qualität Ihrer Beziehung als Partner müssen in einem Verhältnis der Ausgewogenheit stehen. Wenn es schließlich zur Scheidung kommt, nützt das den Kindern sicherlich auch nicht.

Die Isolation vermeiden

In dieser Zeit der Veränderungen und Rollenübergänge ist die Gefahr, sich zu isolieren, besonders groß. Mütter von Kleinkindern klagen häufig über ihre Isolation, ganz unabhängig davon, ob sie berufstätig oder mit ihrem Kind zu Hause sind. Die nicht-berufstätige Mutter muß natürlich einen völlig neuen Lebensstil entwickeln; vielleicht hatte sie ihre Freunde vor allem am Arbeitsplatz und kennt nun niemanden, der tagsüber auch zu Hause ist. Die berufstätige Mutter ist vielleicht die einzige in ihrem Arbeitsfeld, die ein Kleinkind hat; sie kann sich anderen Müttern entfremdet fühlen, die, in ihrer Vorstellung, alle glücklich mit ihren Kindern daheim sind. Wenn wir Eltern werden, entfernen wir uns natürlich von alten Freunden oder verlieren den Kontakt zu ihnen, weil sich unsere Bedürfnisse und Ansprüche, die Zeit und die Energie, die wir zur

Verfügung haben, verändern. Es kann schwer sein, neue Freunde zu finden, bis wir mit unserem neuen Selbstbild ins reine gekommen sind. Wie verhält sich eine Frau, die sich noch nicht wirklich als Mutter sieht? Vielleicht geht sie Freundschaften mit anderen Müttern entschieden aus dem Weg. Was tut eine Frau, die sich als Mutter für unfähig hält, sich die Schuld an den Koliken oder der Unruhe ihres Kindes gibt und Angst hat, zu versagen? Vermutlich wird sie die Gesellschaft anderer Mütter meiden, aus Angst, diese könnten sie so hart verurteilen, wie sie sich selbst verurteilt.

Isolation kann leicht zu Depressionen führen, weil wir unsere Gefühle nicht äußern können und unsere gesamte emotionale Energie auf das Kind richten. Sprechen Sie sich aus! Und wenn Sie in der Nähe keine Gesprächspartnerinnen oder -partner finden, telefonieren Sie! Wenn Sie keine andere Mutter finden oder glauben, daß unter Ihren Freunden niemand Verständnis für Sie aufbringen kann, suchen Sie sich irgendeine Form von professioneller Hilfe oder wenden Sie sich an eine Selbsthilfeinitiative.

Sehr oft finden wir Freundinnen unter eben den Frauen, die wir als feindselig und verständnislos abgeschrieben haben, zum Beispiel den anderen Müttern von Kleinkindern in unserer Nachbarschaft, die, unserer Überzeugung nach, ihren Übergang in die Mutterrolle ohne die mindesten Schwierigkeiten vollziehen. „Man muß sich doch nur dieses selbstzufriedene Lächeln ansehen", sagen wir uns. Wenn es in der näheren Umgebung eine Selbsthilfegruppe für Mütter oder Eltern gibt, kann ich nur wärmstens empfehlen, sich anzuschließen. In einer Gruppe, die sich regelmäßig trifft, öffnen sich alle Schleusen, und jene stabil wirkenden, wohlorganisierten Mütter werden zugeben, wie ängstlich und einsam sie gewesen sind. Gerade in dieser ersten Phase der Mutterschaft beginnen oft intensive, haltbare Freundschaften.

Ein wichtiger Faktor, den wir vor der Mutterschaft vielleicht nicht beachtet haben, ist die Frage nach einem tragfähigen Hintergrund weiblicher Freundschaften. Viele junge Frauen, die mit ihren Partnern in engen, liebevollen Beziehungen leben, übertragen all ihre Loyalitätsgefühle auf den Mann und geben ihre Freundschaften zu anderen Frauen aus Schul- und Studientagen auf. Viele Frauen arbeiten heute in Berufs- oder Geschäftszweigen, in denen Männer dominieren. Tagsüber, während der Arbeitszeit, treffen sie selten Frauen und abends haben sie wenig Bedürfnis nach weiblicher Gesellschaft. Wenn sie Mütter werden, fehlen ihnen vielleicht andere Frauen, an die sie sich um Rat und Unterstützung wenden können.

Vicky: Kaum Kontakt mit der Mutter

Eine Frau, die Sie als Freundin wiederentdecken können, trotz möglicher Schwierigkeiten in der Beziehung, ist Ihre Mutter. Vicky M. hatte eigentlich kein Kind gewollt, zumindest nicht zu dem Zeitpunkt, als sie schwanger wurde. Sie war noch nicht lange verheiratet und sehr froh darüber, daß sie und ihr Mann im gleichen Geschäft arbeiteten; so konnte sie ihn auf seinen Geschäftsreisen begleiten, und ihr Leben gefiel ihr so, wie es war. Als sie schwanger wurde (sie war Ende Zwanzig), brachten weder Vicky noch Don es über sich, das Kind abtreiben zu lassen, und schließlich freuten sie sich auf die Geburt. Vicky gab ihren Job auf – entschlossen, ihre Vorstellung von einer „richtigen" Mutter auszuleben. Innerhalb von sechs Wochen nach Saras Geburt stellte Vicky fest, daß sie auf das Baby und auf ihr neues Leben mit furchtbarer Wut reagierte. „Ich verbrachte jeden Tag in Trauer um das Leben, das ich vorher geführt hatte." Ihre Einsamkeit war erdrückend; sie hatte ihre Freiheit, ihren Beruf, ihre Kontaktmöglichkeiten mit Freundinnen verloren, die alle arbeiteten; sie hatte keine Gelegenheit mehr, mit ihrem Mann zu reisen, und auch die alte Nähe zwischen ihnen war verlorengegangen. Vicky fühlte sich verlassen und wurde zunehmend depressiv. Einmal, als Don auf einer Geschäftsreise war, blieb Vicky mit dem Kind drei Wochen lang allein. Sie wußte, daß sie kurz vor dem Zusammenbruch stand. Schließlich rief sie ihre Mutter an, die etwa hundert Kilometer entfernt lebte und zu der sie, wie sie zugab, nie eine enge Beziehung gehabt hatte. Die Mutter bestand darauf, daß Vicky, solange Don auf Reisen war, zu ihr kommen solle. Die jüngere Schwester würde auch nach Hause kommen, da sie College-Ferien hatte, und beide würden ihr mit dem Kind helfen. Vicky hatte sich ihrer Mutter und ihrer Schwester gegenüber nie geöffnet und hätte normalerweise nie zugegeben, daß sie in Schwierigkeiten war oder daß sie Hilfe brauchte. Sie fühlte sich unwohl dabei, über ihre Depressionen, ihre Isolation, ihre Wut zu sprechen. „Trotzdem", sagte sie, „waren es diese zwei Wochen bei meiner Mutter, die mir halfen, meine neue Rolle ein bißchen besser anzunehmen. Meine Mutter, mein Vater und meine Schwester waren sehr hilfsbereit und kümmerten sich um das Baby, so daß ich mehr ausruhen konnte als vorher und auch mal zu einem Einkaufsbummel kam. Ich verbrachte viel Zeit im Gespräch mit meiner Mutter und meiner Schwester, und wenn ich auch nicht so weit ging, ihnen zu erzählen, daß ich bereute, das Kind bekommen zu haben, waren die Gespräche und ihre Gesellschaft doch eine Hilfe für mich. Ich glaube, zu diesem Zeitpunkt begann sich meine Depression zu lösen, obwohl ich es auch heute noch schwierig finde."

Die Einstellung verändern

Offene Gespräche, neue Freundschaften, Arbeit an der Beziehung mit dem Partner – das sind eigentlich ganz normale Bestandteile des Alltagslebens, die plötzlich so merkwürdig schwierig werden können, sobald wir Eltern sind. Unter dem Einfluß von PND gehen uns die Antriebskräfte, die Energien und die Motivationen verloren, die uns vorher ganz selbstverständlich und vertraut waren. Wie können wir unsere Einstellung zur Mutterschaft verändern? Vielleicht geht das manchmal nicht problemlos und ohne professionelle (medizinische und/oder psychotherapeutische) Hilfe. Wenn es uns dadurch aber gelingt, einen anderen Standpunkt einzunehmen und die Mutter- beziehungsweise die Elternschaft in positiver Weise für uns neu zu definieren, kann das eine enorme Hilfe sein, um den Kreislauf der Depressionen zu durchbrechen.

Wir müssen mit den übernommenen gesellschaftlichen Normvorstellungen brechen, die zu unseren Schuld-, Inkompetenz- und Versagensgefühlen und zu unserem verwirrten Selbstbild beigetragen haben. Zur Einübung einer neuen Haltung versuchen Sie, sich morgens beim Erwachen an folgendes zu erinnern:

1. Wir sind mit unseren „unmöglichen" Gefühlen nicht allein. Wahrscheinlich machen die meisten Frauen ähnliche Stimmungsschwankungen und Verhaltensveränderungen durch und sind auf diese Herausforderung ebenso unvorbereitet wie wir selbst.

2. Wir werden uns schuldig fühlen. Dr. Spock sagt uns zwar, das sollten wir nicht, aber es ist fast unmöglich, die Mutterrolle ohne Schuldgefühle zu leben.

3. Es gibt verschiedene Formen von Hilfe und Unterstützung, aber wir müssen oft lange und mühsam danach suchen. Ärzte, auf die Sie sich sonst verlassen haben, bieten jetzt möglicherweise weder Hilfe noch bringen sie Verständnis auf. Es erfordert oft viel Kraft und Mut, gute professionelle Hilfe zu finden. In einer Zeit, in der wir so wenig Kraft und Mut haben, erscheint das als sehr ungerecht.

4. Wir können uns klarmachen, daß die Mutterschaft nicht so einfach ist, wie wir es erwartet oder erträumt hatten, daß wir die Mutterrolle nicht so sehr mögen, wie wir glaubten, daß wir keine perfekten Mütter oder Eltern sind – aber auch keine schlechten.

5. Der Verlust der Unabhängigkeit, der Freiheit und des Selbstwertgefühls, insbesondere wenn wir an ein aktives Berufs- und Freizeitleben gewöhnt waren, wird schmerzhaft sein, ganz unabhängig davon, ob wir uns als Mutter und Hausfrau nach unserem früheren interessanten Leben sehnen oder ob wir weiter berufstätig sind und der vorherigen Ruhe und Zeit für uns selbst nachtrauern.

Robin: Nicht perfekt – aber eine gute Frau und Mutter

„Ich zwang mich dazu, täglich, vor allem morgens, meinen Merksatz zu wiederholen: Ich bin nicht perfekt, aber ich bin eine gute Frau und Mutter. Das führte tatsächlich zu einer Veränderung meiner Einstellung; ich konnte die Unvollkommenheiten der Mutterschaft akzeptieren. Ich bekam auch ein Gespür dafür, wann die Depression einsetzte, und lernte gegenzusteuern. Ich sprach mit meinem Mann darüber, oder ich stieß einen ordentlichen ‚Urschrei' aus, wenn ich allein war. Dann beschäftigte ich mich damit, eine Lösung für mein Problem zu finden – oder das Unlösbare zu akzeptieren", erklärte Robin.

Robin kam durch eine Krisensituation zu ihrer veränderten Einstellung. Nach der Geburt ihrer Tochter hatte sie fast ein Jahr lang Depressionen, bis ihr Mann schließlich die Geduld verlor. Er hatte ihr lange zugeredet, professionelle Hilfe in Anspruch zu nehmen, aber Robin hatte das von sich gewiesen. Ihr Mann warnte sie, wenn sie nicht endlich etwas unternehme, könne er für nichts mehr garantieren. Diese Drohung schreckte Robin auf und führte ihr die Situation klar vor Augen. Die Zeit war reif – wenn sie weiterhin äußere Hilfe ablehnte, würde sie ihre Probleme selbst lösen müssen – oder sie würde ihren Mann, ihre Träume und alles, was sie sich immer gewünscht hatte, verlieren.

Kate: Kein zweites Mal in den Kreislauf von PND

Manche Frauen gingen in Psychotherapie und fanden es hilfreich, mit einem verständnisvollen, nicht unmittelbar beteiligten Menschen über ihre Konflikte zu sprechen. Kate B. entschied sich für eine Beratung; sie hatte sechs Monate lang unter PND gelitten und wollte mit dem Problem umgehen lernen, für den Fall, daß sie noch ein zweites Kind bekommen sollte. Kate war eine sehr aktive berufstätige Frau gewesen, bevor sie Mutter wurde, und hatte unter Einengungsgefühlen, Wut auf ihren Mann und anderen typischen PND-Symptomen gelitten. In der Beratung erhielt sie die folgenden Hinweise, die ihr halfen, ihre Einstellung zu verändern:

1. Es gibt kein Patentrezept zur Vermeidung von PND; so unterschiedlich wie Frauen sind, sind auch ihre Gefühle und Reaktionen.
2. Gefühle richten sich nicht danach, ob sie erwünscht oder unerwünscht sind – sie tauchen einfach auf.
3. Es hilft, die Gefühle nach außen zu bringen, in irgendeiner individuell richtig erscheinenden Weise, sei es durch Schreien, Ausagieren, durch Körpertraining oder durch offene Gespräche.
4. Jede Krise ist mit Verlust und Trauer verbunden, ob es sich um den Verlust des Arbeitsplatzes handelt oder um PND, um eine Operation, um Krankheit oder Tod. Es ist hilfreich, die Trauer bewußt durchzuarbeiten, zum Beispiel indem man Literatur über das eigene aktuelle Lebensthema liest.
5. Reden Sie! Finden Sie gute Zuhörer, zum Beispiel eine Frau, die in derselben Situation ist oder früher dasselbe durchgemacht hat.
6. Wenn Sie sich Ihre Gefühle bewußt gemacht haben, akzeptieren Sie sie als normal, sie sind nicht egoistisch. Denken Sie darüber nach, was Sie brauchen, um sich besser zu fühlen, und werden Sie aktiv, um es zu bekommen.
7. Suchen Sie sich frühzeitig eine Selbsthilfegruppe.
8. Lassen Sie es, auch anderen gegenüber, nicht bei einem „Es wird schon wieder" bewenden. Das hieße, den Konflikt und die Verletzung zu ignorieren. Sie brauchen jemanden, dem Sie sagen können „Es tut weh!" und der mit Bestätigung und Mitgefühl reagiert. Was Sie brauchen, sind Lösungen – keine Verleugnung der Probleme.

Auch Schreiben kann eine Lösung sein

Offene Gespräche gehören natürlich zu den besten Methoden, um emotionale Spannungen aufzulösen. Wenn Sie aber keine verständnisvollen Zuhörer finden und wenn professionelle Hilfe Ihnen zu bedrohlich oder zu teuer ist, kann es von großem

Nutzen sein, Tagebuch zu führen und die beängstigenden und belastenden Gedanken niederzuschreiben. Viele Frauen griffen intuitiv zu diesem Mittel und stellten fest, daß es befreiend wirkte. Mehr noch; Monate später, wenn sie noch einmal durchlasen, was sie geschrieben hatten, fanden sie Bestätigung in der Erkenntnis, daß sie sich im Lauf der Zeit verändert und weiterentwickelt hatten.

Sharon W. hatte wegen ihrer Depressionen einen Psychiater aufgesucht, weigerte sich aber, einer Behandlung mit Antidepressiva zuzustimmen, da sie lieber ohne Medikamente mit ihren Verstimmungszuständen fertig werden wollte. „Ich habe gelernt, PND bis zu einem gewissen Grad zu kontrollieren", sagte sie. „Wenn ich spüre, daß die Depression auf mich zukommt, schreie ich nicht mehr meine ältere Tochter an, sondern bringe sie zu Bett und schreibe Tagebuch. Es ist für meine geheimsten Gefühle bestimmt. Ich schreibe auf, daß ich meinen Mann nicht ausstehen kann und daß ich wünschte, ich wäre ihm nie begegnet. Das sind nicht meine wirklichen Gefühle, aber ich habe das Bedürfnis, meine Wut und meine Enttäuschung auszudrücken. Später, wenn ich mich besser fühle, kommentiere ich diese Eintragungen. Ich lese in längeren Abständen wieder durch, was ich geschrieben habe."

Regina: Außer sich vor Wut

Regina, von der schon zuvor die Rede war, beschrieb, wie sie durch die Zeit, die sie in der Bibliothek verbrachte, Befreiung von den Einengungsgefühlen und Zwängen der Mutterschaft fand. Sie erzählte, daß sich Ressentiments und Wut in ihr aufgestaut hatten, durch den Mangel an Kommunikation mit Freunden, durch hohe Arbeitsbelastung, Probleme mit Babysittern, die Krankheit des Kindes, Winterklaustrophobie und eine Menge anderer Schwierigkeiten, und daß sie große Erleichterung darin fand, ihre Gefühle niederzuschreiben. Während ihrer Krise in den Wintermonaten schrieb sie folgendes: „18. Februar. Die ganze Woche nur noch Streß, seit Lesley krank ist. Ich bin natürlich diejenige, die sich um alles kümmern muß; ich muß im Büro anrufen und mich krank melden, ich muß eine Tagesmutter finden – und mit welcher Mühe! –, damit ich wieder arbeiten gehen kann, ich muß Lesley füttern und dann allein zu Abend essen, weil Ronnie lange arbeitet und dann Basketball spielen geht; immer ich, ich, ich! Als Ronnie heute abend nach Hause kam, war ich außer mir vor Wut. Ich sprach mit ihm über meine Gefühle, als Lesley im Bett war.

Ich bin niedergeschlagen, ich fühle mich wertlos, ich stagniere, ich bin depressiv, ich bin wütend, ich bin unzufrieden mit meinem Körper, ich bin unzufrieden mit meinen Eßgewohnheiten – ich stecke voller Probleme. Heute abend kam ich an meine Grenzen, als ich spürte, daß Ronnie nicht mehr mein Partner ist. Das macht mir angst. Ich fühle mich einsam und überfordert. Mit Lesley und der Hausarbeit fühle ich mich gleichzeitig überfordert und unterfordert. Ich will selbst Geld verdienen, ich will mit Lesley zusammensein und für sie sorgen; ich wünschte, Ronnie müßte nicht soviel arbeiten, und manchmal wünsche ich mir auch, er müßte sich allein um Lesley kümmern – ohne mich! Ich fühle mich isoliert, wenn ich so lange mit Lesley zu Hause sein muß. Aber ich will sie auch nicht noch häufiger bei der Tagesmutter lassen. Keine Lösung ist richtig ... Ich weiß nicht mehr, was ich tun soll. Ich wünschte, ich hätte mehr Selbstvertrauen. Ich wünschte, ich könnte mich mehr respektieren. Ich habe das Gefühl, daß mir alles entgleitet."

Nach dieser Eintragung kam es zu der Auseinandersetzung mit Ronnie und zu seiner Aufforderung, sie solle sich selbst ein Ventil suchen. Er bot ihr an, einmal in der Woche abends zu Hause zu bleiben und sich um das Kind zu kümmern. Regina tat es gut, Zeit für sich selbst zu haben. „Plötzlich stieg mein Selbstwertgefühl wieder an. Es dauerte Wochen, bis ich das Gefühl hatte, mein Leben wieder selbst in der Hand zu haben, aber ich schaffte es schließlich. Es ist immer noch schmerzvoll für mich, an diese Phase meines Lebens zu denken."

Manchmal hilft sogar ein Fragebogen

Viele Frauen, denen ich Fragebögen zuschickte, als ich für dieses Buch recherchierte, schrieben mir, es mache ihnen nichts aus, wenn ich ihr Material nie benutzte; allein das Niederschreiben ihrer Erfahrungen sei eine Hilfe für sie gewesen. Ich gebe diesen Fragebogen hier wieder, für jede Frau, die das Bedürfnis hat, eine geheime Last loszuwerden, für ihren ganz privaten Gebrauch oder für den Dialog mit einer guten Freundin oder mit ihrem Partner.

1. Wann litten Sie unter Depressionen, nach dem ersten, zweiten oder einem weiteren Kind? Nach jeder Entbindung oder nur einmal?

2. Hatten Sie schon über PND gehört oder nur über den „Baby-Blues"? Waren Sie überrascht oder schockiert über Ihre Depression?

3. Haben Sie jemanden um Hilfe gebeten? Ihre Freundin, Ihren Partner, Ihren Gynäkologen, Geburtshelfer oder Hausarzt, eine Sozialarbeiterin, einen Priester, eine Vorschulerzieherin, einen Therapeuten, Mitpatientinnen? Oder niemanden?

4. Stellten Sie selbst fest, daß Sie unter PND leiden, oder wurden Sie von Ihrem Partner, von Freunden, von Mutter oder Schwester darauf aufmerksam gemacht?

5. Fühlen Sie sich schuldig, weil Sie Depressionen oder unerwartete, schwer zu akzeptierende Gefühle haben?

6. Finden Sie es schwierig, darüber zu sprechen, generell, in einer Gruppe anderer Mütter, mit Ihrer Familie?

7. Haben Sie eine der folgenden Empfindungen gehabt: Identitätsverlust, Verlust des Selbstwertgefühls, die Angst, daß Ihr Leben vorüber sei (oder Todeswünsche), das Gefühl, in der Falle zu sitzen, Schwierigkeiten mit der Mutterrolle, eine neue Art von Verständnis für Ihre Mutter, Verachtung für Ihre Mutter, Verzweiflung, Desillusionierung, Wut auf Ihren Partner, auf andere Frauen, auf Ärzte, auf das Kind, seine Geschwister, auf Mutter oder Schwester, auf die Gesellschaft im allgemeinen; Trauer darüber, nie wieder ein kleines Mädchen sein

zu können, innere Leere, das Gefühl, einen furchtbaren Fehler gemacht zu haben?

8. Glauben Sie, daß andere Mütter auch solche Gefühle haben?

9. Haben Sie ein Adoptivkind oder Stiefkind? Sind Sie alleinerziehende Mutter?

10. Wie reagierte Ihr Partner? Mit Wut oder Feindseligkeit? Mit Verständnis? Mit Rückzug von Ihnen und dem Kind?

11. Meinen Sie, daß berufstätige Mütter mehr/weniger unter PND leiden als nicht-berufstätige Mütter?

Als Beispiel für die Antworten, die ich erhielt, und für die Offenheit und Ehrlichkeit vieler Frauen gebe ich hier den Brief von Joan R. wieder. Sie kann sich gut artikulieren, und ihre Antwort ist für viele Frauen typisch, die heute Mütter werden und die mit neuen Sorgen und Ambivalenzproblemen und mit neuen Anforderungen in ihrem Leben konfrontiert sind. Joans Antwort ging mir besonders nahe.

1. Als ich zum ersten Mal schwanger war, hatte ich eine Fehlgeburt und litt danach unter PND, und noch ein weiteres Mal (in viel heftigerer Form) nach der Geburt meines zweiten Kindes. Nach der Geburt meines dritten Kindes hatte ich wirklich keine Zeit für PND. Zu dieser Zeit hatte ich meine „Dämonen" auch schon ausgetrieben. Ich weinte zwar oft, aber aus reiner Erschöpfung.

2. Ich hatte vom „Baby-Blues" gehört, aber ich war sehr überrascht, nach meiner ersten Entbindung so depressiv zu sein. Die Depression nach meiner Fehlgeburt erschien mir dann, den Umständen entsprechend, als sehr normal.

3. Nach der Fehlgeburt rief ich meinen Gynäkologen an. Er reagierte völlig verständnislos und empfahl mir, einen Psychiater aufzusuchen, da meine Depressionen nicht normal seien. Ich hütete mich also, ihn nach der Geburt meines zweiten Kindes noch einmal anzurufen. Der einzige Grund, warum ich bei ihm in Behandlung blieb, war, daß seine Praxis in der Nähe meines Arbeitsplatzes lag. Meine Mutter und eine Freundin (beide hatten auch unter PND gelitten) versuchten, mir zu helfen, aber ich konnte mit ihnen nicht darüber sprechen.

4. Mein Mann war derjenige, der mir klarmachte, daß und wie sehr ich von PND betroffen war (und er auch). Er war sehr besorgt und verständnisvoll. Meine Depressionen dauerten schon drei Monate an, als er mich darauf ansprach. Für mich war das wie ein Dammbruch. Meine ganze Unsicherheit brach aus mir hervor. Mein Vater hatte meine Mutter verlassen, als ich vier Monate alt war. In meinem konfusen und verwirrten Zustand grübelte ich also dauernd darüber nach, wie ich mein Kind ernähren sollte, wenn mein Mann mich verließe. Meinem Mann kam das sicher verrückt vor, aber er reagierte großartig. Er beruhigte mich und versicherte mir, daß er mich und unseren Sohn liebe. Ich glaube, daß die Mutterschaft in jedem Alter und unter allen Umständen ein Schock ist. Ich war 29 Jahre alt, als ich meinen Sohn bekam (die erste Entbindung). Er war ein wirkliches Wunschkind. Trotzdem fühlte ich mich eingeengt und zweifelte an meinen Fähigkeiten, für dieses Kind zu sorgen.

5. Ich fühlte mich schuldig, solche Empfindungen zu haben. Ich hätte doch so glücklich sein sollen – statt dessen stand ich kurz vor der völligen Verzweiflung.

6. Ich fand es wirklich schwer, über meine Gefühle zu sprechen, bis mein Mann den Anfang machte. Ich bin jetzt in einer geburtsvorbereitenden Bewegung aktiv, und wenn ich in einer Gruppe für künftige Eltern mitarbeite, bestehe ich immer darauf, daß auf das mögliche Auftreten von PND hingewiesen wird. Wenn die Partner später wirklich mit PND konfrontiert sind, wissen sie wenigstens, daß sie nicht allein sind. Ich ermutige jede Frau, die sich aussprechen will, mich anzurufen.

7. Ich litt unter Identitätsverlust; statt Joan R. war ich plötzlich nur noch die Mutter eines Säuglings. Ich glaubte, mein Leben sei vorbei, weil ich über die endlose Erschöpfung nicht mehr hinaussehen konnte. Eine Zukunft schien es nicht mehr zu geben. Ich fühlte mich so eingesperrt! Ich dachte, daß ich von der Last der Verantwortung, die mit der Mutterschaft verbunden ist, nie mehr freikäme. Außerdem wurde mein Sohn im Januar

geboren, und ich kam nicht viel aus dem Haus. Ich glaubte, ich sei für die Mutterrolle einfach nicht geeignet (ein bißchen spät für diese Erkenntnis!), und ich hatte Angst, einen furchtbaren Fehler gemacht zu haben.

Ich war erleichtert, das Wort „Verzweiflung" in diesem Fragebogen zu lesen. Ich könnte für mich statt von PND von „PNV" sprechen, von postnataler Verzweiflung. Ich glaube, das war der absolute Tiefpunkt meines bisherigen Lebens. Zeitweilig zweifelte ich an meiner geistigen Gesundheit, am Sinn meines Lebens, sogar an meiner Ehe. Ich muß hinzufügen, daß ich nach der Geburt meines Sohnes den Arzt wechselte. Welch ein Unterschied! Als ich wieder schwanger wurde, sprach ich mit dem neuen Arzt über meine vorangegangenen PND-Erfahrungen. Er war sehr verständnisvoll und versprach mir, daß er für mich dasein und mich beraten werde, falls ich Hilfe brauchte.

8. Ja, ich glaube, daß viele Frauen unter PND leiden (in verschiedenen Gradabstufungen), daß aber nur wenige es zugeben. Es wird allgemein erwartet, daß eine Frau überglücklich ist, wenn sie ein Kind bekommen hat. Viele Frauen wollen nicht zugeben, daß es – bei aller Liebe für unsere Kinder – manchmal alles andere als eine glückliche Zeit ist. Es ist eine Zeit der Verwirrung und der Verzweiflung, in der wir uns ungeliebt und unattraktiv fühlen – ganz zu schweigen von dem Gefühl, nur noch eine Riesen-Milchflasche zu sein, wenn wir stillen.

9. Ich bin glücklich verheiratet (bald feiern wir unseren vierzehnten Hochzeitstag), und ich habe einen wunderbaren Mann.

10. Mein Mann war bestürzt und besorgt, aber sehr verständnisvoll. Er zog sich nie von mir und dem Kind zurück.

11. Ich glaube, daß es keinen Unterschied zwischen berufstätigen und nicht-berufstätigen Müttern gibt, was PND angeht. Vielleicht hängt die Schwere der Depression mehr oder weniger von unserer Berufstätigkeit ab. Für mich war die Aussicht, wieder zu arbeiten, eine Hilfe: Ich sah dadurch auch mit dem Kind noch eine Zukunft für mich.

Ich wünsche Ihnen viel Glück für Ihr Buch und hoffe, daß ich einen kleinen Beitrag dazu leisten konnte. Ich danke Ihnen für die Gelegenheit, meine Erfahrungen mitzuteilen. Manchmal hilft es schon, sich darüber auszusprechen. Joan

PS: Ich bin die Mutter von James (acht Jahre alt) und Carol (fünf Jahre alt). Ich kann aufrichtig sagen, daß ich, noch einmal vor die Wahl gestellt, es wieder genauso machen würde. Meine Kinder gehören zu den stärksten und wichtigsten Erfahrungen meines Lebens.

Einen verständnisvollen Arzt finden

Die Klage von Frauen über den Mangel an Verständnis, Sensibilität und Mitgefühl bei Ärzten, Gynäkologen und sogar Psychiatern, an die sie mit PND überwiesen wurden, ist so weit verbreitet und so häufig, daß die Frage im Raum steht: Wie finden wir gute, bewußte, verständnisvolle Ärzte?

Während der Schwangerschaft verschwenden die meisten Frauen keinen Gedanken an PND. Aber nach der Geburt, wenn sie von unbekannten und unerklärlichen Gefühlen überschwemmt werden, beginnt eine verzweifelte Suche, oder sie wenden sich an einen Arzt, von dem sie meinen, daß er helfen könne, werden jedoch zurückgewiesen und müssen allein mit ihren Problemen zurechtkommen.

Obwohl die Mitarbeiter der Gesundheitsdienste darauf hingewiesen werden, wie wichtig es ist, PND-Fälle zu erkennen und richtig zu behandeln, ist die Betreuung, die neuen Müttern angeboten wird, sehr lückenhaft.

Milde Symptome

Erkundigen Sie sich bei Ihrer Hebamme, bei den Sozialämtern, bei den Dachverbänden der Familienberatung und der Selbsthilfeinitiativen und bei den in vielen Großstädten existierenden Frauenzentren nach Beratungsangeboten und Selbsthilfegruppen für Mütter. Entweder sind die Gruppensitzungen an sich schon eine Hilfe und einige Ihrer Symptome verschwinden, oder die Frauen, die Sie kennenlernen, können Ihnen vielleicht Hinweise auf verständnisvolle Ärzte geben.

Stärkere Symptome

Wenn Ihre Depressionen schon seit Wochen andauern und nichts, was Sie probiert haben, Ihre Stimmung aufhellen konnte, brauchen Sie vielleicht Therapie oder eine Behandlung mit Antidepressiva. Erkundigen Sie sich bei den oben genannten Institutionen nach Therapiemöglichkeiten.

Schwere Symptome

Bei folgenden Symptomen ist sofortige und effektive Behandlung nötig: Unfähigkeit, zu essen und zu schlafen, schwere Ängste oder Anfälle von Panik, das Gefühl absoluter Unfähigkeit, den Alltag zu bewältigen, apathische Formen von Depression, die so schwer sind, daß sie nicht aus dem Bett kommen, geschweige denn, für das Kind sorgen können, Unfähigkeit oder starker Widerwillen, das Kind zu berühren, unaufhörliches Weinen über längere Zeiträume, die Angst, dem Kind etwas antun oder es verletzen zu können, das Äußern von Selbstmordgedanken, Halluzinationen, das Gefühl, Sie seien wertlos und alle seien ohne Sie besser dran.

Wie findet man Hilfe bei stärkeren und schweren Symptomen?

Wenn Ihr Hausarzt oder Gynäkologe verständnislos reagiert, versuchen Sie, mit dem nächsten großen Universitätskrankenhaus Kontakt aufzunehmen und herauszufinden, ob es in der Abteilung für Gynäkologie und Geburtshilfe einen Psychiater oder Psychologen gibt, der sich mit PND auskennt. Anders als bei privaten Hilfs- und Beratungsangeboten, brauchen Sie die Überweisung eines Arztes, wenn Sie einen Psychiater konsultieren wollen. Wenn Sie das Gefühl haben, bei einem bestimmten Psychiater mit Ihren Problemen nicht weiterzukommen, holen Sie unbedingt eine zweite Meinung ein. Sie haben ein Recht auf effektive und gute Behandlung. Da selbst auf professioneller Ebene wenig über PND bekannt ist, kann es allerdings schwierig sein, sie zu finden.

Was bedeutet gute Behandlung für PND?

Ein sensibler Arzt sollte fähig sein, bei PND-Gefährdung zu helfen, indem er vor der Geburt des Kindes offen mit der Frau spricht und sich nach der Entbindung Zeit für ein Gespräch mit der neuen Mutter und ihrem Partner nimmt. Dr. Elizabeth Herz betont, daß Sonderseminare über PND jetzt Bestandteil der Ausbildung von jungen Fachärzten für Geburtshilfe werden sollten. Information über PND in der Ausbildung ist bisher noch keinesfalls die Regel. Einige Krankenhäuser arbeiten jedoch in diese Richtung. „Wir versuchen, den jungen Ärzten klarzumachen, daß sie bei schwangeren Frauen auf bestimmte Risikofaktoren achten müssen und daß bestimmte Frauen sorgfältiger beobachtet werden sollten."

Für Dr. Herz gehört es zu den Risikofaktoren, wenn die Mutter eine ältere Erstgebärende ist oder wenn die Geburt des letzten Kindes sehr lange zurückliegt. Das Hormonprofil einer Frau könnte zeigen, daß sie früh zu menstruieren begann, unregelmäßige oder schmerzhafte Perioden hatte und unter dem prämenstruellen Syndrom litt; auch das könnte eine Gefährdung bedeuten. Wenn ihre Schwangerschaft ungeplant war, könnte das ein höheres Risiko darstellen, und im Gespräch mit ihr kann sich eine ambivalente Einstellung zur Mutterschaft herausstellen. Auch Unfruchtbarkeit über mehrere Jahre, Spannungen in der Ehe, Beziehungsprobleme, das Gefühl, vom Partner nicht geliebt und unterstützt zu werden, Trennung oder Alleinleben, Mangel an Unterstützung von Familie oder Freunden erhöhen das Risiko von PND.

Dr. Herz ist der Ansicht, daß sich in der hohen akademischen und/oder beruflichen Qualifikation einer Frau die konflikthafte Beziehung zu ihrer Mutter spiegeln kann; die Karrierefrau hat vielleicht unbewußt die traditionelle weibliche Rolle abgelehnt, weil sie diese als eine Bedrohung ihrer Identität empfand. Dr. Herz empfiehlt auch, besonders auf überängstliche oder sehr abweisende Frauen zu achten und auf Frauen, die meinen, mit ihrem Leben nicht zurechtzukommen. Kurz zurückliegende belastende Erfahrungen im Leben der Frau sollten ebenfalls in Betracht gezogen werden. Eine Frau, die schon unter PND gelitten hat, ist stark gefährdet; nach der Meinung einiger Experten liegt die Rückfallquote bei zwanzig bis dreißig Prozent. Dr. Dalton fand nach einer auf zehn Jahre angelegten Studie die alarmierende Rückfallquote von 68 Prozent.

In den Hauptzentren der PND-Forschung arbeiten Psychiater mit Fachärzten für Geburtshilfe zusammen, denn eine der wichtigsten Methoden der Vorbeugung ist die unmittelbare Arbeit mit Frauen, die vorher unter PND gelitten haben. Dr. Joan Sneddon in Sheffield erklärt, daß es zur Vermeidung eines wiederholten Auftretens von PND kein einfaches Rezept gibt, daß die Frau aber mit guter und verständnisvoller Fürsorge rechnen kann, wenn ihr Geburtshelfer und der zuständige Psychiater auf dem laufenden sind. Die Tatsache, daß PND wiederholt auftreten kann, gibt nach der Ansicht von Professor Brockington den Wissenschaftlern die beste Chance, Voraussagen zu machen.

„Es wäre durch die statistische Erfassung einer Population von fünf bis zehn Millionen möglich, Hochrisikopatientinnen während der Schwangerschaft zu erkennen, sie während der postnatalen Phase zu beobachten, biochemisch und medizinisch aussagefähige Daten zu sammeln und Vergleichsstudien zu machen. Eine solche großangelegte Studie wäre zwar teuer, aber den Erfordernissen und Erkenntnissen des 20. Jahrhunderts angemessen."

Ein bewußter und gut informierter Geburtshelfer, der mit schwangeren Frauen arbeitet, sollte darauf vorbereitet sein, nach der Entbindung noch mindestens zwei Gespräche mit einer Hochrisikopatientin zu führen. Bei sehr starker Arbeitsbelastung kann er Mitarbeiter oder Krankenschwestern bitten, die Frau drei Wochen nach der Entbindung zu Hause anzurufen, um zu hören, wie sie sich fühlt und wie sie zurechtkommt. „Je eher wir beginnende Störungen behandeln, desto besser", sagte Dr. Herz.

Wenn der Geburtshelfer das Gefühl hat, die Frau müßte in psychiatrische Behandlung überwiesen werden, sollte das in Zusammenarbeit mit besonders für PND ausgebildeten Fachärzten geschehen. Bei den ersten Anzeichen von PND, wenn die Frau über ihre Stimmung und ihre Selbsteinschätzung gesprochen hat, würde der Arzt eine individuelle Therapie und vielleicht eine medikamentöse Behandlung vorschlagen. Die traurige Wahrheit ist leider, daß in den meisten Fällen genaue Informationen über PND nicht zur medizinischen und zur psychiatrischen Ausbildung gehören. Wie eins der führenden amerikanischen Lehrbücher für Geburtshilfe und Gynäkologie deutlich zeigt, ist das Niveau des vorhandenen Materials äußerst armselig und legt den Ärzten nahe, Frauen, die unter PND leiden, als arme Irre zu betrachten.[48]

„Geisteskrankheiten treten bei etwa einer von vierhundert bis tausend Schwangerschaften als Komplikationen auf. Traditionell wurden die Ursachen der Kindbettpsychose als infektiös, toxisch und idiopathisch gesehen, während heute erwiesen ist, daß der Zustand keine klar abgrenzbare klinische Erscheinung darstellt und daß die Desintegration der Persönlichkeitsstruktur das zugrundeliegende Problem ist, meistens in Verbindung mit sexueller Fehlanpassung, Ängsten und Widerstand gegen die Schwangerschaft. Ein vorsichtiges Abfragen der persönlichen Geschichte der Patientin deckt oft lange bestehende Probleme der sozialen Anpassung und der Anpassung an die weibliche Rolle auf."[49]

Die statistische Erfassung von schwangeren Frauen

Meistens nehmen Frauen mit milden oder gemäßigten Symptomen keine professionelle Hilfe in Anspruch. Sie warten ab, bis ihre Depressionen vorübergehen, oder sie finden in Selbsthilfegruppen Unterstützung. Ich muß an dieser Stelle noch einmal betonen, daß mich der Trend zu psychologischen Statistiken, mit deren Hilfe schwangere Hochrisikopatientinnen erfaßt werden sollen, mit Mißtrauen erfüllt. In einem von zwei kanadischen Ärzten, Braverman und Roux, verfaßten Artikel über PND ist ein Fragebogen mit neunzehn Fragen abgedruckt, den sie in den Wartezimmern ihrer Praxen schwangeren Frauen zum Ausfüllen vorlegen.[50] Die Fragen lauten wie folgt:

1. Waren Sie in der Zeit nach der Geburt Ihres letzten Kindes sehr deprimiert oder extrem nervös?
2. Leben Sie allein oder von Ihrem Partner getrennt?
3. Wurden Ihre Eltern oder Geschwister je wegen psychischer Störungen in ein Krankenhaus eingewiesen?
4. Sind bei Ihren Großeltern, Tanten und Onkeln psychische Störungen aufgetreten?
5. Hatten Sie eine unglückliche Kindheit?
6. Haben Sie Eheprobleme?
7. War Ihre Schwangerschaft ungeplant?
8. Könnten Sie zu diesem Zeitpunkt ehrlich sagen, daß Sie eigentlich kein Kind wollten?
9. Haben Sie eine schlechte Beziehung zu Ihrer Mutter?
10. Haben Sie eine schlechte Beziehung zu Ihrem Vater?
11. Haben Sie im Augenblick ernste Probleme, die Ihnen Sorgen machen (finanzieller, persönlicher oder anderer Art)?
12. Haben Sie das Gefühl, daß Ihre Mutter eine schlechte Mutter war?
13. Haben Sie wenig Selbstvertrauen?
14. Sind Sie Ihrer Meinung nach in einem schlechten gesundheitlichen Zustand?
15. Bereuen Sie mehr oder minder, daß Sie schwanger sind?
16. Haben Sie das Gefühl, daß Ihre Mutter Sie nicht liebt?
17. Schätzen Sie sich selbst als unreif und abhängig ein?
18. Haben Sie oft das Gefühl, daß Ihr Partner Sie nicht liebt?
19. Hat Ihre Mutter, Schwester, Großmutter Ihnen erzählt, daß man während der Schwangerschaft sehr krank sein kann?

Nach der Ansicht der Autoren zeigten die Resultate den Wert

der Prävention in der Psychiatrie; bestimmte Charakteristika wurden dabei als Voraussagefaktoren für PND angenommen: Unreife, Ablehnung der weiblichen Rolle, Feindseligkeit der Mutter und der Familie gegenüber, Vorkommen von psychischen Störungen in der Familie, Erbfaktoren.

Als ich diesen Fragebogen las, dachte ich als erstes, welche Wirkung solche negativ formulierten, bohrenden Suggestivfragen wohl auf die Selbsteinschätzung von Frauen haben könnten. Als nächstes stellte ich mir vor, wie ich, im Wartezimmer des Arztes sitzend, diese Fragen wohl beantwortet hätte. Welche Frau würde schon zugeben, sie habe das Gefühl, von ihrem Partner nicht geliebt zu werden? Welche Frau würde, mit dem Wissen, daß der Arzt es liest, aufschreiben, daß sie ihre Schwangerschaft bereut? Ich denke, daß solche Fragen eigentlich nicht ehrlich beantwortet werden können – eine Frau wird dann als ungefährdet eingestuft und leidet später doch unter PND.

Die postnatale Klinik: Ein Ausblick

Die beste Form der Betreuung für einigermaßen gesunde Frauen, die unter PND leiden, wäre in meiner Sicht ein postnatales Beratungsangebot in den Kliniken und Krankenhäusern, wo wir unsere Kinder bekommen. Eine solche vorstellbare „postnatale Klinik" würde außer einer Einführung in die Säuglingspflege in den ersten Tagen nach der Entbindung auch Informationen über mögliche psychische Probleme geben, die auftreten können, wenn wir wieder zu Hause sind.

Die postnatale Klinik sollte ein heller, angenehmer, freundlicher Bereich innerhalb der Entbindungsstation sein, dem ein Kindergarten oder eine Tagesstätte angeschlossen sind, für Mütter, die nach der Entbindung zurückkommen wollen, um sich Rat oder Hilfe zu holen, und die ihre älteren Kinder mitbringen. Dem Krankenhaus sollte auch eine psychiatrische Mutter-und-Kind-Station angeschlossen sein, für Frauen, die im ersten Jahr nach der Entbindung intensive psychiatrische Behandlung brauchen.

Die Frauen auf der Entbindungsstation müssen die psychiatrischen Einweisungen nicht unbedingt mitbekommen. Ihre Aufmerksamkeit wird um die Fürsorge für ihre Säuglinge kreisen und um die Probleme, die sie nach der Rückkehr in ihr Alltagsleben erwarten. Es würden Gesprächs- oder Diskussionsgruppen mit je etwa zehn neuen Müttern stattfinden, an denen psychiatrisch und medizinisch vorgebildete Fachkräfte und andere Frauen teilnehmen, die über ihre Erfahrungen mit PND sprechen können. Die hormonellen und biochemischen Veränderungsprozesse des Körpers würden erläutert werden, so daß jede Frau wüßte, was geschehen und welche Maßnahmen sie ergreifen kann. Die Beratungsgruppen würden grundlegende Hinweise auf den Umgang mit PND anbieten und den Müttern beim Verlassen der Klinik Informationen, Kontaktadressen und Telefonnummern zur Verfügung stellen, damit sie in verzweifelten Situationen jemanden haben, an den sie sich wenden können. Diese Kontaktadressen und Telefonnummern würden Mütter- und Elternselbsthilfegruppen am Ort, sozialpsychiatrische und Gesundheitsdienste, Psychiater und Therapeuten, die in der Arbeit mit PND-Müttern erfahren sind, umfassen. Die Frauen könnten ihre eigenen Telefonnummern austauschen, um sich gegenseitig zu unterstützen. Zum Schluß würde man den Müttern versichern, daß sie jederzeit in der postnatalen Klinik willkommen sind, wenn sie kinderärztlichen oder psychologischen Rat brauchen oder wenn sie eine Tasse Kaffee trinken und mit jemandem reden wollen.

Da solche Beratungsangebote in aller Regel in Krankenhäusern nicht existieren, schließen Frauen sich mehr und mehr in Selbsthilfegruppen zusammen, um einander in den Krisen der Mutterschaft beizustehen (die natürlich über das erste Lebensjahr des Kindes hinausgehen). Die Selbsthilfebewegung ist im Aufblühen begriffen.

Austausch und Unterstützung

„Warum hat es so lange gedauert, bis die wirklich simple Idee sich durchsetzte, daß Eltern zusammenkommen und sich gegenseitig bei ihren Problemen helfen und unterstützen können und nicht in Isolation und Schuldgefühlen verharren müssen?" fragt Sandra Rodman Mann, die an der Fordham University in New York einen Fortbildungskurs für Elterntraining einrichtete. Sie sprach auf einem Kongreß, der im Mai 1984 unter dem Titel „Elternselbsthilfegruppen: Heranwachsen in den achtziger Jahren" in New York stattfand. Zu den zahlreichen Teilnehmern des Kongresses gehörten Vertreter solcher Selbsthilfegruppen, die überall in Amerika gegründet werden, Mitarbeiter der Familienfürsorge-Institutionen und sozialpsychiatrischen Dienste, Politiker, Aktivisten und viele Mütter. Workshops wurden angeboten, Ideen vorgetragen und diskutiert, Fragen aufgeworfen und Kontakte hergestellt.

Nach der Erfahrung jahrelanger Isolierung, die wir bis zu einem bestimmten Grad im Familienleben alle machen, ist der beste Ausweg aus den Abgründen von Verzweiflung, Depression, Zweifeln und Ängsten die Begegnung und die gegenseitige Hilfe in organisierten, vorurteilsfreien Gruppen von Müttern oder Eltern. Wir können gemeinsam lernen, mit Säuglingen und Kleinkindern umzugehen, familiäre und organisatorische Probleme zu lösen. Als Gruppe können wir in der Gesellschaft und in der Öffentlichkeit stärker auftreten und größeren Einfluß ausüben.

Bernice Weissbourd, die Präsidentin des amerikanischen Dachverbandes, der die Aktivitäten der Selbsthilfegruppen koordiniert, und selbst Begründerin einer Gruppe in Illinois, sagte mit großer Entschiedenheit: „Wir sehen Eltern nicht mehr in erster Linie als Fürsorgeinstitution für Kinder. Wir erkennen auch das Bedürfnis einer elterlichen Entwicklung und Selbstverwirklichung an. Elternschaft soll eine kreative Entwicklungsphase sein – und keine schuldbeladene Verpflichtung."

Die Gruppe PEP in Santa Barbara:
Beispiel für den Aufbau und die Entwicklung einer Selbsthilfeorganisation

Wie schon weiter vorne erwähnt wurde, begründete Jane Honikman gemeinsam mit drei Freundinnen die Gruppe PEP (Postpartum Education for Parents). Diese Frauen hatten in den frühen siebziger Jahren keine Vorbilder für ihre Gruppe. Sie hatten intuitiv erkannt, daß sie nicht die einzigen neuen Mütter sein konnten, die im Park herumsaßen und sich fragten, was mit ihrem Leben, ihrem Geisteszustand und ihren Ehen eigentlich geschehen war und wie sie diese beängstigende Lebensphase, Mutterschaft beziehungsweise Elternschaft genannt, durchstehen sollten. Ihr Glaube an die Wichtigkeit dessen, was sie taten, trug sie durch die Organisations- und Gründungsprobleme und brachte ihnen genug Bestätigung und Unterstützung, um eine erfolgreiche Selbsthilfegruppe aufzubauen. „Die Realität des Lebens mit einem völlig abhängigen Säugling, der uns 24 Stunden am Tag brauchte, entsprach in keiner Weise unseren Erwartungen", erklärte Jane. „Wir lernten den Umgang mit unseren Kleinkindern (die irgendwie nicht den Schemata der Baby-Bücher entsprachen) durch das Versuch-und-Irrtum-Verfahren. Wir waren uns über unsere Gefühle und Probleme oft nicht im klaren und hatten viele Fragen; wir glaubten, es müsse doch jemanden geben, der uns sagen könnte, wie wir den Umgang mit diesen kostbaren kleinen Wesen zu dem beglückenden Erlebnis machen sollten, das wir erwartet hatten. Wir fühlten uns verunsichert, inkompetent, überfordert. Da wir die Aura des Glücks, die neue Mütter umgeben sollte, jedoch aufrechterhalten wollten, unterdrückten wir unsere ständigen Panikgefühle und lächelten brav."

Die vier Frauen nahmen sich vor, eine Eltern-Selbsthilfegruppe ins Leben zu rufen, die Diskussionsgruppen über Themen von gemeinsamem Interesse und gleichzeitig pragmatische Problemlösungen anbieten sollte. Sie wollten einen Tag-und-Nacht-Telefondienst einrichten, den sie den „warmen Draht" nannten – um keine negativen Assoziationen mit dem

„heißen Draht" aufkommen zu lassen –, für Mütter, die gerade nicht die Zeit und den Mut aufbrachten, zu einem Treffpunkt zu gehen, die aber, in Augenblicken von Verzweiflung, Panik und Angst, dringend jemanden brauchten, mit dem sie reden konnten.

Die Frauen organisierten ihre Gruppe, indem sie zu verschiedenen Fachleuten Kontakt aufnahmen, von den Gynäkologen, Kinderärzten, Krankenhäusern, sozialpsychiatrischen Diensten der näheren Umgebung bis zur Vereinigung der amerikanischen Akademikerinnen, bei deren lokalem Zweig sie sich um ein Forschungs- und Projektstipendium bemühten, das ihnen half, ihre Druckkosten zu decken. Sie entschlossen sich, mit Müttern zusammenzuarbeiten, die bereit waren, bei den Gruppensitzungen freiwillig Beratungsaufgaben zu übernehmen. Die Frauen erhielten eine Kurzausbildung in Gesprächstherapie und Beratung und übernahmen auch umschichtig die Telefondienste. PEP ist inzwischen eine weitreichende Vereinigung, die Vertreterinnen zu allen geburtsvorbereitenden Kursen in Santa Barbara entsendet, um ihre Broschüren und ihre Hilfsangebote vorzustellen. Eltern, die wünschen, daß eine freiwillige Mitarbeiterin sie nach der Geburt ihres Kindes aufsucht, füllen ein Formular aus. Die PEP-Broschüren liegen in den örtlichen Arztpraxen und Familienzentren aus.

Es gibt vermutlich wenige Selbsthilfeorganisationen, die sich so weitreichend um neuentbundene Frauen bemühen. Wenn sie durch die Leiterinnen und Leiter der geburtsvorbereitenden Kurse oder durch die Zeitungen von einer Geburt erfahren, rufen sie die Frauen an. Die Anruferin informiert die neue Mutter, wann und wo sich PEP-Gruppen in ihrer näheren Umgebung treffen (für berufstätige Mütter und Väter bieten sie abendliche Gruppen an). Die Gruppen werden möglichst nach derselben Altersstufe der Kinder zusammengestellt, und die Beraterinnen regen Gespräche und Diskussionen an. Gewöhnlich konzentriert sich das Gespräch zunächst auf Probleme der Fürsorge für Säuglinge und Kleinkinder und geht dann allmählich zu den Problemen über, die Mütter mit sich selbst haben.

An einer Gruppe nehmen im allgemeinen etwa acht Personen teil; sie treffen sich alle zwei bis drei Wochen für etwa zwei Stunden. Oft freunden sich die Frauen an und treffen sich privat auch weiterhin, wenn ihre Kinder dem Kleinkindalter entwachsen sind.

Epilog

Als ich begann, dieses Buch zu schreiben, dachte ich, daß die meisten Frauen dem Thema PND ablehnend gegenüberständen und daß ich vielleicht einer unwilligen Leserschaft mein Thema aufzwingen würde. Ich war überrascht und überwältigt von der Fülle der Antworten, die ich auf meinen Aufruf hin, über Erfahrungen mit postnataler Depression oder mit dem „Baby-Blues" zu berichten, erhielt. Ich war erstaunt über die Offenheit der Frauen, über ihre Freude, sich aussprechen zu können, und über die Dankbarkeit, die sie ausdrückten, daß sich endlich jemand mit dem Problem befaßte und es an die Öffentlichkeit bringen wollte. PND ist im Zusammenhang von Schwangerschaft und Geburt ebenso bedeutend und aufmerksamkeitheischend wie jene anderen Themen, die normalerweise in geburtsvorbereitenden Kursen zur Sprache kommen.

Trotzdem ist gerade diese Problematik lange ignoriert worden, weil sie unangenehm und tabuiert ist und weil sie zu der allgemeinverbreiteten rosigen Vorstellung von der Mutterrolle nicht paßt.

Ich bin überzeugt, daß ein neues, offenes Verständnis der postnatalen Depression, ihrer Ursachen und Abläufe, Erkennungs- und Behandlungsmethoden für Frauen heute eine ähnliche Befreiungskraft haben wird wie in der Vergangenheit der Kampf um das Wahlrecht, um die Gleichberechtigung und um die sexuelle Emanzipation. Wir sind nicht gezwungen, uns unter das Joch der traditionellen Mutterrolle zu beugen, wie es immer von uns verlangt wurde. Wir brauchen nicht zu glauben, daß PND-Symptome Anzeichen einer psychischen Abnormität sind. Wir sind komplexe, eigenwillige Persönlichkeiten, vor allem aber sind wir Menschen, Individuen mit unterschiedlichen Wünschen und Bedürfnissen, die auch in unterschiedlicher Weise befriedigt werden müssen.

Ich wünsche mir für meine Töchter eine bessere Zukunft, in der sie nicht nur akzeptieren werden, daß der Beruf ein wesentlicher Bestandteil ihres Lebens ist, sondern auch fähig sein werden, die Mutterschaft als einen wichtigen, spannenden Übergang in eine neue Lebensstufe zu erfahren. Dieser Umgang wird ihnen neue Möglichkeiten der Persönlichkeitsentwicklung eröffnen, und er wird, wie alle anderen Entwicklungsschritte auch, mit Schwierigkeiten verbunden sein.

Wenn wir die körperlichen und seelischen Umwälzungen annehmen, die wir durchleben, wenn wir Mütter werden, entwickeln wir ein neues Bild von uns selbst: Wir sehen Frauen als die faszinierenden, unbegrenzt kreativen Geschöpfe, die sie wirklich sind.

Nachwort

Im Lauf der letzten zehn Jahre sind die psychischen Probleme, mit denen Mütter von Säuglingen und Kleinkindern konfrontiert sind, zunehmend ins Bewußtsein der Öffentlichkeit und der Mediziner gedrungen. Wie Carol Dix in diesem sorgfältig recherchierten Buch erklärt, ist die Kindbettpsychose (eine der schwierigsten und gefährlichsten Störungen, die in der Psychiatrie bekannt sind) seit den Anfängen der Medizingeschichte beschrieben worden; glücklicherweise tritt sie aber relativ selten auf. Kindesmißhandlung, auch bei Säuglingen, ist ebenfalls seit langem bekannt, wurde jedoch erst 1962 als medizinisches Problem beschrieben. Postnatale Depression hingegen ist weitgehend unbekannt geblieben; der Terminus scheint sich erst seit kurzem allgemein einzubürgern.

Ein seltsames Phänomen ist im Zusammenhang mit postnataler Depression zu beobachten. Nach dem Engagement von Hebammen, Sozialarbeitern, Ärzten, Krankenschwestern und anderen Fachkräften und Laien zu urteilen, die in großer Zahl an den Kongressen der Marcé-Gesellschaft und anderer Vereinigungen teilnehmen, ist PND eine weitverbreitete und aufmerksamkeitheischende Störung. Dieses allgemeine Interesse und Engagement wird durch die Reaktionen, die Carol Dix auf ihren öffentlichen Aufruf hin erhielt, und durch die von Dr. Kumar und anderen Wissenschaftlern durchgeführten Untersuchungen und Umfragen bestätigt. Medizinische Statistiken zeigen jedoch, daß nur ein Prozent aller neuentbundenen Frauen in psychiatrische Einrichtungen eingewiesen werden und daß bei nur eineinhalb Prozent der Frauen während der ersten drei Monate nach der Entbindung Krankenhausaufenthalte vorkommen. Wie erklärt sich diese Diskrepanz? Können wir daraus schließen, daß postnatale Depression eine normale und vorübergehende Erscheinung ist (wie der „Baby-Blues"), die von den meisten Frauen mehr oder minder nebenbei bewältigt wird? Ist das Interesse, das sich gegenwärtig zeigt, eher ein Resultat des Einflusses der feministischen

Bewegung? Oder werden die Merkmale einer ernsthaften Störung von den verschiedenen Zweigen der Gesundheitsdienste (den Mütterberatungen der Gesundheitsämter, den Hebammen, den sozialpsychiatrischen Diensten) kollektiv übersehen? Werden Frauen für Wochen und Monate allein ihrem Leiden überlassen, das ihr Familienleben zerrüttet und Spuren hinterläßt, die sich schädigend auf die emotionale Entwicklung ihrer Kinder auswirken?

Wenn die zweite Erklärung zutrifft, ergeben sich daraus weitere Fragen: Ist postnatale Depression eine unmittelbare Folge des Entbindungsprozesses, oder liegen ihre Ursachen in anderen Problemkonstellationen? Warum und auf welche Weise kann die Geburt eines Kindes Depressionen auslösen? Hier gibt es viele Theorien und wenig Tatsachen. Was sind die Konsequenzen? Haben Depressionen bleibende Folgen für die Mutter-Kind-Beziehung und für die Persönlichkeitsentwicklung der Kinder? Existiert eine hohe Selbstmordrate? Wie kann man gefährdete Patientinnen erreichen und ihre Erkrankung in einem frühen Stadium diagnostizieren und behandeln? Kann man schon während der Schwangerschaft Warnsignale und Risikofaktoren erkennen? Wie können Ärzte, Krankenschwestern und Laienorganisationen effektiv helfen, wenn PND diagnostiziert wurde? Können die Gesundheitsdienste, die zahlreiche andere Problemfelder abdecken müssen, genügend Mittel bereitstellen, um sich mit diesem Problem zu befassen?

Es ist vielleicht zu früh, genaue Aussagen über das Ausmaß des Problems zu machen. Jüngere Studien geben die Anzahl der Frauen, die mindestens sechs Monate lang unter Depressionen litten, mit fünf Prozent an; das spricht in der Tat dafür, daß das Problem ernst zu nehmen ist. Wie viele Studien noch nötig sein werden, um ein klares Bild der Häufigkeit, der Dauer, der Gradabstufungen und der Konsequenzen von postnataler Depression zu erhalten, ob das Problem in der Sicht hartgesottener medizinischer Autoritäten den Wichtigkeitsvergleich mit Neonatologie oder mit Herz- und Lungentransplantation aushält, kann nicht der Psychiater entscheiden. Die Betroffenen selbst werden über die Zukunft des Problems bestimmen. Meine persönliche Ansicht ist, daß wir zumindest Pilotprojekte entwickeln sollten, mit dem Ziel, die Durchführbarkeit von Maßnahmen zu studieren und geeignete Behandlungs- und Beratungsformen zu erproben. Solche Projekte werden sich in fünf bis zehn Jahren, wenn wir auf die oben aufgezählten Fragen vermutlich klarere Antworten haben werden, als sehr wertvoll erweisen und vielleicht notwendig sein, um allgemeine Richtlinien vorzugeben.

Carol Dix hat uns mit diesem Buch allen einen großen Dienst erwiesen. Sie hat sich umfassend informiert und durch die Kontaktaufnahme sowohl mit den Leidenden als auch mit den Helfern viel wertvolles Material gesammelt. Sie geht das Thema historisch an und ist auch über die jüngsten Entwicklungen auf dem laufenden. Die einander widersprechenden Theorien, die augenblicklich zirkulieren, stellt sie fair und objektiv dar. Die wechselnde Anordnung von Fallbeispielen und theoretischen Erörterungen macht das Buch gut lesbar. Viele Leserinnen und Leser werden den letzten Teil sehr hilfreich finden, in dem Carol Dix konstruktive Hinweise für Selbsthilfe und für die Behandlung von PND (postnatale Depression) gibt. Ihr optimistischer und positiver Ansatz ist ein erfreulicher Kontrast zu dem Pessimismus und dem Ideenmangel, denen man sonst in Diskussionen über das Thema so häufig begegnet.

Carol Dix zollt dem gewichtigen Einfluß von Dr. Hamilton in San Francisco, der eine weltweite Kampagne gegen die Vernachlässigung von und die Unwissenheit über PND führte, und von Dr. Katharina Dalton in London, die eine ähnliche Rolle spielte, einen gerechtfertigten Tribut. Sie lenkt die Aufmerksamkeit der Leser auf Pioniereinrichtungen in England (eingeführt von Dr. Tom Main), die psychisch gestörte Mütter mit ihren Kindern in besondere Mutter-und-Kind-Stationen aufnehmen und die damit die Grundlagen für eine Erweiterung der theoretischen Erkenntnisse und der diagnostischen und therapeutischen Techniken geschaffen haben. Die 1980 gegründete Marcé-Gesellschaft hat vermutlich sehr zum Fortschritt der PND-Forschung beigetragen. Postnatale Depression ist eine Herausforderung für die Medizin und für die Psychologie; ihre Erforschung erfordert die interdisziplinäre

Zusammenarbeit von verschiedenen Berufszweigen: Psychiatern, Psychologen, Hebammen, Sozialarbeitern, Geburtshelfern, Gynäkologen, Kinderärzten, Kinderpsychologen, Allgemeinmedizinern und der medizinischen Forschung; auch Laien können wesentliche Beiträge zu dieser Arbeit liefern.

Dieses zeitgemäße Buch wird sicherlich von vielen Menschen gelesen werden. Es wird vielen neuentbundenen Frauen und ihren Familien Trost und Erleichterung bringen. Es wird zur öffentlichen Aufklärung über PND beitragen, Diskussionen auslösen und den Ruf nach effektiven Hilfs- und Beratungsangeboten verstärken.

Professor Ian Brockington

Anmerkungen

1 Dr. Elizabeth Herz ist außerordentliche Professorin für Gynäkologie, Geburtshilfe und Psychiatrie und Direktorin der psychosomatischen gynäkologischen Abteilung am George Washington University Medical Center.

2 Dr. Katharina Dalton hat eine Klinik in der Harley Street in London. Sie veröffentlichte zahlreiche Publikationen über PMS, orale Empfängnisverhütung, Migräne und puerperale Störungen. (Vgl. ihr Buch „Mütter nach der Geburt. Wege aus der Depression", Verlag Klett-Cotta.)

3 Dr. James Hamilton, früher klinischer Psychiater an der Stanford University in Kalifornien, beschäftigt sich länger mit der Erforschung von PND als vermutlich irgendein anderer Arzt in den USA. Er hatte über Jahre eine Art Postversand eingerichtet, da besorgte Eltern, die durch seine Publikationen auf ihn aufmerksam geworden waren, oft seinen Rat suchten. Er arbeitete zwei Jahre lang als Sekretär der Marcé-Gesellschaft; 1984 zog er sich von seiner Position zurück, wird aber zweifellos für die Gesellschaft aktiv bleiben.

4 Dr. E. A. Strecker war um 1940 ein sehr bekannter Psychiater in den USA; er war der Leiter der psychiatrischen Abteilung der Universität Pennsylvania und Berater der Militärärzte der Armee. Wie der Psychiater Eugene Meyer 1946 schrieb, waren es für Strecker harte Fakten, daß 1 825 000 Männer wegen psychischer Erkrankungen aus der Armee entlassen werden mußten. Am 27. April 1945 hielt Strecker am Bellevue Hospital in New York eine vielbeachtete Vorlesung, die als „Mütter-Lektion" in die Geschichte der amerikanischen Psychiatrie eingegangen ist. Strecker nannte seine Vorlesung „Psychiatrie und Demokratie im Dialog"; sie hätte aber, wie Meyer schrieb, eher den Titel „Psychiatrie im Dialog mit neurotischen Müttern von Psychoneurotikern" tragen müssen, denn Streckers Spitzen waren vor allem gegen die dominierenden und gängelnden amerikanischen Mütter und ihren indirekten Einfluß auf die Demokratie gerichtet. Strecker verurteilte die verwöhnende Mutter für ihre Unterlassungs- und Übertragungssünden an ihren Kindern und damit an der amerikanischen Nation.

5 Terra Ziporyn, *Rip van Winkle Period Ends for Puerperal Psychiatric Problems*, in: Medical News, *JAMA* (April 1984).

6 Der erste Kongreß der Marcé-Gesellschaft fand 1982 in London statt. Seitdem wurden alle zwei Jahre Kongresse abgehalten, 1984 in San Francisco und 1986 in Edinburgh.

7 Penny Budoff, *No More Menstrual Cramps and Other Good News*, New York 1980.

8 Joan Sneddon, *Postnatal Illness*, in: *Midwives Journal*.

9 *Postpartum Psychiatric Problems and Thyroid Dysfunctions*, von Nobuyuki Amino, Osaka University Medical School, Osaka; und *Clinicoendocrine*

Studies of Postpartum Psychoses, von Nomura, Okano, Harada, Kitayama, Inoue, Yamaguchi und Hatotani, Mie University School of Medicine, Tsu, Mie.

10 *The Use of Corticoids in Postpartum Psychiatric Illness*, vgl. *Proceedings of the San Francisco Conference.*

11 George Winokur, *Depression: The Facts*, New York 1981.

12 *Psychiatric Mother and Baby Units*, von Ian Brockington und Frank Margision, in: *Motherhood and Mental Illness*, hrsg. von Ian Brockington und R. Kumar, New York 1982; H. Grunebaum/J. Weiss/B. Cohler/C. Hartman/D. Galland, *Mentally Ill Mothers and Their Children*, Chicago 1975, S. 223–238.

13 a.a.O.

14 Bowlby, J. *Mutterliebe und kindliche Entwicklung*, Stuttgart 1972.

15 In der psychiatrischen Abteilung des University Hospitals of South Manchester wurde die Mutter-Kind-Beziehung bei Frauen mit psychischen Störungen beobachtet. Dr. Frank Margision, ein sehr engagierter Arzt, berichtete darüber auf den Kongressen der Marcé-Gesellschaft von 1982 und 1984. Margision ist jetzt Sekretär der Marcé-Gesellschaft und Herausgeber ihrer Zeitschrift.

16 Gregory Zilboorg, *Clinical Issues of Postpartum Psychopathological Reactions*, in: *American Journal of Obstetrics and Gynecology* 73 (1957), S. 305.

17 In ihrem Artikel „Postnatal Illness" beschreibt Dr. Joan Sneddon, daß Elektroschock für beide, die früh- und die späteinsetzende Form von PND, eine effektive Behandlungsmethode ist, oft besser geeignet als die Behandlung mit tricyclischen Antidepressiva. Die Behandlung wird früh eingesetzt, so daß die Mutter-Kind-Bindung sich ungehindert entwickeln kann. Nach drei bis vier Monaten, wenn die Frau sich erholt hat, aber noch nicht gesund ist, wird die Behandlung durch tricyclische Antidepressiva ergänzt.

18 Benjamin Spock, *The Problems of Parents*, Boston 1978, S. 32–38.

19 Benjamin Spock und Michael Rothenberg, *Dr. Spock's Baby and Child Care*, London 1985.

20 Ebenda, S. 29.

21 Gordon Bourne, *Pregnancy,* London 1972; Pan Books 1979, S. 447.

22 Phillips, A./Rakusen, J., *Our Bodys, Our Selves*, London 1978; deutsch: *Unser Körper, unser Leben*, Reinbek bei Hamburg 1980.

23 Klaus, M./Kennell, J., *Mutter-Kind-Bindung. Über die Folgen einer frühen Trennung*, München 1983.

24 Marc Weissbluth, *Crybabies*, London 1985.

25 Ebenda, S. 168.

26 Kumar, R./Robson, K. M., *A Prospective Study of Emotional Disorders in Childbearing Women*, in: *British Journal of Psychiatry* 144 (1984), S. 35–47; Watson, J. P./Elliott, S. A./Rugg, A. J./Brough, D. I., *Psychiatric Disorders in Pregnancy and the First Postnatal Year*, in: *British Journal of Psychiatry* 144 (1984), S. 453–462.

27 Kumar, R./Robson, K., *Previous Induced Abortion and Antenatal Depression in Primiparae*, in: *Psychological Medicine* 8 (1978), S. 711–715.

282

28 Was ich über Abtreibungen und ihre Bedeutung für PND sagte, ist meine eigene Ansicht (und bezieht sich nicht auf Kumar und Robson). Ich möchte nicht den Eindruck erwecken, ich sei gegen die liberale Handhabung der Schwangerschaftsunterbrechung. Da ich aus meiner eigenen Erfahrung die Schwierigkeiten kenne, die bereits mit der Fürsorge für ein sehr erwünschtes Kind verbunden sind, würde ich niemals dafür sprechen, eine Frau zum Austragen einer unerwünschten Schwangerschaft zu zwingen. Ich habe allerdings den Eindruck, daß unser Umgang mit Schwangerschaftsunterbrechungen zu oberflächlich geworden ist und daß die meisten Frauen nach einer Abtreibung für die Gelegenheit dankbar wären, über ihre ambivalenten Gefühle zu sprechen.

29 Brown, G./Harris, T., *The Social Origins of Depression: A Study of Psychiatric Disorder in Women*, London 1979.

30 PEP hat drei Bücher herausgegeben, die für Frauen (und Männer), die Selbsthilfegruppen gründen wollen, von Interesse sein können: *A Guide for Establishing a Parent Support Program in Your Community, A Leader's Guide for Training Volunteers in Parent Support Services*, and *A Volunteer's Reference Guide*. Erhältlich bei PEP (Postpartum Education for Parents), PO Box 6154, Santa Barbara, Calif. 93160.

31 Anthony, E. J./Benedek, T. (Hrsg.), *Parenthood: Its Psychology and Psychopathology*, Boston 1970.

32 Ich empfehle folgende Bücher über Elterntraining: Ellen Galinsky, *Between Generations: The Six Stages of Parenthood*, New York 1981; S. Jaffe und J. Viertel, *Becoming Parents: Preparing for the Emotional Changes of First-Time Parenthood*, New York 1980; R. Friedland und C. Kort, *The Mother's Book*, Boston 1981; Howard Osofsky und Joy Osofsky, *Answers for New Parents*, New York 1980; R. Plutzik und M. Laghi, *The Private Life of Parents*, New York 1983; R. Wolfson and V. De Luca, *Couples with Children: What Happens to Your Marriage After Baby Comes Home?*, New York 1981; J. Procaccini und M. Kiefaber, *Parent Burn-Out*, Garden City, N.Y. 1983.

33 Germaine Greer* spricht in ihrem letzten Buch „Sex and Destiny" ein interessantes Problem an: Sexuelle Abstinenz und den zunehmenden Zugzwang sexueller Aktivität, in den Menschen der westlichen Welt geraten.* Vgl. *Die heimliche Kastration. Probleme der sexuellen Emanzipation*, Berlin 1985.

34 *Psychotherapy with Pregnant Women*, von Joan Raphael-Leff, in: B. Blum, *Psychological Aspects of Pregnancy, Birthing and Bonding*, New York 1980.

35 Bob Greene, *Good Morning, Merry Sunshine*, Atheneum, New York 1984.

36 Jessie Bernard, *The Future of Marriage*, New York 1972; *The Future of Motherhood*, New York 1975; *Women, Wives, Mothers: Values and Options*, Chicago 1975.

37 Lois Gilman, *The Adoption Resource Book*, New York 1984.

38 M. Schechter, *About Adoptive Parents*, in: E. Anthony und T. Benedek, *Parenthood: Its Psychology and Psychopathology*, Boston 1970.

39 Selby, J./Calhoun, L./Vogel, A./King, H. E., *Psychology and Human Reproduction*, London 1981.
40 Frederick Melges, *Postpartum Psychiatric Syndromes*, in: *Psychosomatic Medicine* 30 (1968), S. 95–108.
41 T. Benedek, *Mothering and Nurturing*, in: Anthony and Benedek, *Parenthood*, S. 153–66.
42 H. Blum, *Reconstruction in a Case of Postpartum Depression*, in: *The Psychoanalytic Study of the Child* 33 (1978), S. 335–61.
43 C. Tetlow, *Psychosis of Childbearing*, in: *Journal of Mental Science* 101 (1955), S. 629–39.
44 S. Anna Freud, *The Concept of the Rejecting Mother*, in: Anthony and Benedek, *Parenthood*, S. 376–86.
45 Gregory Zilboorg, *The Clinical Issues of Postpartum Psychopathological Reactions*, in: *American Journal of Obstetrics and Gynecology* 73 (1957), S. 305.
46 Spock und Rothenberg, *Dr. Spock's Baby and Child Care*.
47 Anita Shreve, *The Working Mother as Role Model*, in: *New York Times Magazine*, September 9, 1984, Section 6, S. 39–45.
48 David Danforth, *Obstetrics and Gynecology*, New York 1977.
49 Danforth, *Psychiatric Disorder*, in: *Obstetrics and Gynecology,* S. 449–50.
50 J. Braverman und J. F. Roux, *Screening for Patients at Risk for Postpartum Depression, Obstetrics and Gynecology* 52 (1978), S. 731–36.

Bibliographie*

Bücher

BING UND COLMAN, L., *Having a Baby After 30,* New York 1980.

Boston Women's Health Book Collective. *The New Our Bodies, Ourselves,* New York 1984.

Boston Women's Health Book Collective. *Ourselves and Our Children,* London 1981.

BOWLBY, J., *Mutterliebe und kindliche Entwicklung,* Stuttgart 1972.

BOURNE, G., *Pregnancy,* London 1981.

BROCKINGTON, I. F., and KUMAR, R., eds., *Motherhood and Mental Illness,* London 1982.

BROWN, G., und HARRIS, T., *The Social Origins of Depression:* A Study of Psychiatric Disorders in Women, London 1979.

BUDOFF, PENNY, *No More Menstrual Cramps and Other Good News,* New York 1980.

CHODOROW, NANCY, *Das Erbe der Mütter,* München 1985.

COLE, K. C., *What Only a Mother Can Tell You About Having a Baby,* Garden City, N.Y. 1980.

COX, J. L., *Postnatal Depression: A Guide for Health Professionals,* Edinburgh 1986.

DALTON, KATHERINA, *Mütter nach der Geburt. Wege aus der Depression,* Stuttgart 1984.

DANFORTH, DAVID, ed., *Obstetrics and Gynecology,* New York 1977.

FRIEDLAND R., und KORT, C., *The Mother's Book: Shared Experiences,* Boston 1981.

GALINSKY, ELLEN, *Between Generations: The Six Stages of Parenthood,* New York 1981.

GREENE, BOB, *Good Morning, Merry Sunshine,* New York 1984.

HAMILTON, JAMES, *Postpartum Psychiatric Problems,* St. Louis 1962.

JAFFE, S., und VIERTEL, J., *Becoming Parents: Preparing for the Emotional Changes of First-Time Parenthood,* New York 1980.

KLAUS, M., und KENNEL, J., *Mutter-Kind-Bindung,* München 1983.

KITZINGER, SHEILA, *Frauen als Mütter,* München 1980.

LICHTENDORF, SUSAN, *Eve's Journey: The Physical Experience of Being Female,* New York 1983.

LYNCH-FRASER, DIANE, *The Complete Postpartum Guide,* New York 1983.

MARCÉ, LOUIS VICTOR, *Traité de la Folie des Femmes Enceintes, des Nouvelles Accouchees et des Nourrices.* (Paris: J. B. Baillière et Fils, 1858.)

NOTMAN, M., and NADELSON, C., eds., *The Woman Patient: Medical and*

---

* *Diese Bibliographie folgt der englischen Ausgabe. Wo deutschsprachige Ausgaben vorliegen, wurden diese berücksichtigt. Anm. des Kreuz Verlages.*

285

Psychological Interfaces. Vol. 1. *Sexual and Reproductive Aspects of Women's Health Care,* New York 1978, pp. 73–86 und 107–22.

OAKLEY, ANN, *Becoming a Mother,* London 1979.

OAKLEY, ANN, *Women Confined: Towards a Sociology of Childbirth,* London 1980.

OSOFSKY, HOWARD, und OSOFSKY, JOY, *Answers for New Parents,* New York 1980.

PARKES, C. M., und STEVENSON-HINDE, J., eds., *The Place of Attachment in Human Behaviour,* London 1982.

PASKOWICZ, PATRICIA, *Absentee Mothers,* Universe 1982.

PLUTZIK, R., und LAGHI, M., *The Private Life of Parents,* New York 1983.

PROCACCINI, J., and KIEFABER, M., *Parent Burnout,* Garden City, N.Y. 1983.

PRUGH, DANE, *The Psychosocial Aspects of Pediatrics,* Philadelphia 1982.

SANDLER, MERTON, *Mental Illness in Pregnany and the Puerperium,* London 1978.

SCARF, MAGGIE, *Unfinished Business: Pressure Points in the Lives of Women,* London 1981.

J. SELBY, L. CHALHOUN, A. VOGEL und H. E. KING, *Psychology and Human Reproduction,* London 1981.

SHEEHY, GAIL, *Passages,* New York 1977.

SPOCK, BENJAMIN, und ROTHENBERG, MICHAEL, *Dr. Spock's Baby and Child Care,* London new edn. 1985.

SPOCK, BENJAMIN, *The Problems of Parents,* Boston 1978.

WEISSBLUTH, MARC, *Crybabies: Coping with Colic, What to do When Baby Won't Stop Crying,* London 1985.

WELBURN, VIVIENNE, *Post-Natal Depression,* London 1980.

WINOKUR, GEORGE, *Depression: The Facts,* New York 1981.

WOLFSON, R. M., und DeLUCA, V., *Couples with Children: What Happens to Your Marriage After Baby Comes Home?,* New York 1981.

Artikel

ALDER, E. M., und COX, J. L., „Breastfeeding and postnatal depression." *Journal of Psychosomatic Research 27* (1983): 139–44.

ASCH, S., und RUBIN, L., „Postpartum Reactions. Some Unrecognized Variations." *American Journal of Psychiatry* 131 (1974): 870–74.

BARGLOW, P., „Postpartum Mental Illness: Detection and Treatment." In Davis, ed., *Gynecology and Obstetrics,* Vol. 1, Part 2, Chap. 57, pp. 1–11 (1977).

BENEDEK, T., „The Psychobiology of pregnancy", „Motherhood and Nurturing" und „Parenthood and the Life Cycle". In E. Anthony and T. Benedek, eds., *Parenthood: Its Psychology and Psychopathology,* Boston: Little, Brown, 1970, pp. 137–54, 153–66, 185–208.

BENTAL, V., „Psychic Mechanisms of the Adoptive Mother in Connection with Adoption." *The Israel Annals of Psychiatry* 3 (1965): 24–34.

BLUM, B., „Psychological Aspects of Pregnancy. Birthing, and Bonding." In Barbara Blum, ed., *New Directions in Psychotherapy Series,* Vol. 4. N.Y.: Human Sciences Press, 1980.

BLUM, H., „Reconstruction in a Case of Postpartum Depression." *The Psychoanalytic Study of the Child* 33 (1978): 335–61.

BRAVERMAN, J., and ROUX, J. F., „Screening for Patients at Risk for Postpartum Depression." *Obstetrics and Gynecology* 52 (1978): 731–36.

COGAN, R., ed., „Postpartum Depression", *ICEA Review,* 4 (August 1980): 1–8; from International Childbirth Association, Inc., P.O. Box 20048, Minneapolis, Minn. 55420.

CORMAN, E., „Depression, Manic-Depressive Illness, and Biological Rhythms." NIMH publication, Science Reports 1, (ADM) 79–889, 1982.

COX, J. L., ROONEY, A., THOMAS, P. F., WRATE, R. W., „How accurately do mothers recall postnatal depression? Further data from a three year follow-up study." *Journal of Psychosomatic Obstetrics and Gynaecology,* 3 (1984): 620–25.

DANIELS, R., und LESSOW, H., „Severe Postpartum Reactions." *Psychosomatics 5* (1964): 21–26.

FREUD, ANNA, „The Concept of the Rejecting Mother." In E. J. Anthony und T. Benedek, eds., *Parenthood: Its Psychology and Psychopathology.* Boston: Little, Brown, 1970, pp. 376–86.

GARVEY, M., und TOLLEFSON, G., „Postpartum Depression." *Journal of Reproductive Medicine* 39 February 1984: 113–16.

GORDON, R., KAPOSTINS, E., und GORDON, K., „Factors in Postpartum Emotional Adjustment." *Obstetrics and Gynecology* 25 (1965): 158–66.

HAMILTON, JAMES A., „Puerperal Psychoses." In Davis, ed., *Gynecology and Obstetrics* Vol. 2, Part 2, Chap, 24, pp. 1–11 (1970).

KENDELL, R. E., McGUIRE, R. J., MacKENZIE, W., WEST, C., und COX, J. L., „Day to day mood changes after childbirth." *British Journal of Psychiatry* 145 (1984): 620–625.

KUMAR, R., und ROBSON, K., „Previous Induced Abortion and Ante-natal Depression in Primiparae: Preliminary Report of a Survey of Mental Health in Pregnancy." *Psychological Medicine* 8 (1978): 711–15.

KUMAR, R., MELTZER, E. S. HEPPLEWHITE, R., STEVENSEN, A. D., „Mother and baby admissions to psychiatric hospitals in the South East Thames Region: A Survey of facilities" (unpublished mss. reprints from R. Kumar, Institute of Psychiatry, De Crespigny Park, London SE5 8AF).

KUMAR, R., und ROBSON, K. M., „A Prospective study of emotional disorders in childbearing women." *British Journal of Psychiatry* 144 (1984): 35–47.

KUMAR, R., BRANT, H. A., und ROBSON, K. M., „Childbearing and maternal sexuality: a prospective survey of 119 primiparae." *Journal of psychosomatic Research* 25 (1981): 373-383.

McKAY, S., ed., „Maternal Stress and Pregnancy Outcome." *ICEA Review* 4 (April 1980): 1–8.

MELGES, F., „Postpartum Psychiatric Syndromes." *Psychosomatic Medicine* 30 (1968): 95–108.

NOTT, P. N., FRANKLIN, M., ARMITTAGE, C., und GELDER, M. G., „Hormonal Changes and Mood in the Puerperium." *British Journal of Psychiatry* 128 (1976): 379–83.

OATES, M., „Alternatives to admission." (Paper read at *Symposium on the Psychiatry of Motherhood,* South Staffordshire Medical Centre, Wolverhampton, 1984.)

PAYKEL, E. S., EMMS, E., FLETCHER, J., und RASSABY, E. S., „Life Events and Social Support in Puerperal Depression." *British Journal of Psychiatry* 136 (1980): 339–46.

RAPHAEL-LEFF, JOAN, „Psychotherapy with Pregnant Women." In B. Blum, ed., *Psychological Aspects of Pregnancy, Birthing and Bonding.* New York: Human Sciences Press, 1980.

RAPHAEL-LEFF, J., „Myths and modes of motherhood." *British Journal of Psychotherapy* 1 (1985): 6–30.

ROSENWALD, G., und STONEHILL, M., „Early and Late Postpartum Illness." *Psychosomatic Medicine* 34 (1972): 129–38.

ROBSON, K. M., und KUMAR, R., „Delayed onset of maternal affection after childbirth." *British Journal of Psychiatry* 136 (1980): 347–353.

ROTH, N., „The Mental Content of Puerperal Psychoses." *American Journal of Psychotherapy* 29 (1975): 204–11.

SCHECHTER, M., „About Adoptive Parents." In E. J. Anthony and T. Benedek, eds., *Parenthood: Its Psychology and Psychopathology.* Boston 1970.

SNEDDON, J., „Postnatal Illness" (accepted for *Midwives Cronicle*).

SNEDDON, J., KERRY, R. J., BANT, W., „The psychiatric mother and baby unit: a three year study." *The Practitioner* 225 (1981): 1295–1300.

SNEDDON, J., und KERRY, R. J., „Puerperal psychosis: a suggested treatment model." *Psychiatric Concepts,* no 8 (Jan. 1984): 1–3.

SHREVE, ANITA, „The Working Mother as Role Model." New York *Times Magazine,* September 9, 1984, Section 6, pp. 39–45.

STOCKS, V., „You are not alone." *Mother and Baby,* Dec. 1983.

TETLOW, C., „Psychosis of Childbearing." *Journal of Mental Science* 101 (1955): 629–39.

TOWNE, R., und AFTERMANN, J., „Psychosis in Males Related to Parenthood." *Bulletin of the Menninger Foundation* 19 (1954): 19–26.

TREADWAY, R., KANE, F., JARRAHI-ZADEH, A., LIPTON, M., „A Psychoendocrine Study of Pregnancy and the Puerperium." *American Journal of Psychiatry* 125 (1968–69): 1380–86.

WAINWRIGHT, W., „Fatherhood as a Precipitant of Mental Illness." *American Journal of Psychiatry* 123 (1966): 4044.

WATSON, J. P., ELLIOTT, S. A., RUGG, A. J., und BROUGH, D. I., „Psychiatric disorder in pregnancy and the first postnatal year." *British Journal of Psychiatry* 144 (1984): 453–462.

WRATE, R. W., ROONEY, A. C., THOMAS, P. F., und COX, J. L., „Postnatal depression and child of development: a three year follow-up study." *British Journal of Psychiatry,* June 1985.

YALOM, J., LUNDE, D., MOOS, R., und HAMBURG, D., „Postpartum Blues Syndrome." *Archives of General Psychiatry* 18 (1968): 16–27.

ZILBOORG, GREGORY, „The Clinical Issues of Postpartum Psychopathological Reactions." *American Journal of Obstetrics and Gynecology* 73 (1957): 305.